明代文人经学与文学思想的关系

吴正岚 著

南京大学出版社

吴正岚

文学博士,南京大学中国思想家研究中心教授,文学院博士生导师。主要从事魏晋南北朝文学、明清文学研究。已出版《六朝江东士族的家学门风》(2003)、《金圣叹评传》(2006)、《六朝江东士族文学研究》(2019)、《明清之际文人经学与佛学征实风尚的互动研究》(2023)等著作四部,在《文学评论》《文学遗产》等刊物发表论文四十余篇,其中多篇为《人大复印报刊资料》《高等学校文科学术文摘》及《中国社会科学文摘》转载。主持国家社科基金、教育部社科项目多项。先后任香港中文大学哲学系访问学者、韩国国际交流财团访问学者、韩国汉阳大学东亚细亚研究所客座研究员、日本东洋大学国际哲学研究中心访问学者。

目 录

导论 ·· 001
  一、"明代文人经学"的出处和内涵················ 001
  二、国内外研究现状综述·································· 003
  三、基本思路和研究方法·································· 009
  四、创新之处·· 011

第一章 明代文人经学与文学思想变革的关系总论 ······ 014
  一、明代学术的弊端与文人经学的兴起············ 014
  二、明代文人经学的发展过程·························· 022
  三、明代文人经学诸家之间的传承关系············ 030
  四、明代文人经学著述概况······························ 038
  五、明代文人经学的经学史意义······················ 043
  六、明代文人经学与文学思想的逻辑关系········ 054
  七、结语·· 072

第二章 归有光的文学思想与欧阳修经学的关系 ········ 074
  一、文章"自得"和"诗者出于情"的文学理论··· 074
  二、"以自得之见求圣人之心"的经学思想······· 077
  三、归有光对欧阳修经学的继承和发展············ 082
  四、归有光的文学理论与经学思想的关系········ 089

五、结语 092

第三章 论《易经渊旨》与归有光思想的一致——兼论《易经渊旨》的真伪 094
- 一、《易经渊旨》与归有光《易图》观之一致 097
- 二、《易经渊旨》与归氏君臣论之一致 101
- 三、《易经渊旨》与《震川先生集》的其他契合之处 106
- 四、结论 110

第四章 唐顺之的"道器不二"论与欧阳修思想的渊源 111
- 一、"即经而心"是唐顺之心学的重要特征 111
- 二、神明与法度合一的文学思想 115
- 三、欧阳修的心性论和文艺论中的道器关系 118
- 四、唐顺之的学术和文学思想与欧阳修的渊源 120
- 五、结论 122

第五章 唐顺之校录《医闾先生集》的文学思想史意义 124
- 一、唐顺之校录《医闾先生集》始末考 125
- 二、校录《医闾先生集》与汲取白沙思想 127
- 三、白沙之学对唐顺之文学思想的影响 129
- 四、结语 134

第六章 论焦竑的文学思想与东坡易学的渊源 136
- 一、焦竑的反模拟文风与提倡"神"和"情" 136
- 二、焦竑"物相杂曰文"与苏轼易学思想的关系 139
- 三、焦竑对东坡易学的吸收 143
- 四、东坡"文生于相错"说与焦竑文学思想的独特性 147
- 五、余论 149

第七章　焦竑《易筌》对吴澄易学的沿革及其学术史意义 …… 151
一、焦竑吸收吴澄易学与推崇汉易学 …… 151
二、焦竑反驳吴澄易论与重视汉代文献 …… 156
三、结语 …… 159

第八章　钱谦益之诗文"茁长于学问"与欧阳修经史之学的关系 …… 160
一、诗文"茁长于学问"是钱氏文学思想的核心 …… 160
二、"学问"的内涵："经经纬史"与推尊"史中之经" …… 165
三、"经经纬史"与欧阳修经史之学的关系 …… 167
四、结语 …… 172

第九章　"根本六经"与"通释教"——钱谦益论"经经纬史"与苏轼文学的取法对象 …… 174
一、"经经纬史"：文学取法于经史和子集 …… 174
二、"根本六经"与苏文之有为而作、收敛 …… 176
三、"通释教"与"吾为文如万斛涌泉"、"不能不为之为工" …… 180
四、矩度与神理合一 …… 182
五、苏轼—宋濂—钱谦益："经经纬史"说的文学思想史意义 … 184
六、结语 …… 187

结　语 …… 188

附录一：明代文人经学著述一览 …… 190

附录二：焦竑《易筌》化用吴澄《易纂言》一览 …… 199

参考文献 …… 204

后　记 …… 213

导 论

本书的基本宗旨,是研究以宋濂(1310—1381)、归有光(1507—1571)、唐顺之(1507—1560)、焦竑(1540—1619)、钱谦益(1582—1664)为代表的明代文人经学,如何继承和发展北宋欧阳修(1007—1072)、苏轼(1037—1101)一系的文人经学传统,并从中吸取明代文学思想变革的资源。

一、"明代文人经学"的出处和内涵

由于"明代文人经学"的说法为本书首次提出,因此有必要说明以下两个问题:其一,"文人经学"的出处和依据是什么?其二,为什么本书的研究对象是"明代文人经学与文学思想的关系",而不是"明代唐宋派古文家的经学与文学思想的关系"?通过梳理有关这两个问题的思考,笔者拟对"明代文人经学"这一说法加以工作性界定。

其一,所谓"文人经学"的概念,出自南宋朱熹"后世之解经者有三:一儒者之经;一文人之经,东坡陈少南辈是也;一禅者之经,张子韶辈是也"一说[1]。朱熹"文人之经"的说法,无疑是指欧阳修、苏轼一系的经学传统。此后,明代焦竑《续刻两苏经解序》盛赞两苏经学道:

---

[1] 黎靖德编,王星贤点校《朱子语类》卷十一《学五·读书法下》,中华书局1994年版,第193—194页。

明代文人经学与文学思想的关系

> 眉山苏氏兄弟,以绝人之才、博古之学,作为文章,既已名一时而垂后世,至其忧患之久,阅历深而见理明,始取遗经而阐绎之。读其书,诚足以发孔壁之精义,函洪都之巨典,当与六籍并耀于亡穷,而世或不行,则有繇矣。熙宁初,荆国以经术得幸,下其说太学,凡置博士、试诸生,悉以新书从事,不合者罢绌之,而两苏之学废。晚宋且目为文人之经,而置之不省久矣。顷制举盛行,古学崩坏,士守一先生之言,煖煖姝姝而不知其他[①]。

此说指出,两苏经学造诣高深而不行于世的原因是:北宋时,王安石一家之学笼罩天下,于是苏学废;迄于南宋,朱熹讥两苏经学为"文人之经",于是苏学仍遭冷落;在焦竑所处的明代,科举之学盛而古学崩坏,株守一家的风气盛行,于是焦竑试图弘扬两苏经学,以纠正当时学术的弊端。

此序追溯了两苏经学先后与荆公新学、朱熹理学等主流学术相对峙的历史,揭示了苏学独树一帜的学术个性,实际上是一篇追随欧苏文人经学的宣言。由于焦竑与之前的宋濂、归有光、唐顺之和之后的钱谦益在传承欧苏经学方面声气相投[②],因而焦竑此说亦可视为明代文人经学成立的标志。这是本书提出"明代文人经学"的显性依据。

其二,本书并非"明代唐宋派古文家的经学与文学思想变革的关系",其原因首先在于,本书所涉及的研究对象与所谓唐宋派古文家有交叉而不完全重叠,比如唐宋派的王慎之和茅坤在经学上并未体现出与宋濂等人相呼应的特征,因而不能作为本书的研究对象。其次,更重要的是,"唐宋派古文家"这一说法不能揭示宋濂一系的学风和文风的特征,而"文人经学"这一概念相对准确地揭示了其学术倾向:一者,在经学方面,诸家传承并发展欧苏一系的文人经学。欧苏经学在学术品格、人性论、道器关系论等层面都呈现出独特的风貌:其学术品格为摆脱依傍、以自得之见探求经典本意,其人性论重视"天性之亲"即基于血缘关系的亲

[①] 《澹园续集》卷二《续刻两苏经解序》,焦竑撰,李剑雄点校《澹园集》,中华书局1999年版,下册,第791页。

[②] 参见本书第一章第二部分《明代文人经学的发展过程》。

情,其道器论强调道器合一。明代文人经学将这些层面作为理论起点,在崇尚学术创见、文献实证、主张亲子之情不受礼制束缚、推崇形声文字训诂之学等方面进一步加以发展。二者,在文学思想方面,明代文人经学以通经学古为号召,建构了六经与《史记》《汉书》相结合的文学典范序列,并进一步延伸到包括佛经在内的子书和集部。与上述文人经学的特征相适应,宋濂等人提出了文以载道与"文主于变"相结合的文论"结构",建构了文道关系的新模式,推崇文学的抒写深情和真诚自然,主张文学的法度和神理相统一。以宋濂、归有光、唐顺之、焦竑、钱谦益为代表的这一学术脉络在文学和经学方面的上述特征,只有在"文人经学"的框架下,才能得到准确的揭示。

概言之,本书试图勾勒出宋濂、归有光、唐顺之、焦竑、钱谦益诸家构成的学脉在经学和文学上的独特风貌及其互动关系,从而为考察明代文学思想的变革提供新的视角。

二、国内外研究现状综述

由于学界尚未充分注意到上述文人经学的脉络,因而本书的先行研究散见于以下四个领域:第一,宋濂至钱谦益一脉与欧苏文学的渊源关系研究。第二,宋濂等人的经学研究。第三,以宋濂为发端、由钱谦益集大成的经学与文学关系的研究。第四,宋濂、归有光、唐顺之、焦竑和钱谦益诸人的学术关系研究。今略述如下:

第一,有关宋濂等人与欧苏的渊源关系的探讨,主要集中于明代唐宋派研究和欧苏在明代的接受研究中。

首先,在以明代为本位的研究中,有关明代唐宋派的探讨常涉及唐顺之和归有光对欧苏文的推崇等问题。比如,刘尊举《唐宋派师法唐宋辨析》[①]通过统计唐顺之《文编》收录各家作品的数量,得出了"在唐、宋诸家之中,唐顺之最为推崇的显然是韩愈、欧阳修与苏轼三家"的结论。

---

① 刘尊举《唐宋派"师法唐宋"辨析》,《文艺评论》2011年第8期。

其次,就欧苏的接受研究而论,值得注意的成果有江枰《明代苏文研究史》(江西人民出版社2010年版)、程宇静《欧阳修"文宗"形象的构建与衍变》(河北师范大学2009年硕士论文)、欧明俊、刘美玉《"欧苏"散文合论评议》(《滁州学院学报》2011年第4期)、叶全妹《宋金元明"欧曾"合论研究》(福建师范大学2012年硕士论文)等。其中,江枰《明代苏文研究史》论及宋濂、唐顺之、焦竑等人对苏文的评价①。程宇静《欧阳修"文宗"形象的构建与衍变》提及欧阳修的法度论对唐顺之的影响、归有光深许欧阳修"六经非一世之书"等问题②。叶全妹《宋金元明"欧曾"合论研究》注意到了归有光、唐顺之的师法欧阳修和曾巩③。

上述研究在揭示欧苏文对明文的影响方面,自然是功不可没。令人遗憾之处有以下三点:一,除了将归有光和唐顺之视为唐宋派而一并加以考察之外,很少注意到宋濂与归有光等人在推崇欧苏上的前后联系。二,仅仅关注阳明心学对归有光、唐顺之等人的影响,而不太重视推崇欧苏古文和吸收欧苏学术之间的逻辑关系。三,有些接受研究未能注意到宋濂、唐顺之等人在古文师法对象上的复杂态度。

第二,在宋濂等人的经学研究方面,学界已经取得了不少成果。关于宋濂的经学特征及其渊源,郭素红《明代经学的发展》(山东大学2008年博士论文)第一章第一节《宋濂"经义一本朱子"》、甄洪永《明初经学研究》(山东大学2009年博士论文)第三章第一节《宋濂、刘基、王祎的经学思想分析》、陈军燕《宋濂经学思想初探》(《兰州学刊》2012年第11期)都有所论述,指出了宋濂经学源自浙东儒学的事功传统和调和朱陆之学风,呈现出崇尚致用、讲求心学、经史并重等特色。其中甄洪永《明初经学研究》的论述最为全面,注意到了宋濂的经学辨伪等问题。

就归有光的经学而论,孙之梅《归有光与明清之际学风的转变》(《文

---

① 江枰《明代苏文研究史》,江西人民出版社2010年版,第14—17、65—70、160—173页。
② 程宇静《欧阳修"文宗"形象的构建与衍变》,河北师范大学2010年硕士论文,第88、89页。
③ 叶全妹《宋金元明"欧曾"合论研究》,福建师范大学2012年硕士论文,第34—36页。

史哲》2001年第5期)、贝京《归有光研究》第四章《归有光经解文研究》[1]已详细论述了归有光经学不傍宋人门户、提倡致用实践、重视辨伪等特征。

在明代文人诸家中,唐顺之经学的相关研究成果较少,主要集中在其经世思想方面。吴金娥《唐荆川先生研究》(台湾文津出版社1986年版)、美国艾尔曼《经学、政治和宗族:中华帝国晚期常州今文学派研究》(江苏人民出版社1998年版)都论及唐顺之的由经学达于世务。此外,王伟博士论文《唐顺之文学思想》认为,随着心学体悟的加深,唐顺之逐渐打破了曾经肯定过的传注之学[2]。

在焦竑的经学考据学方面,学界已经给予了相当多的关注。如台湾林庆彰《明代考据学研究》(台湾学生书局1986年版)、钱新祖(Edward T. Ch'ien) *Chiao Hung and Restructuring of Neo-Confucianism in the late Ming* (New York: Columbia University Press, 1986)、余英时"The Intellectual world of Chiao Hung Revisited" (*Ming Studies*, NO. 25, 1988, 24—62), Chow Kai-wing "Yang Shen and Chiao Hung: Various Uses of Philology in the Ming Period"(《汉学研究》第10卷第1期,1992年6月)、李剑雄《焦竑评传》(南京大学出版社1998年版)、台湾王琅博士论文《焦竑学术研究》(高雄师范大学国文所1998年)、余英时《论戴震与章学诚》(三联书店2000年版)等。郭素红博士论文《明代经学的发展》(山东大学2008年)也有论焦竑经学的章节。

关于钱谦益的经学,孙之梅《钱谦益与明末清初文学》(增订版)(山东大学出版社2010年版)、裴世俊《钱谦益和经学》(《苏州大学学报》1997年第1期)、丁功谊《钱谦益文学思想研究》(上海世纪出版股份有限公司、上海古籍出版社2006年版)、郭素红博士论文《明代经学的发展》(山东大学2008年)注意到了钱氏经学肯定汉唐注疏和经世致用的特征。

学界对于有明宋濂一系经学的研究已经取得丰硕成果,对各家经学

---

[1] 贝京《归有光研究》,商务印书馆2008年版,第154—168页。
[2] 王伟《唐顺之文学思想研究》,北京语言大学2008年博士论文,第82—85页。

明代文人经学与文学思想的关系

的基本特征已有清晰的把握,有待进一步开掘的问题主要集中在以下两方面:一是宋濂等人的经学与欧苏经学的渊源关系如何？已有的研究较多地讨论宋濂经学与婺学的关系,以及归有光、唐顺之、焦竑、钱谦益等人的经学对时代思潮的反拨,诚然非常重要,但是,宋濂等人对欧苏文如此推崇,对欧苏学术如此重视,特别是欧阳修开创的疑经学风和金石学,苏轼兄弟之学与王安石新学的对峙,都在宋濂、归有光、唐顺之、焦竑、钱谦益等人的学术中留下了很深的烙印,理应得到更多的重视。二是宋濂等人的经学的思想史意义尚未得到足够重视。宋濂等人的经学只是被动地接受陆九渊心学、阳明心学的影响吗？特别是宋濂、归有光等人在礼学上肯定亲子之情不受礼制束缚,钱谦益等人强调"礼之变",此类观念在明代中后期思潮变革中的意义如何呢？

第三,关于宋濂等人的经学与文学思想的关系,几乎所有研究诸家文论者都有涉及。文学宗经与文道关系是同一问题的不同层面,因此也连带论及。关于宋濂的文学宗经论,陈葛满《宋濂"养气"说述评》分析了宋濂之气养—道明—文雄—追配乎六经的文论结构[①],胡志泽《从八股文的定型看宋濂对明前期文坛的影响》[②]从宋濂"五经各备文之众法"等说中,看出宋濂对文法的重视,并分析了其对明代八股文法的影响。又如,袁震宇、刘明今《中国文学批评通史——明代卷》指出宋濂的文学思想以宗经明道为本,然亦有所变通[③]。又魏青《试析宋濂散文中文与道的关系》(《荆州师范学院学报》2002年第1期)认为宋濂道统文学观指导下的散文创作以文道合一为主导,一定程度地存在着文与道的游离乃至背离。近年来,陈博涵《宋濂文章观念研究》(首都师范大学2008年硕士论文)、王魁星《元末明初浙东文人群研究》(复旦大学2011年博士论文)对宋濂的文学宗经论的论述更为全面细致。前者在宋濂文论的基本结构

[①] 中共浦江县委宣传部与浙江省文学学会合编《宋濂暨"江南第一家"研究》,杭州大学出版社1995年版,第112—121页。
[②] 《宋濂暨"江南第一家"研究》,第101—111页。
[③] 袁震宇、刘明今《中国文学批评通史——明代卷》,上海古籍出版社1996年版,第43页。

上承袭了郭绍虞之义理、事功、文章三者合一的说法,但其具体论述注意到了宋濂文论重文法、神变等层面。后者抓住了宋濂宗经论的核心问题——经史关系,分析其前后的变化。

由于归有光对文学宗经并无系统论述,因而历来论归氏文论者,虽然无不讨论其文道关系论,却较少关注其文学宗经意识。随着有关归氏后学——嘉定四先生和钱谦益研究的深入,归氏的宗经论才逐步彰显。孙之梅《钱谦益与明末清初文学》(增订版)第78—109页论述钱谦益"私淑归有光",其中的要点之一便是归有光学术上的返经与为文上的钻研六经。该著还涉及了作为归有光与钱谦益之中间环节的嘉定四先生[①]。2004年"归有光与嘉定四先生"学术研讨会召开以后,涌现出一批相关研究成果,如黄霖主编《归有光与嘉定四先生研究》(上海世纪出版股份有限公司、上海古籍出版社2007年版)、李圣华《嘉定文派古文观及其创作述略——从嘉定文派之兴起谈起》(《求是学刊》2009年第6期)、刘蕾《归有光与嘉定文坛关系研究》(上海大学2010年博士论文),都将"经经纬史"视为归有光—嘉定四先生—钱谦益一系的共同追求。

同样是由于直接资料不足,关于唐顺之、焦竑宗经论的成果也较少,王伟博士论文《唐顺之文学思想研究》第82页指出唐顺之在"文与道非二"的前提下主张文章以六经为本原。

对于钱谦益宗经论,学人多在其"灵心"、"世运"、"学问"相统一的框架下加以论述,而且大多注意到了源于归有光和嘉定学派的"经经纬史"说。比如,王英志《钱谦益"诗有本"说诗例一则——简析〈后秋兴之十三〉其二》(《名作欣赏》1987年第5期)指出,"诗有本"说以强调真诚、悲愤之情为主要内涵,同时亦兼顾诗人的学问修养,认为是诗之本的一个部分。孙之梅《钱谦益与明末清初文学》(增订版)第247—251页论述了钱氏"经经纬史"在文学创作中的意义,罗时进《钱谦益文学观转变及其批评的意义》(《宁波大学学报(人文科学版)》2001年第4期)论及宋濂的宗经对钱谦益"四十之变"的影响,丁功谊《钱谦益文学思想研究》(上海

[①] 孙之梅《钱谦益与明末清初文学》(增订版),山东大学2010年版。

明代文人经学与文学思想的关系

世纪出版股份有限公司、上海古籍出版社2006年版)第232—251页阐述了钱氏之学问与性情、灵心的关系。

关于宋濂等人的文学宗经论,已有研究的成就在于清晰地梳理了诸人有关文学取法六经和史书的观点,不足之处有二:一是宋濂等人如何继承和发展了欧苏文学宗经论？上述论著对作为文论的"经经纬史"说的溯源,至宋代文章家唐子西而止,实际上钱谦益《颐志堂记》已经提到了韩愈《进学解》、柳宗元《答韦中立书》[①],可见,宋濂以降的"经经纬史"说源头颇为多样,欧苏宗经论当是其不可忽视的来源之一。二是未能进一步揭示诸人的经学特征与文学观念在思维方式上的联系,比如,宋濂、唐顺之、焦竑等人在经学上主张道器合一,在文学上提倡神明与法度合一,这两者之间的逻辑联系如何？又如,焦竑援引《系辞》"物相杂故曰文"来阐述其文学主张,这与苏轼《东坡易传》"文生于相错"说的渊源关系如何？

第四,在明代文人经学诸家的学术联系方面,唐顺之与归有光的关系、归有光与钱谦益、宋濂的联系已为学界所注目,而五家前后相续构成学脉的事实,尚未得到足够的重视。朱东润《中国文学批评史大纲》认为唐顺之的法度论源于明初的宋濂[②]。又,关于唐顺之与归有光是否同属于唐宋派,学界迄今仍有不同看法[③],但唐、归二人在文学取法对象、文章论方面多有契合之处,却是不争的事实。对此,刘尊举博士论文《唐宋派文学思想研究》第129—137页有充分论述。对于归有光与钱谦益的学术关系,日本学者吉川幸次郎、佐藤一郎和野村鲇子先后进行了深入研究[④]。此外,前述有关钱谦益的研究都已加以论述,朴璟兰《明末清初的

---

① 钱谦益《牧斋初学集》卷四十三,《钱牧斋全集》,上海古籍出版社2003年版,第贰册,第1115页。

② 其说云:"荆川言法,与景濂之言无法不相违,其言为空同诸人高谈秦汉者而发也。"(朱东润《中国文学批评史大纲》,武汉大学出版社2009年版,第218页)

③ 比如,黄毅《归有光是唐宋派作家吗》(《中国典籍与文化》1997年第1期)对归有光是否为唐宋派提出质疑。

④ 吉川幸次郎《錢謙益と清朝經學》(《吉川幸次郎全集》第16册,筑摩書房1970年版,第55—135頁)、佐藤一郎《歸有光の系譜》(《中國文章論》,研文出版1988年版)、野村鮎子《錢謙益の歸有光評價をめぐる諸問題》(《日本中國學會報》第44集)。

文学与思想——以震川与牧斋为中心》(复旦大学 2001 年博士论文)亦关注了同一问题。有些著述已经注意到了宋濂—归有光—钱谦益的谱系,比如,孙之梅《钱谦益与明末清初文学》(增订版)论及宋濂的治学为文宗旨上承唐宋派古文家,下启归有光、钱谦益,诸家在"养其根俟其实"方面颇为一致[1],李圣华《嘉定文派古文观及其创作述略——从嘉定文派之兴起谈起》亦将归有光的文原说上溯至明初宋濂、王祎。焦中栋《论钱谦益的明代文学批评》(浙江大学 2005 年博士论文)则认为钱氏以宋濂为明代文学的源头与典范,也注意到了宋濂、唐顺之、归有光和钱谦益四者之间在"由经术以达于世务"上的联系[2]。

上述研究已经注意到宋、唐、归、钱在"养其根俟其实"、"由经术以达于世务"等层面的联系,惜未能充分展开。而且,钱谦益未曾提及的焦竑其实也是这一学脉上的一环,诸家似乎都忽视了。更重要的是,对于这一学脉诸人之间在治学为文方面的契合,以往的研究尚未能找出其核心所在。

三、基本思路和研究方法

关于明代中后期文学思想新变的背景,以往的研究多从儒释道三教融合的角度,强调阳明学和佛学对新兴文学理论的推动作用。比如,马积高《宋明理学与文学》(湖南师范大学出版社 1989 年版)揭示了明代中后期的反理学思潮与文学观的互动关系,黄卓越《佛教与晚明文学思潮》(东方出版社 1997 年版)勾勒了晚明文学思潮涉佛的四个阶段,以及"心源说"、"童心说"等文学命题中的复杂脉络;左东岭《明代心学与诗学》(学苑出版社 2002 年版)侧重于考察阳明心学如何通过文人心态这一中介来影响各种性灵文学思想,周群《儒释道与晚明文学思潮》(世纪出版集团上海书店出版社 2000 年版)认为晚明时期的三教合流对文人任运

---

[1] 孙之梅《钱谦益与明末清初文学》(增订版),山东大学 2010 年版,第 109—112 页。
[2] 焦中栋《论钱谦益的明代文学批评》,浙江大学 2005 年博士论文,第 62—64 页。

自然的人生态度、无所拘碍的文学观念产生了深刻影响。

近年来，以胡晓明《文化江南札记》（华东师范大学2007年版）、罗时进《文学社会学——明清诗文研究的问题与视角》（中华书局2017年版）为代表的研究，跳出儒释道三教的既有框架，从文化生活史的角度全方位把握明清思想变革之动力，引领了有关明清思想文化的复杂性和动力多元性的探讨。

笔者认为，明代文学思想的变革，在阳明学产生之前已经启动；明代宋濂一脉的古文家提倡文以载道与"文主于变"的结合、神明与法度的合一等文学理论，也必须从阳明学之外寻找理论动力。本书拟在勾勒明代文人经学的历史脉络的基础上，揭示其经学史意义，考察其与明代文学思想变革之间的逻辑关系。

在研究方法上，本书的主要特点是：其一，多学科交叉研究，重视经学与文学之间的互动关系。明代文人经学之所以兴起，是由于复古模拟的文风和科举之学都呈现出显著的弊端。宋濂等人继承和弘扬欧苏经学，正是为了同时纠正学风和文风的流弊。因而其经学思想的提倡独树一帜、主张道器合一等层面，都有助于救治复古模拟和师心自用的文风；反过来，欧苏文艺观也成为明代文人经学的理论资源，比如欧阳修诗乐论主张"心之得"重于"声器名物"，书法论强调"不可无法"，苏轼书画论重法度与神理的合一，对明代文人经学的道器合一论产生了重要影响。

其二，重视文献实证，尽可能全面地收集相关文献。明代文献典籍浩如烟海，为研究者提供了便利也带来了困惑。一方面，明代托名之作甚多，特别是本书涉及的宋濂、唐顺之、归有光和钱谦益等人乃一时之名家、大家，其名下真伪难辨之作不在少数；其二，由于当时中、日、朝鲜之间密切的文化交流，流传海外而本土已失传的中国古籍为数不少，和刻本和朝鲜本的数量也颇为可观。对此，本书采取了博观约取的审慎态度。比如，在辨伪方面，对于旧题归有光《易经渊旨》，《四库全书总目》因《明史·文苑传》、《明史·艺文志》均不载此书，朱彝尊《经义考》也未著录，又《江南通志》记有《易图论》（上、下）、《大衍解》二书而无《易经渊旨》

之目,故疑其"真伪盖莫可知也"[1],因此,历来的归有光研究皆避而不谈此书。本书一方面在文献上注意到明张振渊《石镜山房周易说统》(《续修四库全书》经部第12册,上海古籍出版社2002年版)引用了7条归氏易说,其中5条不见于《震川先生集》而与《易经渊旨》同;张次仲《周易玩辞困学记》引用10条归氏易学,其中8条不见于《震川先生集》而与《易经渊旨》同。另一方面发现《易经渊旨》与归有光最核心的易学思想和政治思想在具体观点和理论形式上颇为接近,因而为真的可能性较大,至少是追慕归有光易学的学人所撰,可视为归有光思想研究的辅助资料。

又如,在域外文献方面,笔者曾先后于2010年、2013年前往韩国、日本访书,得见与本研究相关的若干古籍珍本,比如,笔者于2010年在韩国高丽大学访书期间,注意到唐顺之重校的《医闾先生集》(明贺钦著)嘉靖九年本、朝鲜本,从而为研究唐顺之的生平经历和学术思想提供了新依据。

四、创新之处

本书试图在以下几方面将已有研究向前推进:

其一,就基本思路和结构而言,本书首次提出了"明代文人经学"的概念,揭示了宋濂、归有光、唐顺之、焦竑和钱谦益等人构成的学脉。如前所述,先行研究已经注意到宋濂、唐顺之、归有光和钱谦益诸人在治学为文方面的联系,本书将这一学脉的基本特征定位为文人经学,并认为焦竑传承归有光、唐顺之的学术和文论,因而也是这一学脉上的重要一环。

本书揭示了明代文人经学的历史脉络、经学史意义、经学与文学思想的关系。(一)有明文人经学的历史脉络为:宋濂、归有光、唐顺之、焦竑和钱谦益等人前后相续地传播、刊刻欧苏经学和文学著作,将欧苏开辟的经学研究推向深入。其中,宋濂是明代推崇欧苏经学的先驱,唐顺

---

[1] 永瑢等撰《四库全书总目》卷七《易类存目一》,中华书局1965年版,第56页。

之、归有光是推动文人经学发展的关键人物,焦竑明确宣告了传承宋代文人经学的倾向,钱谦益是明代文人经学的集大成者。(二)其经学史意义在于:一是树立了自得之见和愚夫愚妇之心相结合的解经原则,进一步摆脱对传注的依傍,更强调探求经典本意。二是在怀疑《河图》、《洛书》方面,从文献实证的角度提出了新论据。三是推崇形声文字训诂之学,为汉学复兴开先声。(三)文人经学与文学思想的逻辑关系是:首先,确立了以六经为主而班、马等"史中之经"为辅的古文典范。其次,建立了文以载道与"文主于变"相结合的文论"结构",以内容上的独特见解为文学革新的途径,建构了文道关系的新模式。再次,在亲子之情方面打破礼制的约束,为文学上追求深情和真诚提供依据。最后,崇尚"即经而心"的经学思想,与神明法度合一的文学理论相呼应。

其二,就思想史的具体环节而论,本书提出了以下几点看法:

(一)揭示了明代反名教思潮的兴起始于亲子之情一端。在欧阳修肯定"天性之亲"和苏轼小宗论的影响下,宋濂主张孝子对父母的欲报之情难以抑制,因而丧亲之礼不妨变通;归有光把不受礼制束缚的亲子之情,从孝子之于父母的单向关系,扩展到亲子间的双向关系。从亲子之情的不受礼制束缚,发展到男女关系上的遵循人性,可说是顺理成章。这一端倪可从归有光的思想中窥见。比如,归氏《贞女论》对男女关系上压抑自然人性的做法加以批评。可以说,宋濂等人奏响了明代反名教思潮的序曲。

(二)发现了宋濂等人所建立的文以载道与"文主于变"相结合的文论"结构",其特征在于以内容上的独特见解为追求古文新变的途径,建构了文道关系的新模式。张寿安《十八世纪礼学考证的思想活力——礼教论争与礼秩重省》之《结论》云:"儒家的礼秩序原则不是单一的理,当然也不是单一的情,而是一种"结构"(structure)。这个结构,兼摄情理,故称之为'情理结构'。"[①]此类结构诚为中国古代思想史命题的一种常

[①] 张寿安《十八世纪礼学考证的思想活力——礼教论争与礼秩重省》,北京大学出版社2005年版,第312页。

态。在文道关系上的折衷倾向,其实是韩愈以来的古文理论的基本走势,而明代宋濂等人从经学创新中得到启发,将文学内容上的新变与文以载道相结合,可说是提出了文道结合的新模式。

(三) 指出了唐顺之"本色论"与宋濂"生色之融液"说的渊源关系。唐顺之早期在"神明"与"法度"关系上的看法,可说是直承宋濂而来。对此,朱东润《中国批评史大纲》已有所论及。不唯如此,唐氏"本色论"与宋濂的"其生色之融液,至今津津然"说的逻辑结构十分相似,都指出六经、诸子各家之主张驳杂不一,而又各具独特性,并以此为依据,提倡文学内容上的独特见解。可见,唐顺之的"本色"论与宋濂的"生色之融液"说是一脉相承的。

(四) 发现了唐顺之于嘉靖八年(1529)至九年(1530)年间校录《医闾先生集》的史实,并在此基础上,分析了白沙学对唐顺之学术思想的影响。对于唐顺之的这一经历,现存的唐顺之文集未曾言及,唐鼎元《明唐荆川先生年谱》[①]亦只字未提。这很可能是历来的唐顺之研究忽视了这一史实的主要原因。实际上,据现存的《医闾先生集》嘉靖九年本、朝鲜本卷首标题和明郑晓《吾学编》等史料,可以证实唐顺之的这一学术经历。

此外,本书还首次论述了旧题归有光《易经渊旨》与《归震川先生集》核心思想的关系,并兼及其真伪问题,又考察了焦竑《易筌》对吴澄易学的沿革及其思想史意义等问题。

---

① 唐鼎元《明唐荆川先生年谱》,北京图书馆藏珍本年谱丛刊本。

第一章　明代文人经学与文学思想变革的关系总论

明代文人经学肇始于宋濂，经由归有光、唐顺之、焦竑等人的弘扬和发展，至钱谦益而集大成。本章拟在勾勒明代文人经学的历史脉络的基础上，揭示其经学史意义，考察其与明代文学思想变革之间的逻辑关系。

一、明代学术的弊端与文人经学的兴起

明代弘治(1488—1505)以降，复古模拟的文风和科举之学都呈现出显著的弊端，促使古文家们从欧阳修、苏轼一系的文人经学中寻找救治时弊的思想资源。

1. 矫正复古派字模句拟的文风和科举之学株守一家的风气

明代文人经学是作为当时的学风和文风的对立面出现的。字模句拟的文风，在元明之际就露出了端倪，因此，宋濂在《苏平仲文集序》论近世文风的弊端云："近世道漓气弱，文之不振已甚。乐恣肆者失之驳而不醇，好摹拟者拘于局而不畅，合喙比声，不得稍自凌厉以震荡人之耳目。"此说兼论模拟和师心文风的流弊，但侧重于前者。针对这一文风，宋氏在文章开头提出了"应之以变通之术"[①]的主张。

[①]　《芝园续集》卷六，宋濂著，罗月霞主编《宋濂全集》，浙江古籍出版社1999年版，第三册，第1576、1575页。

其后,归有光将当时文学的衰落归咎于模拟文风和科举之学两方面,两者的病症都是遗落性情而追求皮毛形似。他时而斥责"今世乃惟追章琢句,模拟剽窃、淫哇浮艳之为工"①,时而惋惜"经生学士往往为科举之学之所浸渍",因而诗文未能"不规摹世俗,而独出于胸臆"②。与此同时,唐顺之亦认为"其一人犹然尘中人也,虽其专专学为文章,其于所谓绳墨布置,则尽是矣,然番来覆去,不过是这几句婆子舌头语,索其所谓真精神与千古不可磨灭之见,绝无有也,则文虽工,而不免为下格"③,此说同样击中了模拟文风的要害。

焦竑对文学和科举弊端的看法,亦有类似思路。他多次批评制举盛行而导致墨守一家的学风,与此同时,他也斥责模拟文风:"余观弘、正一二作者,类遗其情,而模古之词句;迨其下也,又模模之者之词句。"④

正是由于复古模拟文风和拘于一家的科举之学共同导致了文学不振,人们开始从欧苏经学中寻找重振文风的思想资源。一方面,复古派"文必秦汉"的主张,自然地催生了以标举唐宋文来矫正其流弊的风气。欧苏文章与经术水乳交融,启发人们注意到欧苏经学对于自得之见的追求。另一方面,科举之学墨守程朱,促使人们从经学史上寻求独树一帜的学风,而欧苏经学正是以摆脱依傍、不拘一家著称的。

2. 对欧苏经学独树一帜的认识不断深化

对于欧苏经学的独树一帜,明人先后从脱略汉学、摆脱唐注、与王安石新学和朱熹之学相对立等不同角度加以阐述。明初宋濂首先推尊欧阳修经学,突出其脱略汉儒传注、出于自得的学风:"汉儒说经,固多不可企及,但专门之习胜,未免蔽固而不能相通,其能脱略传注而深求经意

---

① 归有光著,周本淳校点《震川先生集》卷二《沈次谷先生诗序》,上海古籍出版社2007年版,第30页。
② 《震川先生集》卷二《戴楚望后诗集序》,第29页。
③ 唐顺之著,马美信、黄毅点校《唐顺之集》卷七《答茅鹿门知县二》,浙江古籍出版社2014年版,第295页。
④ 《澹园集》卷二十二《题谢康乐集后》,第275页。类似的说法还见于《苏叔大集序》(焦竑《澹园集》卷十六,第171页)。

明代文人经学与文学思想的关系

者,自宋儒欧、刘、石、孙诸公始。诸公启之,伊、洛继之,而益加精。"①此说盛赞欧阳修等人开辟舍传从经之风,摆脱成说而独立思考。值得注意的是,由此说可以看出,在宋濂的经学史观中,欧阳修经学与程朱经学是前驱和后继的关系,并没有后来所认为的对峙和紧张。欧阳修经学脱略依傍的特征,主要体现在对汉学的扬弃。

接着,归有光进一步凸显了欧阳修经学脱略唐注、自成一家的典范意义。其原因在于,归氏对朱熹经学既传承欧阳修的独立学风、又导致科举士子循常习故的双重性开始有所认识。一方面,他在回顾汉代以来的经学发展历程时提出:"唐贞观间,始命诸儒粹章句为义疏,定为一是。于是前世儒者仅存之书,皆不复传。……宋儒始以其自得之见,求圣人之心于千载之下。……而淳祐之诏,其书已大行于世,胜国遂用以取士,本朝因之。而学校科举之格,不免有唐世义疏之弊,非汉人宏博之观。学士大夫循常习故,陷于孤陋,而不自知也。"②在此,归有光提出了以自得之见求圣人之心的经学思想,并将朱熹之学视为这一学风的代表,可见,他将朱熹推为欧阳修疑经学风的传人,赞誉他们对唐代义疏之学的突破③。由此说可以推测,归氏认为欧阳修的舍传从经之学也是对唐代传注的反拨。另一方面,归有光也不得不承认,由于被奉为功令,朱熹之学导致士人株守一家、因循守旧、孤陋寡闻的弊端,甚至重蹈唐世义疏之学的覆辙。这使得朱熹之学崇尚自得的典范意义被削弱。

与此相适应,欧阳修经学崇尚独特见解的特征得到了进一步彰显。欧阳修多次通过阐述"六经非一世之书"的主张来提倡经学上各抒己见,比如,其《答宋咸书》认为:"然而经非一世之书也,其传之谬非一日之失也,其所以刊正补缉亦非一人之能也。使学者各极其所见,而明者择

---

① 《龙门子凝道记》卷下《士有微第七》,《宋濂全集》,第三册,第1801页。
② 《震川先生集》卷二《经序录序》,第33页。
③ 归氏在《尚书叙录》、《孝经叙录》等文中也赞誉朱熹的疑经之功。《尚书叙录》云:"朱子盖有所不安,而未及是正,吴公实有以成之。"(《震川先生集》卷一,第17页)《孝经叙录》曰:"元吴文正公始斥古文之伪,因朱子刊误,多所更定"。(《震川先生集》卷一,第19页)以上说法都肯定了朱熹在疑经方面为元代吴澄导夫先路。

焉,……可以俟圣人之复生也。"①这是说,对于六经的误读非一日之失所致、也非一人之力所能纠正,学者当各尽所能地刊正补缉之,以期恢复六经的本来面目。显然,这一说法为反对定于一尊提供了理论依据。归有光多次借用欧阳修此说来申论其不株守一家的观点,并进一步突出了其中所蕴涵的提倡独特见解的因素(说详下)。

其后,焦竑论述了两苏经学先后与王安石新学、朱熹之学相对立的异端性。第一,就苏学与王安石新学的关系来说,苏轼在《东坡易传》等著述中不止一次地批驳唯王学是尊的做法,提倡学术多样化。这一思想资源为焦竑所采用。苏轼《东坡易传》"文生于相错"说是对《坤》卦六五爻象"文在中也"的解释:"夫文生于相错,若阴阳之专一,岂有文哉?六五以阴而有阳德,故曰文在中也。"②显然,所谓"文生于相错"的实质是强调阴阳相错才能成文,单阴或单阳都不能生文。此说虽然与《系辞下》"物相杂故曰文"的含义不完全一致,但两者的渊源关系是不言而喻的,都是主张文生于多样化事物的相互结合。又《东坡易传》卷八援引《孟子·滕文公上》"夫物之不齐,物之情也"来解释"物相杂故曰文",则是突出了其中的重视事物多样化个性的层面。这里所反对的"专一"、所主张的"不齐"的具体内涵,可从苏轼《答张文潜县丞书》中窥见其端倪。其说云:"王氏之文,未必不善也,而患在于好使人同己。自孔子不能使人同,颜渊之仁,子路之勇,不能以相移。而王氏欲以其学同天下!地之美者,同于生物,不同于所生。惟荒瘠斥卤之地,弥望皆黄茅白苇,此则王氏之同也。"③显然,王安石以一家之文、一家之学笼罩天下的文化倾向,正是违反了"物之不齐"的自然规律,而使文学陷于单一雷同的境地。此说为焦竑反对一家之学提供了依据。焦竑在《文坛列俎序》中,先是引用了《系辞下》"物相杂故曰文",然后援引苏轼"黄茅白苇"说,对模拟剽略的

---

① 《居士集》卷四十七,欧阳修著,洪本健校笺《欧阳修诗文集校笺》,上海古籍出版社2009年版,第1185—1186页。
② 苏轼《东坡易传》卷一,《景印文渊阁四库全书》,台湾商务印书馆1986年版,第9册,第9页。
③ 孔凡礼点校《苏轼文集》卷四十九,第1427页,中华书局1986年版。

文风提出了尖锐的批评(说详下)。可见东坡"文生于相错"说也是反模拟文风和科举之学的重要资源。

第二,焦竑在《刻两苏经解序》和《续刻两苏经解序》中都提到朱熹视两苏经学为"文人之经",隐然有批评其偏离经学本原的意味。其中,《刻两苏经解序》云:"二子既以文章显于世,及其老而多难也,思深见定,始徘徊而诠次先圣之文。尝伏而读之,古之微言渺论,班班俱在,盖浮华剥而真实见,斯二子之至者也。世方守一家言,目为文人之经而绌之,而传者稀矣。"①在此,明人弘扬欧苏一系文人经学的用意得以再次展现,那就是救治模拟文风和科举学风的弊端,提倡学术个性和创新,反对依傍他人、株守一家的学风(说详下)。

3. 欧苏经学所包含的其他思想资源

明人推崇欧苏经学,其主要用意是弘扬摆脱依傍、独树一帜的学风。与此同时,欧苏经学的以下层面也为明人所接受:一是以人情求经义,二是礼学上强调"天性之亲"和礼之变,三是道器合一。

首先,欧苏经学开启了以普遍人情求经的传统。欧阳修的舍传从经与"以人情求之"在逻辑上是紧密联系的。脱略传注的实质,正是为了探求经典本义,进而探究经典中蕴含的人之常情。以《诗经》学为例,欧阳修十分注重依据人之常情来探求本义。他在《本末论》中指出《诗经》的解读包含诗人之意、太师之职、圣人之志、经师之业等四个层面,其中"求诗人之意"和"达圣人之志"是解诗之本,太师之职和经师之业不过是读诗之末;由"知诗人之意,则得圣人之志矣"一说,可以推测"圣人之志"与普遍的喜怒哀乐之情的契合②。"求诗义者以人情求之"的说法明确揭示了"圣人之志"与普遍人情的相通之处:

> 论曰:诗文虽简易,然能曲尽人事,而古今人情一也,求诗义者

---

① 《澹园续集》卷二《刻两苏经解序》,《澹园集》,下册,第751页。
② 欧阳修《诗本义》卷十四,《景印文渊阁四库全书》,台湾商务印书馆1986年版,第70册,第290—291页。

第一章　明代文人经学与文学思想变革的关系总论

以人情求之,则不远矣。然学者常至于迂远,遂失其本义①。

古今人情相通,因而依据人情可求得诗义。欧阳修所谓"人情"的内涵比较复杂,但"人情重怀土"②、"生为可乐而死为可哀,人之常情也"③等说法,都说明了人情的普遍性和自然性。

与欧阳修"人之常情"相呼应,苏轼在以"文生于相错"说阐述学术创新和个性的同时,又有"从众"说。其《书传》卷十、卷十一都提到"从众"。其中,前者云:"既立此人为卜筮矣,则当信而从之,其占不同,则当从众",此说是对《洪范》"立时人作卜筮,三人占,则从二人之言"的诠释,这一解读显然与《左传》成公六年传"或谓栾武子曰:'圣人与众同欲。……《商书》曰:三人占,从二人。众故也。'武子曰:'善钧从众'"④之说有渊源关系,因而其"从众"说可以看作是沿袭成说的结果。不过,苏轼《书传》解释《大诰》"天亦惟休于前宁人,予曷其极卜,敢弗于从?"曰:"方是时,武王之旧臣皆欲从王征伐,故王曰:天若欲休息此前宁人者,子何敢尽用卜,敢不从众而止乎?"⑤此处的"从众"不同于前人之说,更能体现东坡主张"从众"的倾向。又东坡《思治论》指出:"从众者,非从众多之口,而从其所不言而同然者,是真从众也。"⑥显然,"不言而同然者"与欧阳修的"人情"有相通之处,都强调普遍的人性。可见,欧阳修和苏轼都将摆脱依傍、自出机杼与重视普遍人情相联系。不可否认的是,如前所述,苏轼曾引用《孟子·滕文公上》"夫物之不齐,物之情也"以提倡学术的多样化,因而苏轼人情论的实质是在承认普遍人情的同时重视物情之不齐。欧苏经学的以普遍人情求经义,开启了明代以愚夫愚妇之心解经的学风(说详下)。

其次,与重视普遍人情密切相关,欧苏礼学强调"天性之亲"即亲子

---

① 《诗本义》卷六《出车》,《景印文渊阁四库全书》,第70册,第222页。
② 《居士集》卷二《送慧勤归余杭》,《欧阳修诗文集校笺》,第37页。
③ 《居士集》卷五十《祭蔡端明文》,《欧阳修诗文集校笺》,第1252页。
④ 杨伯峻编著《春秋左传注》成公六年,中华书局1990年版,第830—831页。
⑤ 苏轼《书传》卷十、卷十一,《景印文渊阁四库全书》,台湾商务印书馆1986年版,第54册,第581、591页。
⑥ 《苏轼文集》卷四,第118—119页。

明代文人经学与文学思想的关系

关系中基于血缘的真情。众所周知,在北宋濮王典礼的争议中,欧阳修力主英宗尊崇濮王当"称亲",其理由就是濮王乃英宗生父,"而所生父者,天性之亲也,反不得谓之父,是可谓不知轻重者也"①。可见,他认为英宗与生父之间基于血缘的感情是不可忽视的真情。欧阳氏在《濮议》卷二、卷四和《新五代史》卷十七《晋家人传论》中再三阐述了天性之亲不可绝的主张。值得注意的是,欧阳修还把天性之亲与真伪联系起来:"使是子也,能忍而真绝其天性欤,曾禽兽之不若也。使其不忍而外阳绝之,是大伪也。"②子若不忍心绝其天性之亲而表面上断绝之,则陷于大伪。此说揭示了肯定天性之亲与崇尚真诚之间的逻辑关系。

与欧阳修的"天性之亲"论相类似,苏氏的小宗论为宗族关系的突破礼制提供了依据。所谓小宗之法,由苏洵(1009—1066)《族谱后录上篇》首倡,而为苏轼《策别安万民二》所吸收。苏氏的本意是从致用的角度,通过小宗之法来使百姓相互亲睦。苏洵《族谱后录上篇》云:"凡今天下之人,惟天子之子与始为大夫者,而后可以为大宗,其余则否。独小宗之法,犹可施于天下。故为族谱,其法皆从小宗。"③这是从可操作性的角度,主张族谱以小宗为线索。又苏轼《策别安万民二》指出:"今欲教民和亲,则其道必始于宗族。臣欲复古之小宗,以收天下不相亲属之心。……自秦、汉以来,天下无世卿。大宗之法,不可以复立。而其可以收合天下之亲者,有小宗之法存,而莫之行,此甚可惜也。"④随着"天下无世卿"的现实变化,宗法当有所变革。苏氏变革宗法的观念,也提示了礼可以变通的实质。欧苏礼学的肯定自然人性,为明代宋濂等人主张亲子之情不受礼制束缚导夫先路(说详下)。

最后,欧阳修在经学上崇尚道器合一。欧阳修虽然没有直接提出道器合一的命题,但他的心性论重器用而轻道体,诗乐论主张道重于器,其

---

① 李逸安点校《欧阳修全集》卷一百二十《濮议》卷二,中华书局2001年,第五册,第1858页。
② 欧阳修撰、徐无党注《新五代史》卷十七,中华书局1974年版,第187页。
③ 苏洵著、曾枣庄、金成礼笺注《嘉祐集笺注》卷十四,上海古籍出版社1993年版,第380页。
④ 《苏轼文集》卷八,第256—257页。

第一章 明代文人经学与文学思想变革的关系总论

共同之处在于两者皆以道器合一为前提。

欧阳修的儒学以"切于事实"①为基本宗旨。他不满于当时学人动辄言性的学风,强调切实的后天工夫。在《答李诩第二书》中,他提出了"六经之所载,皆人事之切于世者"的主张。圣人正因为重视事实、实用,故而罕言先天本体之性,而重视修身治人等后天发用,所谓"性者,与身俱生而人之所皆有也。……使性果善邪,身不可以不修,人不可以不治;使性果恶邪,身不可以不修,人不可以不治。……故为君子者,以修身治人为急,而不穷性以为言"②。重后天修为而轻先天本体的倾向,在其《问进士策三首》中也有所体现。他驳斥《中庸》的"自诚明谓之性"、"不勉而中、不思而得"等说,斥之为"虚言高论而无益者",也是由于它们过于推崇先天的道德,忽略后天的修身③。显然,欧阳修的心性论是偏重器用而轻视道体的。

欧阳修的诗乐论主张道重于器,但他并未因此放弃器,因而实质上也是道器合一的。在《书梅圣俞稿后》中,欧阳修以乐论诗,主张两者都是道重于器,就乐来说,"其声器名物,皆可以数而对也。然至乎动荡血脉、流通精神,使人可以喜,可以悲,或歌或泣,不知手足鼓舞之所然,问其何以感之者,则虽有善工,犹不知其所以然焉,盖不可得而言也。乐之道深矣,故工之善者,必得于心,应于手,而不可述之言也"。此说论述乐之道与器的关系,认为乐的表现固然离不开声器名物,乐之感人的奥秘却在于得心应手、不可言说的"乐之道";同样,文学创作中也有类似道重于器的规律,梅圣俞诗歌的境界也是由法度之上的"心之得"所决定的:"余尝问诗于圣俞,其声律之高下,文语之疵病,可以指而告余也。至其心得者,不可以言而告也。余亦将以心得意会,而未能至之者也。"④与可以言说的、形而下的"声律"、"文语"相比,无法言表的、形而上的"心之得"更是诗歌的灵魂所在。

---

① 《居士外集》卷十六《与张秀才第二书》,《欧阳修诗文集校笺》,第1760页。
② 《居士集》卷四十七,《欧阳修诗文集校笺》,第1169、1170页。
③ 《居士集》卷四十八,《欧阳修诗文集校笺》,第1194页。
④ 《居士外集》卷二十三《书梅圣俞稿后》,《欧阳修诗文集校笺》,第1906—1907页。

必须说明的是,欧阳修在书法上有重视"器"的言论,他曾经引用汉扬雄之说,以论证书之法则必不可少:"然至于书,则不可无法。……扬子曰'断木为棋,梡革为鞠,亦皆有法焉',而况书乎?"①由此可以推测,欧阳修认为诗乐的"器"也是必不可少的,因而其诗乐论的实质是道重于器而器不可缺。

概言之,欧阳修在心性方面崇尚后天发用而轻视先天本体,其书法论亦充分肯定法度的不可或缺;与此同时,他主张诗乐之"心之得"比声器名物更重要。这两方面结合起来,正是旨在提倡道与器的相互结合。由于乐与礼密不可分,因而欧阳修的经学思想也当是道器合一的。

与道器合一论相联系,欧阳修《集古录》还开创了金石之学。这两方面都成为明人复兴形声文字训诂之学、反对空疏学风和师心自用之文风的思想资源(说详下)。

概言之,明代文人经学所接受的欧苏经学,首先是摆脱依傍、推崇创新和个性的学风。与此相关,欧苏经学对普遍人情与"天性之亲"的肯定、对经学之道器合一的追求等层面,也为明代文人经学提供了思想资源。

二、明代文人经学的发展过程

在宋濂的先导下,归有光等人前后相续地传播、刊刻欧苏经学和文学,其自身的经学研究也在欧苏开辟的道路上继续前进,构成了明代文人经学的谱系。

明代文人经学的发展过程,表现为对欧苏经学特征的认识不断深化,对于文人经学的自我意识逐步明确。具体说来可分为以下四个阶段:

其一,宋濂是明代推崇欧苏经学的先驱。宋濂对欧阳修古文和经学都给予了极高评价。他确立了欧阳修之文在古文史上的重要地位,其《文原》论古文典范云:"六籍之外,当以孟子为宗,韩子次之,欧阳子又次之。此则国之通衢,无榛荆之塞,无蛇虎之祸,可以直趋圣贤之大道。"②

---

① 《居士外集》卷《与石推官第二书》,《欧阳修诗文集校笺》,第 1767 页。
② 宋濂《芝园后集》卷五,《宋濂全集》浙江古籍出版社 1999 年版,第三册,第 1406 页。

可见，他认为欧阳修的古文是六经之外，孟子、韩愈之后最杰出的。

与此同时，如前所述，对欧阳修之经学在舍传从经之学风中的先驱作用，宋濂《龙门子凝道记》卷下《士有微第七》给予了充分肯定。不仅如此，他还多次表彰濡染此学风者，对其师吴莱"于春秋则脱略三传而发其蕴"①、元隐士陈樵"余悉屏去传注，独取遗经"②、周鼎"其于《春秋》，则尽黜三传，而独溯求孔子之旨"③、黄景昌"据经为断"④、薛溶"通《春秋》学，独信遗经而不惑于传注"⑤的学风皆深表敬意。此外，对于这一系之经学师承的梳理，是宋濂推崇欧阳修之学的另一表现。比如，《浦阳人物记》下卷《文学篇》"朱临"条载北宋朱临晚好唐代陆淳之学⑥，"黄景昌"条记宋元祐、绍圣间朱怿传孙复《春秋》之学⑦。

宋濂对于苏轼古文顶礼膜拜而对其学术颇有微词。其《〈苏平仲文集〉序》以三苏之文为宋文的最高峰⑧："自秦以下，文莫盛于宋，宋之文莫

---

① 《潜溪后集》卷五《谥议两首·渊颖先生私谥议》，《宋濂全集》，第一册，第229—230页。
② 《銮坡前集》卷四《元隐君子东阳陈公先生鹿皮子墓志铭》，《宋濂全集》，第一册，第400页。
③ 《銮坡后集》卷二《元故庐陵周府君墓碣铭》，《宋濂全集》，第二册，第589页。
④ 《浦阳人物记》下卷《文学篇》"黄景昌"条，《宋濂全集》，第三册，第1846页。
⑤ 宋濂《薛府君墓志铭》，《宋学士先生文集辑补》，《宋濂全集》，第四册，第2114页。
⑥ 《浦阳人物记》下卷《文学篇》"朱临"条，《宋濂全集》，第三册，第1840页。
⑦ 《浦阳人物记》下卷《文学篇》"黄景昌"条，《宋濂全集》，第三册，第1847页。
⑧ 对于欧苏文和周程等五子文孰为最高典范，宋濂的态度是摇摆不定的。首先，他论六经之下的文脉，多以欧文或欧苏文为宋文之最。前引《文原》之外，《王君子与文集序》也有类似说法："三代无文人，六经无文法。非无人也，人尽能文；非无法也，何文非法？秦汉以来，班、马之雄深，韩、柳之古健，欧苏之峻雅，何莫不得乎此也？"（《銮坡后集》卷六，《宋濂全集》第二册，第688—689页）其次，他有时也以周敦颐等理学家的文章为师法对象。如《徐教授文集序》独推尊周敦颐、二程、张载、朱熹等五夫子之文："夫自孟氏既没，世不复有文。贾长沙、董江都、太史迁得其皮肤，韩吏部、欧阳少师得其骨骼，舂陵、河南、横渠、考亭五夫子得其心髓。观五夫子之所著，妙斡造化而弗违，百世以俟圣人而不惑。斯文也，非宋之文也，唐虞三代之文也；非唐虞三代之文也，六经之文也。文至于六经，至矣尽矣，其始无愧于文矣乎！"（《芝园后集》卷一，《宋濂全集》，第三册，第1352页）这一现象折射了宋濂在古文典范问题上的摇摆不定。江枰《明代苏文研究史》（江西人民出版社2010年版）认为宋濂对三苏之文的评价是："才气雄迈，但'不能皆纯'，与他时时强调的文章必须与道相始终的标准，有相当的距离。"（第17页）此说似可商榷。宋濂对古文典范的看法游移不定。他仕明前所作《华川书舍记》认为："孟子之后，又惟舂陵之周子、河南之程子、新安之朱子完经翼传而文益明尔！"（《潜溪全集》卷之五，《宋濂全集》，第一册，第57页）但晚年所作《〈苏平仲文集〉序》又极誉三苏之文。

盛于苏氏。若文公之变化瑰伟，文忠公之雄迈奔放，文定公之汪洋秀杰，载籍以来，不可多遇。"①在《龙门子凝道记》中，宋濂称誉眉山三苏之文，而不满其学术背离先王之道：

    曰："眉山之学何如？"曰："其文辞气焰有动摇山岳之势，盖其才甚高，识甚明，举一世皆奔走之。恨其一徇纵横捭阖之术，而弗知先王之道。"②

实际上，宋濂的礼学思想颇有承袭苏轼之处（说详下）。

  其二，唐顺之、归有光是推动明代文人经学发展的关键人物。从唐顺之《文编》的选篇情况，可以看出其对欧苏古文的推崇。《文编》收欧阳修文最多，205 篇；其次是苏轼文，193 篇③。从《文编》的选篇来看，在古文创作方面，唐顺之以欧阳修、苏轼古文为最高典范。

  不可否认的是，唐顺之在学术转向之际曾有"以为三代以下之文未有如南丰"④的说法。此说一方面可以理解为唐顺之在古文师法对象问题上的摇摆，另一方面可与其有关神明与法度关系的观点参看。正如唐顺之始终坚持神明与法度合一，却在《答茅鹿门知县二》中却表示重"真精神"而舍弃绳墨布置一样（说详下），此说可以理解为唐顺之为推崇曾巩之文所作的夸张之辞。

---

  ① 《芝园续集》卷六，《宋濂全集》，第三册，第 1575—1576 页。
  ② 《龙门子凝道记》卷下，《宋濂全集》，第三册，第 1787 页。
  ③ 本统计数字所据版本为《景印文渊阁四库全书》，台湾商务印书馆 1986 年版，第 1377—1378 册。
  ④ 《荆川先生文集》卷七《与王遵岩参政》，《唐顺之集》第 299 页。按：此封信的写作时间难以确考，大概是在嘉靖二十三年(1544)到二十六年(1547)之间。理由有二：其一，从此信的观点来看，唐顺之的学术倾向已开始转变，因而当在嘉靖二十三年(1544)之后。（按：左东岭《明代心学与诗学》第 123 页指出唐氏作于嘉靖二十三年的《与薛方山书》已流露出思想转变的意思。）其二，此信首有"不会见于武夷，终是此生不了心事，三年之间定当发兴耳"之说，又据《明唐荆川先生年谱》卷三，嘉靖二十六年荆川"游武夷，会王遵岩、洪芳洲于山中"，可见此信写于嘉靖二十六年(1547)之前，比《文编》编撰的嘉靖丙辰(1556)早十年左右。

第一章 明代文人经学与文学思想变革的关系总论

唐顺之对欧苏经学的重视,可从《荆川稗编》[①]经学部分对两家学说的收录中看出。首先,该编对欧阳修的《诗经》学、《春秋》学和礼学论述都加以收录。于《春秋》学节录其《新五代史》卷十《汉本纪论》[②](《荆川稗编》卷十四《春秋四》),于礼学收其《论晋出帝》[③](《荆川稗编》卷二十九《礼七》)和《唐书·礼乐志序》(《荆川稗编》卷三十二《礼十》)。尤其值得注意的是,《荆川稗编》对欧阳修《诗经》学极其推崇,收录其《诗谱序》、《王国风解》、《豳问》、《十五国次解》、《定风雅颂解》、《鲁颂解》、《鲁问》、《商颂解》、《序问》、《时世论》、《本末论》、《十月之交解》、《诗解统序》、《二南为正风》、《周召分圣贤解》计15篇,而《荆川稗编》之《诗经》类收录的总数不过58篇而已,可见唐顺之对欧阳氏《诗经》学重视的程度。

对于苏轼经学,《荆川稗编》经学类虽然仅收录其《顾命冕服辩》(《荆川稗编》卷七《书二》),但唐顺之在《东坡易传》和《书传》的传播中起到了承上启下的重要作用。明嘉靖年间,东坡《易》、《书》二传的传本极为罕见,唐顺之曾希望胡直求《书传》[④],其后毕三才于万历丁酉(1597)刻《两苏经解》[⑤],其中的东坡《易》、《书》二解正是从唐顺之处获得的[⑥]。可见,东坡《易》、《书》之得以在明代刊刻,最初的推动力便是来自唐顺之。

[①] 唐顺之编《荆川稗编》,《景印文渊阁四库全书》,台湾商务印书馆1986年版,第953—955册。

[②] 《新五代史》卷十《汉本纪论》,第107—108页。

[③] 《新五代史》卷十七《晋家人传论》,第187—188页。

[④] 胡直《衡庐精舍藏稿》卷十八《书苏子瞻书传后》,《景印文渊阁四库全书》,台湾商务印书馆1986年版,第1287册,第435页。

[⑤] 据卿三祥《〈两苏经解〉刊者毕氏顾氏考》,毕三才,江西贵溪人,万历己丑(1589)进士。万历二十四(1596)年巡长芦盐,次年刻《两苏经解》(《文献》1992年第2期)。

[⑥] 以往的研究认为《两苏经解》的底本可能就是胡直从蜀中带回的(舒大刚《苏轼〈东坡书传〉叙录》,《西南民族学院学报(哲学社会科学版)》2001年第4期)。此说似可斟酌。关于焦竑获得二书的时间,焦竑《刻两苏经解序》曰:"闻宋两苏氏分释经、子,甚慕之,未获也。弱冠得子由《老子解》,奇之。寻于荆溪唐中丞得子瞻《易》、《书》二解。"(《澹园续集》卷一,《澹园集》,中华书局1999年版,下册,第750页)这是说他弱冠(1560)后不久就得二书,又唐顺之于万历三十八年(1559)任右金都御史(中丞),次年病亡(《明唐荆川先生年谱》卷六)。由此可以推测,焦竑当于1560年得此二书。而据胡直《书苏子瞻书传后》,胡氏迟至1564年方于蜀中求得《书传》(《衡庐精舍藏稿》卷十八,第435页)此时唐顺之已殁四年,不可能获见此本,也不可能将此本转给焦竑。

几乎与唐顺之同时,归有光也为文人经学的发展作出了重要贡献。归氏对欧阳修经学的继承和变革主要表现在以下四个层面:一,吸收欧阳修礼学之肯定"天性之亲",主张亲子之情不受礼制束缚①。二,踵武欧阳氏之排《系辞》而怀疑《河图》、《洛书》②。三,作为欧阳修经学之根本的"本于人情"论,也体现在归氏《尚书》学中(说详下)。四,在与经学相关的金石学上,欧阳修《集古录》有发凡起例之功,对此归有光极为钦慕,在《与徐南和》(《震川先生别集》卷八)、《题隶释后》(《震川先生集》卷五)等篇中一再表露此意。

归有光对苏轼的《易》、《书》二传是如此渴慕,他向所谓"魏八"多次求借而不得后,只好求助于其门生王子敬,甚至希望他凭借"科道"的势要身份向魏八强借③。从其著述来看,他未能获见东坡《易》、《书》二传。以"三江"说为例,苏轼有关"三江"的论述,集中出现在其《书传》卷五"三江既入,震泽底定"条,其核心观点是三江以味别。归有光《三江图叙说》认为"然孔安国、苏轼所论,亦未必然也",可见归氏对东坡"三江"说颇为熟悉。然而,归有光对苏轼"三江"说的了解,当是得之于程大昌《禹贡论》而非苏轼《书传》。归有光在《三江图叙说》和《与沈敬甫》中都提到程大昌之说,前者云:"古今论三江者,班固、韦昭、桑钦之说近之。但固以芜湖东至阳羡入海,昭分钱塘江、浦阳江为二,桑钦谓南江自牛渚上桐水,过安吉,历长渎,为不习地势。程大昌辨之详矣。"④后者云:"近辑水利书,比前略有增益。未完,不及寄去。有图,有叙说,大率不过论中之意耳。荆、坡二老见之,必以余言为然。经中中江、北江,虽说晦翁有辨甚悉,亨斋所言,乃是孔安国、程大昌说也。"⑤又程大昌《禹贡论》论卷上

---

① 《震川先生集》卷五《书冢庐巢燕卷后》,第118页;《震川先生集》卷五《题立嗣辨后》,第121页;《震川先生集》卷二十二《亡儿䎡孙圹志》,第535页。
② 《震川先生集》卷一《易图论上》、《易图论下》、《易图论后》,第1—6页。
③ 《震川先生别集》卷七,第869页。按:清王士禛撰,靳斯仁校《池北偶谈》卷十三"归熙甫帖"条讥讽道:"借书雅人事,乃亦狗势力如此,且在嘉靖间,世风已尔矣。"(中华书局1982年版,第318页)
④ 《震川先生集》卷三,第75页。
⑤ 《震川先生别集》卷七,第868页。

第一章　明代文人经学与文学思想变革的关系总论

《三江》和《三江沱潜》都对苏轼"三江"说赞叹不已①，由此可以推测，归有光可能通过程大昌《禹贡论》获悉苏轼"三江"说。此外，归有光对苏轼的小宗论也颇为关注②。

从明代文人经学的发展来看，唐顺之大力传播、寻访欧苏经学与文学著述，归有光自身的经学研究多方面地继承和发展了欧苏经学，因此两者都是明代文人经学发展中的关键人物。

其三，焦竑明确宣告其传承宋代文人经学的倾向。在唐顺之、归有光等人的影响下，焦竑热心地收集、刊刻苏轼兄弟的经学著作。他在《刻两苏经解序》中详述了他收集苏辙《老子解》、《诗》与《春秋解》和苏轼《易》、《书》二解的过程，以及丁酉年（1597）毕三才将诸书汇刻为《两苏经解》的始末。

焦竑对欧苏经学的弘扬之功，还在于以王安石新学和朱熹之学的双重坐标来论述两苏经学的独特性，第一次明确地以"文人之经"的概念来说明欧苏经学的卓尔不凡。其《刻两苏经解序》和《续刻两苏经解序》中都提及两苏经学被朱熹斥为"文人之经"一事，并揭示了两苏之学的思想史意义。具体说来，在经学史上，两苏之学先是因王安石一家之学盛行而遭到废黜，后又被朱熹视为"文人之经"而不见重于世，这使得文人经学具备了学术异端的性质。与此同时，焦竑对科举之学固守一家之说的现状深表不满。他还论述经学的个性化和创新云：

夫道非一圣人所能究，前者开之，后者推之，略者广之，微者阐之，而其理始著，故经累而为六也。乃谈经者欲暖暖姝姝于一先生之言，而以为经尽在是也，岂不谬哉！③

---

① 程大昌《禹贡论》，《景印文渊阁四库全书》，台湾商务印书馆1986年版，第56册，第81—84页。
② 《震川先生集》卷三《谱例论》，第60页；《震川先生集》卷二《平和李氏家规序》，第38—39页。
③ 《澹园续集》卷一《刻两苏经解序》，《澹园集》，下册，第751页。

明代文人经学与文学思想的关系

此处"夫道非一圣人所能究"一说显然是对欧阳修"六经非一世之书"的传承,也是对归有光相关说法的呼应。焦竑这一段文字表明其追踪文人经学、提倡学术个性和创新的学术倾向,可说是明代文人经学的第一次正式宣言。

其四,钱谦益是明代文人经学的集大成者。钱谦益梳理了由宋濂、唐顺之、归有光等人构成的明代古文家谱系,指出其古文以通经汲古为根基、其经学以达于世务为宗旨的特征。钱氏追溯自己为古文与求古学的历程曰:

> 仆年十六七时,已好陵猎为古文。……浮湛里居又数年,与练川诸宿素游,得闻归熙甫之绪言,与近代剽贼雇贳之病。临川汤若士寄语相商曰:"本朝勿漫视宋景濂。"于是始覃精研思,刻意学唐宋古文,因以及金、元元裕之、虞伯生诸家,少得知古学所从来,与为文之阡陌次第。……仆以孤生謏闻,建立通经汲古之说,以排击俗学,海内惊噪,以为希有,而不知其邮传古昔,非敢创获以哗世也①。

在此,钱谦益阐述了作为古文理论的通经汲古之说的来源,指出宋濂、归有光、汤显祖等人是其先导。唐顺之也是这一链条上的重要环节。钱氏论唐顺之与宋濂之学的共性曰:

> 胜国之季,浙河东有三大儒,曰黄文献溍、柳待制贯、吴山长莱,以其学授于金华宋文献公。以故金华之学,闽中肆外,独盛于国初。……嘉靖中,荆川唐先生起于毗陵,……荆川之指要,虽与金华稍异,其讲求实学,繇经术以达于世务则一也②。

唐顺之与宋濂的学术旨趣都是由经术达于世务。实际上,这也是归有光

---

① 《牧斋有学集》卷三十九《答山阴徐伯调书》,《钱牧斋全集》,第陆册,第1347—1348页。
② 《牧斋初学集》卷四十三《常熟县教谕武进白君遗爱记》,《钱牧斋全集》,第贰册,第1120页。

第一章　明代文人经学与文学思想变革的关系总论

等人的经学倾向。对于这一谱系,钱氏没有采用"文人经学"的概念,但指出了他们的古学与为文、通经汲古与古文革新的密切联系,而诸家又都承传了欧苏的文人经学,因而这实际上是明代文人经学的谱系。

在继承欧苏经学方面,钱谦益对欧阳修的舍传从经之说颇为不满,而推崇苏洵、苏轼父子的小宗论。钱谦益《跋季氏春秋私考》论云:"自韩愈之称卢仝,以为'春秋三传束高阁,独抱遗经究终始'。世远言湮,讹以传讹,而季氏之徒出焉。"①他认为正是因为舍传从经的学风之流弊所及,才导致了季本《春秋私考》这样凿空杜撰的学术风气。又钱氏《春秋论一》专驳欧阳修《春秋论》上之舍传从经:

《春秋》书曰:晋赵盾弑其君夷皋。欧阳子曰:学者不从孔子信为赵盾,而从三子信为赵穿。欧阳子之意,主于掊击三子,而未尝于左氏之传易其心而求之也。②

这是说,《春秋》宣公二年记"晋赵盾弑其君夷皋"一事,学者从《春秋》三传,以弑君者为赵穿而非赵盾,对此,欧阳修斥为不信孔子而从三传,钱谦益却认为,《左传》的本意其实是以多重维度证明盾之弑君,欧阳修因其抨击三传的成见,而未能探明《左传》的本意。

不仅如此,钱谦益在反对凿空杜撰之学风的前提下,对唐宋以来的疑经(传)思潮都持保留态度:"呜呼!有欧阳公之才,然后可以黜《系辞》;有朱子之学,然后可以补《大学》。然而君子犹疑之,以为如是则不足以辟王充之《问孔》,诛杨雄之僭经也。"③可见,对于欧阳修怀疑《系辞》非孔子所作的主张,钱谦益虽然肯定其才识不凡,但也忧虑其轻易疑经的负面影响。

对于眉山苏氏父子的经学,钱谦益赞同其小宗论:"时异俗殊,礼之

---

① 《牧斋初学集》卷八十三,《钱牧斋全集》,第叁册,第 1754 页。
② 《牧斋初学集》卷二十一,《钱牧斋全集》,第贰册,第 745 页。
③ 钱谦益《与卓去病论经学书》,《牧斋初学集》卷七十九,《钱牧斋全集》,第叁册,第 1706—1707 页。

穷而不得不变也久矣。眉山苏氏,知礼之变者也,谓先王制礼,独小宗之法,犹可施于天下,故为族谱,其法皆从小宗。"①钱谦益从"礼之变"的角度论证小宗之法,与宋濂的"礼有常有变"说遥相呼应(说详下)。

必须说明的一个问题是,作为明代文人经学的集大成者,钱谦益何以走向了舍传从经之学风的反面?一方面,钱氏对于舍传从经的激烈批判,正是他深受这一学风影响的表现。另一方面,钱氏反对舍传从经的用意,是驳斥这一学风所导致的凿空立论的流弊,而欧阳修疑经之学本身也是以文献实证为依据的。从舍传从经发展到文献实证,是疑经学风良性发展的必然趋势,从这一意义上来说,钱谦益虽然反对舍传从经,但仍然是欧苏经学的重要传人,能够担当明代文人经学的集大成之任。

从宋濂肯定欧阳修在舍传从经学风中的先驱地位,到归有光、唐顺之传播和发展欧苏经学,再到焦竑明言对文人经学的追慕,直至钱谦益勾勒了明代文人经学的谱系,明代文人经学的历史脉络逐步展开。

三、明代文人经学诸家之间的传承关系

宋濂、唐顺之、归有光、焦竑、钱谦益等人前后相续,形成了推崇欧苏经学的脉络,其原因在于诸人之间有着密切的学术传承和相互影响的关系。

1. 唐顺之对宋濂经学极为关注

唐顺之的推崇欧苏经学,与其承传宋濂经学之间,有着内在联系。在经学方面,唐氏不仅在《荆川稗编》中收录宋濂的《孔子庙堂议》、《渊颖吴先生私谥议》(《荆川稗编》卷二十八、三十三)等礼学论著,而且对宋濂重视的赵汸《春秋》学给予了关注。赵汸《春秋说》、《春秋属辞序例》(卷十一《春秋一》)和《与宋潜溪书》(卷十二《春秋二》)三篇皆入选《荆川稗编》。

---

① 《牧斋有学集》卷二十七《王氏秋荫楼祠堂记》,《钱牧斋全集》,第伍册,第1029页。

2. 归有光与唐顺之的关系新证

唐顺之和归有光之间可能有书信往来，可以肯定的是他们有共同的老师和朋友：

一方面，从直接关系来说，唐顺之与归有光可能有书信往来。关于这一点，今存一封署为"顺之顿首拜熙甫先生世丈足下"的楷书信札。其全文云：

> 仆挈囊行后，太湖洞庭，遂落君手。长啸紫烟，酣畅朗月。笳箫竞发，鱼龙喷薄。时颇念使君不？往使君以青溪官舍为公等山厨，使君朝为清溪长，暮为烟霞主人。一鹤守门，客至阑入。松花荇菜，河转天明。使君略施盥漱，放衙视事，勅客暂退。日向晡，吏散鸟啼，宾朋复来集。夜阑更端，语或跌宕恍忽，掉而出六合之外，而吏民不疑，官长不骂，人生此乐，坐空千古，今俯仰成迹矣。新使君长者，鞠躬爱人，勤于职事，而标韵当复大减。公等此后入清溪，索莫哉！众芳亭明月无恙，虚照清池，渌尊空矣。回翔城隅水曲，知汝销魂。天地间事事如此，习家池与山公今日俱安在哉？此书宜出示诸公，一叹而罢。顺之顿首拜熙甫先生世丈足下①。

这封信为真的可能性较大，其主要理由是当时确有一位与归有光、唐顺之皆熟识的太守，好尚艺文，深得苏州士人爱戴，那就是嘉靖二十一年（1542）任苏州知府的王廷②。

首先，关于王廷有惠政于苏州的情形，方凤（1474—1550）③《送王南岷》云："南岷先生，古雅君子也，处台端则以直贬，居民牧则有去思，可谓不负所学矣。吾昆士夫，咸惜其去，形之歌颂。"④王廷字子正，号北厓，又

---

① 《中国书法》2015 年第 3 期。
② 李铭皖修，冯桂芬纂《（同治）苏州府志》卷五十二《职官一》"王廷，嘉靖二十一年以工部郎中任"，清光绪九年刻本。
③ 李国栋《明代文学家方凤生卒年考》，《江海学刊》2020 年第 4 期。
④ 方凤《改亭存稿》卷九，明崇祯十七年刻本。

号南岷①,《明史》卷二百十四有传。与方凤此说相呼应,《唐顺之集》卷六《与王北厓苏州三》云:"窃惟吾兄以正直自持,人或以为落落,而宦迹所至,则西原、庄渠两公独为相知。"(第242页)此说亦赞誉王廷以正直自持、与善士相知的人格。又何良俊《四友斋丛说》卷十五"王南岷为苏州太守日"条记王廷每月常三四次访文徵明,谈文论艺,至日暮乃去②;卷十八"存斋先生为编修时"条述王廷款待徐阶(1503—1583),独请文徵明同席③。

其次,唐顺之与王廷交契。《唐顺之集》卷六有《与王北厓苏州》三封,卷九有《与王北厓郡守》一封、《答王北厓郡守论均徭》两封。值得注意的是,唐顺之与王廷皆为薛蕙、魏校经纪后事。嘉靖辛丑(1541)正月,吏部考功郎中薛蕙病逝,薛蕙的哥哥薛兰托王廷请唐顺之为薛蕙作墓志铭④,唐顺之《吏部郎中薛西原墓志铭》云:"而伯兄兰有一子曰存。先生与兰友爱甚,其没也,兰为之经纪其丧。……而缄其遗书请铭于余。"又唐氏《与王北厓苏州三》云:"西原之死也,吾兄悉力为其经纪后事,有如骨肉,是以同志中皆推吾兄之高谊。今之所以处庄渠者,岂异西原哉?闻之其家,此翁且死,亦自欲以后事面托之兄。"⑤上述两条史料叙述了王廷为薛蕙经纪后事、唐顺之为薛蕙撰墓志铭,以及唐顺之以魏校之后事托王廷等史实。两人以扶持善类共勉的高谊,由此可见一斑。

再次,归有光与王廷是知交。归有光《论三区赋役水利书》建议轻徭薄赋:"乞念颠连无告之民,照弘治间例,及太守南岷王公新行事例,免其南北运库子马役解户之类,此亦可以少纾目前之急也。"⑥由此可以推测,王廷在苏州知府任上颇能为民纾困,对此,归有光极为赞成。又归有光

---

① 《荆川先生文集》卷九《与王北厓郡守》,四库本题为《与王苏州南岷书》。参见唐鼎元《明唐荆川先生年谱》卷一"十一年壬辰二十六岁"条,北京图书馆藏珍本年谱丛刊本。
② 何良俊《四友斋丛说》卷十五,中华书局1959年版,第131页。
③ 何良俊《四友斋丛说》卷十八,第157页。
④ 蔡春旭《文徵明与苏州刻工》,《文艺研究》2019年第11期。
⑤ 《荆川先生文集》卷十四《吏部郎中薛西原墓志铭》,《唐顺之集》,第618—622页;《荆川先生文集》卷六《与王北厓苏州三》,《唐顺之集》,第242—243页。
⑥ 《震川先生集》卷八,第170页。

第一章　明代文人经学与文学思想变革的关系总论

于隆庆三年被贬为顺德通判、心情苦闷之际[①]，多得王廷帮助和劝勉："昨岁因遣人领先人勅命，即具疏乞解职。南岷王公故相知，抑不上，复贻书劝勉。然次且乃至五月到邢，意已悔恨此行矣。"[②]由"故相知"三字，可以想见昔日太守与士子的绵长情谊。

最后，从知府的风范而论，王廷与文徵明"谈文论艺"，又曾与唐顺之分享"衡山先生文字"[③]，堪称标韵高逸，与唐顺之信中所述集"清溪长"和"烟霞主人"于一身的使君形象恰相吻合。尤其值得注意的是，这封楷书信中抒发想念使君的情感，而《唐顺之集》卷六《与王北厓苏州二》也倾诉了对王廷的眷念："兄之不言而饮人以和，每一见，则眷眷不能别去；既别去，则忽忽若有所失，而若将继见之者。辱来教，知兄之念我则亦然也。"[④]概言之，这封信札为真的可能性较大，唐顺之与归有光的共同交往对象——王廷当为双方交好的纽带之一。

另一方面，从间接关系来说，唐顺之与归有光既有共同的师长魏校，又有共同的友人郑若曾和戴楚望。（一）关于两人与魏校的关系，就唐顺之一端而论，《明史》本传称唐顺之为魏校弟子[⑤]，归有光亦称"唐以德"曾师从魏校："是时天下尤尊阳明，虽荆溪唐以德，始事先生，后复向王氏学。"[⑥]虽然唐鼎元《明唐荆川先生年谱》卷二力驳此说，但唐顺之与魏校的学术交往极为密切，自无可疑。从现存史料看，唐顺之与魏校确有书信往来，魏校《庄渠遗书》所收八封书信中[⑦]，前两封分别提到唐顺之"杜门读书"、"开门授徒"。据《明唐荆川先生年谱》卷一"嘉靖十五年"条，是年"公自是稍收纳弟子"，又是年《与王尧衢书》有"于是取程、朱诸先生之

---

① 《震川先生集·前言》。
② 《震川先生集》别集卷七，第885页。
③ 《唐顺之集》卷九《与王北厓郡守》，第420页。
④ 《唐顺之集》卷六，第241页。
⑤ 张廷玉等撰《明史》卷二百五，中华书局1974年版，第5422—5424页。
⑥ 《震川先生集》卷十九《周孺亨墓志铭》，第466页。
⑦ 分别见魏校《庄渠遗书》（《景印文渊阁四库全书》，台湾商务印书馆1986年版，第1267册）卷四，第764页、765页、771页、788页；卷十一，第899—900页；卷十四，第938页。

书,降心而读焉"①一语,由此可以推测,二事发生于嘉靖十五年唐顺之罢归家居时期②;又如前所述,嘉靖二十二年魏校去世,唐顺之拜托王廷为其经纪后事③。要之,唐顺之与魏校有多年切磋学术的道谊④。从归有光一端来说,归有光与魏校兼有姻亲和师承关系。《明史》卷二百八十七《文苑三》称归有光"师事同邑魏校",又据归有光《请敕命事略》,其妻魏氏为魏校之从女⑤。归氏《周孺亨墓志铭》亦自云"余少为先生家婿"⑥。此外,归有光的宗法论与魏校颇为一致⑦,归氏曾校定《庄渠遗书》⑧,归氏与魏校的学术联系之密切,由此可窥一斑。通过魏校这一中介,唐顺之和归有光对彼此的学术倾向无疑会有所了解。

(二)就共同的朋友来说,归有光的友人郑若曾和戴楚望都与唐顺之交好。归有光《郑母唐夫人八十寿序》云:"予友郑君伯鲁,少游庄渠、甘泉二先生之门,晚与唐以德为友。……予与伯鲁,同为魏氏诸倩。"⑨关于郑伯鲁,《(同治)苏州府志》卷九十三《人物》"郑若曾"条云:"郑若曾,字伯鲁,文康五世孙。幼有经世志,凡天文地理、山经海籍,靡不周览。嘉靖中,以诸生入北雍,闱中拟元者再,竟不遇,就选亦未仕。倭扰东南,总制胡宗宪、总兵戚继光延若曾入幕中,参赞机务。"⑩概言之,郑若曾与归有光既是朋友,又同为魏氏婿。郑若曾晚年与"唐以德"交好。又归有光

---

① 《荆川先生文集》卷五,《唐顺之集》,第 213 页。
② 王伟博士论文《唐顺之文学思想研究》第 53 页云"嘉靖二十二年,魏庄渠有与唐顺之书信六封",不确。《明唐荆川先生年谱》卷二"嘉靖二十二年"条记唐顺之如姑苏省魏庄渠先生之疾、值其丧,有与王廷书,托以庄渠后事等事,并将庄渠与荆川书六通"附录"于后,并非以此六书皆作于是年。又,《庄渠遗书》收魏校与唐顺之书信八封,《明唐荆川先生年谱》仅录六封,其中,"此行天将有大造于应德也"(《与唐应德》,《庄渠遗书》卷四,第 788 页)、"令侄远来,愧无以答其盛意"(《答唐应德》,《庄渠遗书》卷十四,第 938 页)两封未收。
③ 《荆川先生文集》卷六《与王北厓苏州三》,《唐顺之集》,第 242 页。
④ 参见拙作《唐顺之校录〈医闾先生集〉的文学思想史意义》,《文学遗产》2013 年第 5 期。
⑤ 《震川先生集》卷二十五,第 596 页。
⑥ 《震川先生集》卷十九《周孺亨墓志铭》,第 466 页。
⑦ 参见孙达《明代苏州家族研究》,苏州大学 2012 年硕士论文,第 28 页。
⑧ 《震川先生别集》卷八《与王昭明》云:"《恭简公集》,向王知郡委校定"(第 913 页),日本内阁文库所藏嘉靖四十年本《庄渠先生遗书》卷首标有"门人归有光编次"。
⑨ 《震川先生集》卷十四,第 353 页。
⑩ 李铭皖修,冯桂芬纂《(同治)苏州府志》,清光绪九年刻本。

《戴楚望集序》述戴氏之交游曰"及其所交亲者,则毗陵唐以德、太平周顺之、富平杨子修,并一时海内有道高名之士"①。这位毗陵唐以德既追随魏校又堪称"海内有道高名之士",当非唐顺之莫属。

3. 焦竑传承唐顺之和归有光的经学

隆庆、万历年间,焦竑踏着唐顺之、归有光等人的足迹,致力于文人经学的弘扬。焦氏从多种渠道濡染了唐顺之的学术:由其《万纯斋传》可知,焦氏有挚友万达甫,唐顺之为达甫之父执,赏爱其敏笃,亲授其道要,又曾令侄孙唐一麟向达甫请教经学②。由此可以推测,焦氏至少可以经由万达甫的转述而濡染唐顺之学术。更值得注意的是,如前所述,焦竑所藏苏轼《易》、《书》二传乃得之于唐顺之,焦氏还藏有唐氏《右编》稿本③。在经学方面,除了苏轼经解外,焦竑还吸收了唐顺之推崇元人经解的观点④。

归有光的经学思想也为焦竑所采纳。其一,就《尚书》学而论,焦氏《经籍志论·经部·书》云:"近吴幼清《叙录》一出,乃悉还伏生之旧,而赵子昂、归熙甫之流各著为书,靡不吻合,盖涣然有当于心。夫古书殽于后人,至不可胜数,其文辞格制之异,固可望而知也。"⑤又《焦氏笔乘续集》卷三《尚书叙录》抄录归有光《尚书叙录》全文⑥,可见,对于归有光《尚书叙录》承接吴澄《四经叙录》而怀疑《古文尚书》的看法,他是完全赞成的。此外,《焦氏笔乘续集》卷三《尚书古文》中也有类似说法⑦。其二,焦竑《易筌》吸收了归氏易学的以下两个层面:(一)重视《周易》中的庸言庸行而不是深微悠忽之理。《易筌》卷末《附论》引用归有光《易图论后》云:"儒者于图书独深求之而不已,何其过也!善乎归熙甫之言:圣人见转蓬而造车,观鸟迹而制字,世之人求为车之说与夫书之义则足矣,而必孳孳

---

① 《震川先生集》卷二,第28页。
② 《澹园集》卷二十五,第360—361页。
③ 《澹园集》卷十四,第141页。
④ 《澹园集》卷十三《与王方翁》云:"闻荆川先生言,元人经解佳者甚多。"(第115页)
⑤ 《澹园集》卷二十三,第298页。
⑥ 焦竑撰,李剑雄点校《焦氏笔乘》,中华书局2008年版,第327页。
⑦ 《焦氏笔乘续集》卷三,第352页。

焉转蓬鸟迹之求,有不笑其愚者乎?"[1]可见,焦竑赞成归有光之说,认为儒者探究《周易》的义理即可,不必深求《河图》《洛书》。(二)《易图》非伏羲之书,乃邵子之学。《易筌》附论最后一条引用归有光之易说:

> 归熙甫曰:易图非伏羲之书也,邵子之学也。"昔者,庖羲氏之王天下也,仰则观象于天,俯则观法于地。观鸟兽之文,与地之宜。于是始作八卦,以通神明之德,以类万物之情。"因而重之,而刚柔之上下,阴阳之变态极矣。《大传》曰:"神无方,易无体。"夫卦散于六十四,可圜可方。一入于圜方之形,必有曲而不该者。故散图以为卦而卦全,纽卦以为图而卦局。邵子以步算之法,衍为《皇极经世》之书,有分秒直事之术,其自谓先天之学固以此。要其旨不叛于圣人,然不可以为作《易》之本也。曰邵子之学所据者,《大传》也。不曰"《易》有太极,太极生两仪,两仪生四象,四象生八卦"乎?此其所谓《横图》也。不曰"天地定位,山泽通气,雷风相薄,水火不相射"乎?此其所谓伏羲卦位也。不曰"帝出乎《震》,齐乎《巽》,相见乎《离》,致役乎《坤》,说言乎《兑》,战乎《乾》,劳乎《坎》,成言乎《艮》"?此其所谓文王卦位也。曰:此非《大传》之意也,邵子谓之云耳。夫易之法,自一而两、两而四、四而八,其相生之序则然也。八卦之象,莫著于八物。而天地也,山泽也,雷风也,水火也,是八者不求为偶,而不能不为偶者也。帝之出入,《传》固已详之矣。以八卦配四时,夫以为四时,则东南西北,繁是焉定,非文王易置之而有此位也。盖《说卦》广论易之象数,自三才以至八物、四时、百体,与夫天地间之所有,何所不取?孰辨其为伏羲与文王之别哉?虽图与传无乖刺,然必因《传》而为此《图》,不当谓《传》为《图》说也。且邵子谓先天之旨在卦气,《传》何为舍而曰"天地定位"?后天之旨在入用,《传》何为舍而曰"帝出乎震"?《传》言卦爻象变详矣,而未尝一言及于《图》,所可指以为近似者,又不过如此。自汉以来说《易》者,虽不多

---

[1] 焦竑《易筌》,《续修四库全书》,上海古籍出版社2002年版,经部第11册,第190页。

第一章　明代文人经学与文学思想变革的关系总论

见,然王辅嗣、韩康伯诸人,绝无有以《图》为说者。盖以《图》说《易》,自邵子始。吾怪夫儒者不敢以文王之《易》为伏羲之《易》,而乃以伏羲之《易》为邵子之《易》也。

这段论述是摘录归有光《易图论上》、《易图论下》[①]而成的。有趣的是,焦竑的摘抄是断断续续的,文字上亦稍有出入。(一)从开头至"然不可以为作《易》之本也"出自《易图论上》,其中,从开头至"以类万物之情"摘自《易图论上》第一段;其后,"因而重之"[②]至"阴阳之变态极矣"出自《易图论上》第二段,从"《大传》曰"至"然不可以为作《易》之本也"与《易图论上》末段完全一致。(二)自"曰邵子之学所据者"至末的文字出于《易图论下》。其中,"邵子谓之云耳"之前一段出自《易图论下》第一段,"邵子谓之云耳"至"不当谓《传》为《图》说也"一段与《易图论下》第二段同,其后则为《易图论下》第三段。就文字来说,比较明显的不同有二:《震川先生集》"人身之众体",《易筌》作"百体";《震川先生集》"然王弼、韩康伯之书尚在,其解前所称诸章,无有以《图》为说者",《易筌》作"然王辅嗣、韩康伯诸人,绝无有以《图》为说者",由此可以想见归有光《易图论》诸篇有不同版本的流传。

焦竑《易筌》引用归有光有关《易图》为邵子之学而非伏羲之说的论述,其中的证据之一是汉以来的易学家王弼、韩康伯等人未见以图为说者,这实质上是从学术传授的角度进行辨伪,折射了归有光怀疑《易图》的观点以及相应的实证方法对焦竑的影响。与此相联系,焦竑对欧阳修易学的疑经因素有所反思。在援引归有光《易图论后》"圣人见转蓬而造车"一段之后,焦竑指出:"然欧阳子至以为怪妄,并《大传》皆有所不信,则又矫之而过焉者也。"可见,焦竑认为欧阳修怀疑《易传》的看法乃矫枉过正,此说当为前述钱谦益有关欧阳修黜《系辞》的说法之先导。

4. 钱谦益与文人经学前贤的联系

如前所述,钱谦益勾勒了以宋濂、唐顺之、归有光等人为主的通经学

---

① 《震川先生集》卷一,第1—2页。
② 归有光《易图论上》作"因重之",《震川先生集》卷一,第1页。

古的谱系，实际上，焦竑对钱谦益的学术思想也多有启迪。在明代文人经学的演进中，钱氏与诸位前贤的学术联系主要体现在以下两方面：其一，对于"繇经术以达于世务"的体认。焦竑服膺唐顺之"读书以治经明理为先；次之诸史，可以见古人经纶之迹；又次则载诸世务，可为应用资者。数者本末相辅，皆有益之书，余非所急也"一说①。如前所述，钱谦益则将此学风上溯至宋濂，并将此学术路径归纳为"繇经术以达于世务"。其二，重视元末明初赵汸《春秋》学。宋濂《春秋属辞序》肯定了赵汸《春秋》学②，又如前所述，唐顺之《荆川稗编》收录赵汸有关春秋学的论文、书信计三篇。迄于钱谦益，则立志将黄泽、赵汸一系的《春秋》学薪火相传，认为赵汸之学"高出宋元诸儒之上"，可谓推崇备至（说详下）。其三，对欧阳修疑经之学的反思。如前所述，钱谦益对欧阳修黜《系辞》表示"犹疑"，顾虑其导致凿空立论的流弊，这与焦竑《易筌》对于疑经持有的审慎态度一脉相承。

四、明代文人经学著述概况

宋濂本人的经学以《易》、《春秋》和《礼》为主。其一，其《易》学着重探讨《河图》、《洛书》的真伪，肯定刘歆以八卦为《河图》、班固《汉书·五行志》以《洪范》初一至次九六十五字为《洛书》本文的说法③。此外，彰显《易传》"天地之大德曰生"的观念④，弘扬欧阳修"苦节不可贞"的思想⑤，也是宋濂《易》说的侧重点。其二，其《春秋》学一方面如前所述，对舍传

---

① 《澹园集》卷十四《荆川先生右编序》，第141页。
② 《宋学士文粹辑补》（明洪武十年郑济刊本），《宋濂全集》，第三册，第1892—1893页。
③ 参见宋濂《河图洛书说》（《潜溪前集》卷之四，《宋濂全集》，第一册，第43—44页）、《河图枢第七》（《龙门子凝道记》卷中，《宋濂全集》，第三册，第1781—1782页）和《〈笔记〉序》（《宋学士先生文集辑补》，明天顺五年黄誉刊本，《宋濂全集》，第四册，第2022页）。
④ 参见宋濂《进大明律表》（《銮坡后集》卷之十，《宋濂全集》，第二册，第764页）、《越国夫人练氏像赞》（《宋学士先生文集辑补》，明天顺五年黄誉刊本，《宋濂全集》，第四册，第2163—2164页）。
⑤ 参见宋濂《题〈甘节卷〉后》（《翰苑别集》卷第三，《宋濂全集》，第二册，第1010页）。

从经的学风再三致意,另一方面则为赵汸《春秋属辞》作序,阐述《春秋》兼有"史官一定之法"和"孔子笔削之旨"的观点①,强调经史无异②。其三,其礼学认为"礼有常有变"③,君子当"以义起礼"④。

唐顺之的经学以春秋学为主,其核心观点是春秋明王道,讨乱贼,凡无王者皆乱贼,不止于弑三十六君之人。其说见于《读春秋》⑤(《荆川先生文集》卷十七),又其《答侄孙一麟》(《荆川先生文集》卷七)、《季彭山春秋私考序》(《荆川先生文集》卷十)亦围绕此说展开。此外,唐氏在《诗经》学(《书秦风蒹葭三章后》,《荆川先生文集》卷十七)、《河图》《洛书》(《书河图洛书》,《荆川先生文集》卷十七)和礼学(《答徽州汪子问继祖母之丧》,《荆川先生文集》卷七)等方面也有所论述。

归有光在《尚书》、《礼》、《易》学方面颇有建树。归氏之《尚书》学主要有四方面:其一,《尚书叙录》⑥肯定吴澄《四经叙录》之怀疑《古文尚书》,其说云:"余少读《尚书》,即疑今文、古文之说。后见吴文正公《叙录》,忻然以为有当于心。揭曼石称其'纲明目张,如禹之治水',信矣。自是数访其书,未得也。己亥之岁,读书于邓尉山中,颇得深究《书》之文义,益信吴公所著为不刊之典。"⑦其二,《洪范传》申论皇极"予攸好德"即

---

① 参见宋濂《春秋属辞序》(《宋学士文粹辑补》(明洪武十年郑济刊本),《宋濂全集》,第三册,第1891页)。
② 参见宋濂《大学微第八》(《龙门子凝道记》卷下,《宋濂全集》,第三册,第1803—1804页)。
③ 《王氏义祠记》(《芝园前集》卷第六,《宋濂全集》,第二册,第1279页)。又《滁阳蔡氏道山阡表》(《翰苑续集》卷之九,《宋濂全集》,第二册,第935页)、《平阳林氏祠学记》(《朝京稿》卷三,《宋濂全集》,第三册,第1691页)、《采苓符第一》(《龙门子凝道记》卷上,《宋濂全集》,第三册,第1754页)、《蔚迟枢第八》(《龙门子凝道记》卷中,《宋濂全集》,第三册,第1784页)、《王子充字序》(《潜溪先生集辑补》(明天顺元年黄溥刻本),《宋濂全集》,第三册,第1982页)等篇中皆有类似说法。
④ 《金华张氏先祠记》(《銮坡前集》卷之十,《宋濂全集》,第一册,第535页)。类似说法还见于《题〈友怡堂铭〉后》(《銮坡前集》卷之十,《宋濂全集》,第一册,第552页)、《莆田林氏重建先祠记》(《翰苑续集》卷之四,《宋濂全集》,第二册,第853页)、《王氏义祠记》(《芝园前集》卷第六,《宋濂全集》,第二册,第1279页)、《叶氏先祠记》(《芝园前集》卷第九,《宋濂全集》,第二册,第1330页)等篇中。
⑤ 《荆川先生文集》卷十七,《唐顺之集》,第749—756页。
⑥ 《震川先生集》卷一,第16—17页。
⑦ 《震川先生集》卷一,第16页。

五福之"攸好德",以发民之"攸好德"之心为王政之本①。其三,释《禹贡》"三江既入",承袭郭璞之说,以岷江、淞江、浙江为三江,主张治吴之水应专力于松江,复禹之迹②。其四,《考定武成》③指出《尚书·武成》的错简。

在礼学方面,归有光《贞女论》④反对室女守贞,有关亲子丧礼的论述⑤主张循情而越礼。此外,《天子诸侯无冠礼论》、《公子有宗道论》⑥论述了天子诸侯之冠礼、公子之有宗等问题。

归有光《易图论》上、下和《易图论后》⑦从以下三方面展开:一,《易图》与圣人作易之本的关系;二,《易图》与《易传》的关系;三,《河图》、《洛书》与《易》学的关系,其宗旨都是论证《易图》是邵子之学而非伏羲之书。此外,归氏《大衍解》⑧剖析了《系辞上》以"大衍之数"占筮的方法,特别是"揲之以四,以象四时"和"归奇于扐以象闰"等环节的意义。

值得一提的是,旧题归有光撰《易经渊旨》⑨与归有光《震川先生集》之核心的易学思想、政治思想颇为一致。《易经渊旨》的《易图》非作易之本、不可拘泥于卦位、邵雍易学晦涩难懂等易学主张,正是归有光易图论的主要理论环节;《易经渊旨》的仁政观重视上下有亲,反对以势临民,与《震川先生集》之最重要的政治观念相呼应。《易经渊旨》是周易文本与归有光思想的精密结合,《石镜山房周易说统》和《周易玩辞困学记》等材料也为《易经渊旨》乃归氏真作提供了佐证⑩。

---

① 《震川先生集》卷一,第7—15页。
② 《水利论》、《水利后论》(《震川先生集》卷三,第60—65页)、《三江图叙说》、《淞江下三江图叙说》(《震川先生集》卷三,第75—77页)。
③ 《震川先生集》卷一,第17—18页。
④ 《震川先生集》卷三,第58—59页。
⑤ 《书冢庐巢燕后》(《震川先生集》卷五,第118页)、《题立嗣辨后》(《震川先生集》卷五,第121页)、《亡儿䎖孙圹志》(《震川先生集》卷二十二,第535页)、《何氏先茔碑》(《震川先生集》卷二十四,第558页)。
⑥ 《震川先生集》卷三,第55—56页,56—58页。
⑦ 《震川先生集》卷一,第1—6页。
⑧ 《震川先生集》卷一,第6—7页。
⑨ 《四库存目丛书》,经部第7册,第756页。
⑩ 参见拙作《论〈易经渊旨〉与归有光思想的一致——兼论〈易经渊旨〉的真伪》,《周易研究》2009年第4期。

第一章 明代文人经学与文学思想变革的关系总论

焦竑经学的主要特点和贡献有二：一是推崇包括象数学和训诂学在内的汉易学，其《易筌》集中体现了这一学术倾向（说详下）。二是主张以经学致用。如前所述，焦竑对唐顺之的经世之学极为服膺，曾引用其说："读书以治经明理为先，次之诸史，可以见古人经纶之迹；又次则载诸世务，可为应用资者。数者本末相蒙，皆有益之书，余非所急也。"在唐顺之的影响下，焦氏重经世致用，乃至有"夫学不知经世，非学也；经世而不知考古以合变，非经世也"①之说。在经学一端，他强调《春秋》作为经世之书的意义："余每叹《春秋》以圣人经世之书，而为章句小儒割裂破碎，皆始于不善读《左氏》故耳。"②

与唐顺之相类似，钱谦益对《春秋》最为关注。钱氏世传胡安国《春秋传》，但钱谦益之《春秋》学有不为其家学所囿者。其主要倾向有二：

其一，重实证而反臆说，继承元末明初黄泽、赵汸之说，于三传中最重《左传》。钱氏曾在《与严开正书》中自述其《春秋》学的构想："谓当以圣经为经，《左氏》为纬，采集服、杜已后迄于黄、赵之疏解，疏通画一，订为一书，而尽扫施丐卢仝、高阁三传之臆说。"显然，钱氏的推崇《左传》，与其反对舍传从经相表里，其中贯穿的学术精神是重实证而反臆说。钱氏从学术授受的角度判断《春秋》三传的高下，因作者左丘明曾及孔子之门而推尊《左传》，这一观点显然是以实证为基础的。与此相适应，《与严开正书》多次抨击"凿空好新"、"杜撰不根"、"臆说"，赞赏"援据该博"③的学风。

与实证倾向相联系，钱谦益重视《左传》的点校、版本。《读左传随笔》六则④论及《左传》的句读、讹字等问题，强调"读书句读宜详，勿以小学而忽之"。又《跋宋版左传》表达了对《左传》善本的重视："此等书古香灵异，在在处处，定有神物护持。守者观者，皆勿漫视之。"⑤

---

① 《澹园集》卷十四《荆川先生右编序》，第 141 页。
② 《澹园集》卷十四《春秋左翼序》，第 129 页。
③ 《牧斋有学集》卷三十八《与严开正书》，《钱牧斋全集》，第陆册，第 1316—1318 页。
④ 《牧斋初学集》卷八十三，《钱牧斋全集》，第叁册，第 1747—1749 页。
⑤ 《牧斋初学集》卷八十五，《钱牧斋全集》，第叁册，第 1780 页。

其二,赞赏汉人承传师说和以《春秋》决狱,推崇胡安国(1074—1138)经世之学,但反对以《春秋》断本朝之狱。这一层面的中心是以《春秋》经世。其《麟旨明微序》云:"今之学者,授一先生之言,射策甲科,朝而释褐,日中而弃之。有如汉人所谓佴其师说以《春秋》决事者乎? 有如文定揑柱新说、扫荡和议,卓然以其言持世者乎?……诚欲使天下学者通经学古,谋王体而断国论,以董子、胡氏为仪的也。"①此说将董仲舒、胡安国《春秋》学视为谋王体而断国论的典范。

值得注意的是,钱氏并非盲目尊古,其《春秋论》五篇的宗旨是反对世人以《春秋》断本朝的进药之狱。其说曰:"汉世去春秋未远,公、榖之学,即齐、鲁之学也。援春秋以断汉狱,犹为近之。本朝去汉远矣,而况于春秋乎? 乃欲以赵盾、许世子止之狱辞,傅本朝之律令,不已迂乎?"②骤读此说,几乎令人以为钱氏自相矛盾,实际上钱氏赞赏董仲舒、胡安国之春秋学的实质,是提倡以经学致用,并不意味着泥古不化。前引钱氏"礼之穷而不得不变"的主张,也说明他并非一味因循守旧。概言之,钱氏春秋学以推崇《左传》、讲求文献和实证、重视致用为特色。

这两个层面在钱氏学术体系中的地位是有前后变化的。钱谦益前期并重这两方面,而晚年则持《春秋》经世非经义之论,且大力推重实证。《跋宋版左传》作于崇祯四年(1631),推崇《左传》的《左汇序》③作于崇祯十一年(1638),主张以《春秋》决事的《春秋匡解序》④作于崇祯六年(1633),足见钱谦益《春秋》学在崇祯年间是兼重实证、文献和致用的。然而,作于丙申(顺治十三年,1656)的《与严开正书》云:

已而独行胡氏者,则以其尊周攘夷,发抒华夏之气,用以斡持世运,铺张金、元已来驱除扫犁之局,而非以为经义当如是也。……元季有黄泽楚望者,独知宗《左氏》以通经,以其说授之于东山赵汸。

---

① 《牧斋初学集》卷二十九,《钱牧斋全集》,第贰册,第890页。
② 《牧斋初学集》卷二十一,《春秋论四》,《钱牧斋全集》,第贰册,第749页。
③ 《牧斋初学集》卷二十九,《钱牧斋全集》,第贰册,第878—879页。
④ 《牧斋初学集》卷二十九,《钱牧斋全集》,第贰册,第876—878页。

东山属辞诸书,殆高出宋、元诸儒之上①。

在指出胡传的实质是经世之学而非经义后,该篇对元末黄泽、赵汸的《春秋》学大加赞誉。显然,此时钱氏已将重视实证、推崇《左传》视为《春秋》学的正途。

《春秋》学之外,钱谦益《题何平子禹贡解》赞誉该书为"括地之珠囊,治水之金镜也"②,体现出以《禹贡》治水的经世倾向。

为便于了解明代文人经学的著述概况,特制附录一《明代文人经学著述一览》于本书末。

五、明代文人经学的经学史意义

明代文人经学在继承和变革欧苏经学的基础上,树立了以自得之见和愚夫愚妇之心解经的原则,从文献实证的角度将疑经思潮向前推进,并为汉学的复兴谱写前奏。

1. 树立了自得之见和愚夫愚妇之心相结合的解经原则

明代文人经学的解经依据是自得之见和愚夫愚妇之心。一方面,在欧阳修舍传从经之学风和《东坡易传》"文生于相错"的影响下,明代文人经学进一步摆脱对传注的依傍,更强调探求经典本意,提倡经学上的独立见解,反对株守一家。另一方面,从解经的依据和出发点来说,受欧阳修"以人情求之"③和苏轼"从众"④等说的启发,文人经学提倡以愚夫愚妇之心为解经的依据。

值得注意的是,在文人经学的语境中,自得之见和愚夫愚妇之心常是密切结合在一起的。追求自得之见的实质是摆脱传注而探求经典本意,而圣人之心与愚夫愚妇之心相通,因而由愚夫愚妇之心可以窥见圣

---

① 《牧斋有学集》卷三十八,《钱牧斋全集》第陆册,第1316页。
② 《牧斋初学集》卷八十三,《钱牧斋全集》第叁册,第1754页。
③ 《诗本义》卷六《出车》,《景印文渊阁四库全书》,第70册,第222页。
④ 《书传》卷十、卷十一,第581、591页。

人之心即经典本意。宋濂"经与心一"、唐顺之"求之愚夫愚妇之心"、归有光"以自得之见求圣人之心"都体现了这一学术追求。

宋濂首先以"经与心一"之说来提倡自得之见：

> 六经皆心学也，心中之理无不具，故六经之言无不该。……惟善学者，脱略传注，独抱遗经而体验之，一言一辞，皆使与心相涵。始焉，则戛乎其难入；中焉，则浸渍而渐有所得；终焉，则经与心一，不知心之为经，经之为心也。何也？六经者所以笔吾心中所具之理故也①。

心中之理无不具，六经涵括心中之理，因而学者当脱略传注，独抱遗经，以求经与心一的最高境界。值得注意的是，作为学经方法的"经与心一"的含义，可以从以下说法中窥见一斑："其于《春秋》，则尽黜三传，而独遡求孔子之旨。"②可见，"经与心一"意味着摆脱传注，独出心裁地求索圣人之意。宋濂赞誉黄溍《河图》说的"超然自得之见"③、朱临《春秋》学的"卓卓有所见"，都体现了这一学术追求。关于宋濂"心学"的内涵，历来有不同看法④。宋濂《六经论》强调"吾心中所具之理"，似乎与欧阳修的普遍人情相悖，但为由"圣人之心"返回到愚夫愚妇之心埋下了伏笔。

唐顺之在论述《春秋》学的得失时，明确主张以愚夫愚妇之心求圣人之心。其《季彭山春秋私考序》曰："春秋之难明也，其孰从而求之？曰：求之圣人之心。圣人之心其孰从而求之？曰：求之愚夫愚妇之心。"就《春秋》而论，唐氏认为："《春秋》之为《春秋》，以诛乱讨贼而已。子而严

---

① 《潜溪前集》卷六《六经论》，《宋濂全集》，第一册，第72—73页。
② 《銮坡后集》卷二《元故庐陵周府君墓碣铭》，《宋濂全集》，第二册，第589页。
③ 《宋学士先生文集辑补·〈笔记〉序》（明天顺五年黄誉刊本），《宋濂全集》，第四册，第2022页。
④ 参见侯外庐、丘汉生、张岂之主编《宋明理学史》下第三章《明朝开国时期宋濂、刘基的理学思想》，人民出版社1987年版，第55—76页。

父,臣而敬君,人人有不知其为是,而弑君篡父,人人有不知其为非者哉?"①《春秋》所讨伐的弑君篡父,是人人都知其为非的。推而广之,儒家经典所阐述的义理,是圣人和愚夫愚妇心中共同具备的。正因如此,以愚夫愚妇之心解读经典,就能把握其中的圣人本意了。唐顺之在同篇中还强调了这一解经方法的创新意义:

> 余为是说久矣,儒者皆牵于旧闻,迂焉而莫予信也。间以语彭山季君,君欣然是之,于是出其所著《春秋私考》视余,则《公》《穀》之义例、《左氏》之事实,诸家纷纷之说,一切摧破,而独身处其地,以推见当时事情,而定其是非②。

可见,以愚夫愚妇之心解经的实质,也是脱略传注而自出机杼。

如前所说,归有光"以自得之见求圣人之心"的经学思想,旨在强调脱略传注、自成一家,不唯如此,"求圣人之心"的命题还蕴涵了对于普遍人情的重视。在《泰伯至德》中,归有光明确提出了圣人之心顺应人情的内在依据:"天下之情,天下之所同,……惟圣人之心为至公而无累,故有以尽乎天下之至情。"③由于圣人之心一方面有着与天下人相同的普遍人情,另一方面又独具至公而无累的特征,因而能够尽天下之至情。归有光从不同角度论述了圣人之心与普遍人情的一致。如"泰伯之所为,乃匹夫匹妇之所为当然者",又"人心与天地上下同流……学者当识吾心亦如此,非独尧、舜、周、孔之心如此也"④,这些说法都强调了圣人之心与匹夫匹妇之心、圣人之心与学者之心的相通。

归有光《洪范传》也体现了重视匹夫匹妇之心的倾向。《洪范传》篇末赞誉"昔王荆公、曾文定公皆有《洪范传》,其论精美,远出二刘、二孔之

---

① 《荆川先生文集》卷十,《唐顺之集》,第436—437页。
② 《荆川先生文集》卷十,《唐顺之集》,第436—437页。
③ 《震川先生别集》卷一,《震川先生集》,第694页。
④ 《震川先生别集》卷七《与沈敬甫》,《震川先生集》,第861页。

上"①,自称其说是对诸家的折衷。实际上,其人性论和政治思想的核心仍是延续了欧阳修的观点。《洪范传》中,归氏视为独得之秘的"攸好德"之说,以教化民众而发其"攸好德"之心为重点,而此"攸好德"之心,正与欧阳修"是以尧、舜、三王之治,必本于人情,不立异以为高,不逆情以干誉"②一脉相承,而与王安石"自用其威福"③的君王论截然不同。归有光在《泰伯至德》和《上方参政书》中一再论及"匹夫匹妇"之情的重要性,正与其《洪范传》相呼应(说详下)。

将自得之见和愚夫愚妇之心相结合,是摆脱依傍和重视人情的欧苏经学在明代合乎逻辑的发展。由于阳明"致良知"说亦强调自得和良知的普遍性④,明代文人经学这一层面颇有追随阳明学的嫌疑。实际上,宋濂"经与心一"的提出早于阳明学,归有光明确反对阳明学的偏重本体⑤,唐顺之以欧苏经学为接受阳明学的中介⑥,这些事实表明,明代文人经学这一层面的理论动力首先来自欧苏经学。

2. 从文献实证的角度将疑经思潮向前推进

宋濂、归有光在怀疑《河图》、《洛书》方面,从文献实证的角度提出了新论据。众所周知,欧阳修是怀疑图书学的先驱⑦,其主要依据是:一,《系辞》、《说卦》中有关伏羲作易的三种说法中,《河图》说与观取说、生蓍说是自相矛盾的。二,《河图》说与子不语怪的精神相违背,无益于事而

---

① 《震川先生集》卷一,第15页。
② 《居士集》卷十八《纵囚论》,《欧阳修诗文集校笺》,第563页。
③ 王安石《临川先生文集》卷六十五,中华书局1959年版,第689页。
④ 参见陈来《有无之境——王阳明哲学的精神》,人民出版社1991年版,第242—244、167—168页。
⑤ 参见拙作《归有光的文学思想与欧阳修经学的关系》,《南京大学学报(哲学·人文科学·社会科学)》2011年第2期。
⑥ 参见拙作《唐顺之的"道器不二"论与欧阳修思想的渊源》,《福州大学学报(哲学社会科学版)》2010年第2期。
⑦ 其观点主要见于《易童子问》卷三(《欧阳修全集》卷七十八,《欧阳修全集》,第三册,第1120—1123页、《易或问》(《居士集》卷十八,《欧阳修诗文集校笺》,第535—542页)、《南省试进士策问三首》(《居士集》卷四十八,《欧阳修诗文集校笺》,第1197—1200页)、《问进士策四首》(《居士集》卷四十八,《欧阳修诗文集校笺》,第1201—1204页)、《廖氏文集序》(《居士集》卷四十三,《欧阳修诗文集校笺》,第1101—1102页)诸篇中。

第一章　明代文人经学与文学思想变革的关系总论

有感于人。可见,欧阳修主要是从《易传》的内在逻辑矛盾、图书的文化价值角度两方面,怀疑《河图》、《洛书》的存在。

宋濂和归有光则着力从文献传授的角度,论证传世的《河图》、《洛书》是后人建构而非伏羲之书。其中,宋濂肯定刘歆以八卦为《河图》、班固以"洪范""初一"至"畏用六极"六十五字为《洛书》本文的说法①,并指出传世图书的可疑之处在于授受不明:"若以今之《图》、《书》,果为河、洛之所出,则数千载之间,孰传而孰受之?至宋陈图南而后大显邪?其不然也昭昭矣。"②从传受的角度质疑传世的图书,显示了宋濂对文献实证的重视。

归有光继承了宋濂的文献实证倾向,其三篇《易图论》从《易图》与圣人作易之本的关系、《易图》与《易传》的关系、《河图》、《洛书》与《易》学的关系等三个层面展开,几乎每一层面的论述都提到了图书的授受问题,比如,《易图论上》曰:"诸经遭秦火之厄,《易》独以卜筮存。汉儒传授甚明,……不应此图交叠环布,远出姬、孔之前,乃弃而不论,而独流落于方士之家,此岂可据以为信乎?"《易图》不为汉儒所论及而独为方士家所藏,归有光对这一传受经过深表怀疑。《易图论后》再次阐述了这一看法:"不与大《易》同行,不藏于博士学官,而千载之下,山人野士持盈尺之书,而曰'古之图书者如是',此其付受,固已沉沦诡秘而为学者之所疑矣。"③

值得一提的是,明代文人经学强调文献实证的学风,也是对欧阳修实证学风的弘扬。欧阳修在怀疑《河图》、《洛书》方面的实证倾向不是特别明显,但他在《易传》其他问题和《诗经》研究中都坚持"阙其所疑"④的学术方法。此外,欧阳修《集古录跋尾》以金石材料为史书补阙正误、校勘书籍,是文献实证研究的杰作,清人顾炎武对其文献学价值给予了充

---

① 刘歆、班固之说见班固《汉书·五行志》(班固撰,颜师古注《汉书》卷二十七上《五行志第七上》,第1315—1316页)。
② 《潜溪前集》卷四《河图洛书说》,《宋濂全集》,第一册,第44页。
③ 《震川先生集》卷一,第2、4页。
④ 《诗本义》卷七"十月雨无正小旻小宛"条、卷十四《本末论》,第232—233页、290—291页。

分肯定①。宋濂、归有光等人的实证观念,当受惠于欧阳修的上述文献实证之学(说详下)。

3. 在形声文字训诂之学方面为汉学复兴开先声

明代中后期,科举之学孤陋寡闻的症状日益严重,阳明心学空疏的弊端也逐渐暴露出来,这使得唐顺之等人试图以形声文字训诂之学来矫正当时的学风。如前所述,关于明代考据学,学界已有充分研究,本节的意图在于揭示唐顺之、焦竑、钱谦益等人的形声文字训诂之学与欧阳修道器合一论及其金石学的渊源。

唐顺之在"道器古今之不二"的观念下,主张形声器度之学比反本的心学更重要。唐氏论《十三经注疏》曰:"又辱寄到《十三经注疏》……窃以为王、郑诸儒,虽未能深究乎先王之精蕴,至于形声器度之间,比较同异,参量古今,其功最多。学者欲因筌蹄以求鱼兔,则此书不可不观。"②在此,唐氏承认了《十三经注疏》在深究经典义理方面的不足,但也肯定了其学术贡献,认为"形声器度"之学是探求先王之精蕴的筌蹄。《巽峰林侯口义序》则提出了"即古而今"、"即经而心"、"道器古今之不二"等命题:

> 有稽古而无得者,论者曰:"盍反而求之乎今?"虽然,未若即古而今之为至也;有滞经而无得者,论者曰:"盍反而求之乎心?"虽然,未若即经而心之为至也。……今之为形声文字训诂之学者,皆是矣。君子惧其滞而无得也,为之说曰:"盍反而求之乎心也?"此所谓有逐末之学,而后有反本之论者也。而学者缘此,遂以为必绝去形声文字与训诂,求之窈窈冥冥,而后可以为至道。二者本末则必有分矣,然而皆圣人之所不与哉③。

---

① 顾炎武《顾亭林诗文集·亭林文集》卷二《金石文字记》,中华书局1959年版,第31页。关于《集古录跋尾》的文献学价值,参见顾永新《〈集古录跋尾〉的文献学考察》(《文献》2001年第1期)。
② 《荆川先生文集》卷五《答江五坡提学》,《唐顺之集》,第228页。
③ 《荆川先生文集》卷十,第439—441页。

第一章　明代文人经学与文学思想变革的关系总论

当时学界有绝去形声文字训诂之学以求心学的现象,对此,唐顺之认为其实质是偏于一端,有悖于道器古今不二的原则,因此他在同篇中赞赏林侯的即经而心:"其志务于反躬以求,尽乎精微,而于古人形声文字之间,乃索之如此其密,而析之如此其详。嘻!吾知其不为滞也!其殆有见于道器古今之不二也乎?"在此篇中,唐顺之甚至认为离经之弊有甚于滞经:"且夫滞经之弊浅而著,离经之弊深而微。滞经之弊,惟固陋者而溺于此。离经之弊,虽疏通者或不免溺焉。"①此说意味着形声文字训诂之学比心学更为重要。

归有光虽然未见明确推崇形声文字训诂之学的言论,但其形声文字训诂之学的造诣颇高,不仅依据《尔雅》郭璞注解读《禹贡》,对欧阳修开创的金石学更是极力追随。其一,就研读《尔雅》及郭璞注而论,由归有光《二子字说》"予因《尔雅》之义,字福孙以子祜,字安孙以子宁"可知,对于归氏来说,《尔雅》是颇为熟稔的典籍。归有光重视《尔雅》,与其经学研究密切相关。其《张母王孺人寿序》提及"《尚书》九族之称,《尔雅》三党之号"②,已提示了归氏依据《尔雅》与《尚书》来论述族党关系的情形。继宋单锷《吴中水利书》征引《尔雅》来解读《尚书·禹贡》"三江既入,震泽底定"之后,归有光进一步引用《尔雅》郭璞注解读《尚书·禹贡》曰:"《禹贡》:'三江既入,震泽底定。'震泽即今太湖。《周礼》所谓具区、五湖,盖地一而名异也。《尔雅》:'具区。'郭景纯云:'吴、越之间有具区,周五百里,故曰五湖也。'其言五湖,犹江之言九江尔。"这一信息进一步揭示了归有光的《禹贡》研究立足于郭璞《尔雅注》等训诂之学③。

归有光向慕欧阳修金石学的情形,由其《跋广平宋文贞公碑》可窥一斑,其说云:"欧阳文忠公以谓鲁公真迹今世在者,得其零落之余,犹足以为宝。今此碑剥蚀犹少,况以广平之重,使欧公得之,其为珍赏,当倍他

---

① 《荆川先生文集》卷十,第440—441页。
② 《震川先生集》卷十四,第354页。
③ 《震川先生别集》卷二《嘉靖庚子科乡试对策五道第五问》,第740页。关于明代《禹贡》学,参见王荣煜《明代〈禹贡〉学研究》(山东大学2019年硕士论文)。

书矣。"①欧阳修珍视颜真卿真迹的说法见于其《集古录跋尾》卷七《唐张敬因碑一》和《唐张敬因碑二》②。在此，归有光"使欧公得之"的假设，折射了归氏关注碑刻与踵武欧阳修金石学之间的联系。归有光曾经慨叹自己效仿欧阳修撰《集古录》而力有不逮："官舍无事，颇慕欧阳公《集古录》，奈力不能也。"③又其《题金石录后》对赵明诚的金石收藏大有追慕之意，《题隶释后》则惋惜于"欧阳公、赵德夫、洪景伯所录，恐今不可复见也"④。可见，他非常重视从欧阳修、赵明诚到洪适的金石学传统，这与其疑经思想的实证倾向是相互呼应的。

焦竑承传了唐顺之的崇尚形声文字训诂之学，其依据同样是道器合一：

昔圣人虑人溺于物而莫之痊也，故以上下为道器之别，然离器而语道，舍下而言上，又支离之见，而道所不载矣。故制器备物，多识于鸟兽草木之名，往往为学者言之。岂非通其理则器即为道，溺于数则道亦为器，顾人所心契谓何耳。⑤

此说与前引唐顺之有关形声文字训诂之学的论述如出一辙，肯定"多识于鸟兽草木之名"的学风，强调不可离器而语道。与此说相类似，焦竑《易筌》卷五在解释《系辞上》"是故知幽明之故"时，再次申论道器合一论：

圣人何以知幽明之故也？天之文，地之理，炳如秩如，此其明也，形而下者也；至文理之所以然者，则幽而非耳目之所及，形而上者也；众人或执器而昧道，或见道而遗器，圣人即器而见道，以道而

---

① 《震川先生集》卷五，第110页。
② 《集古录跋尾》卷七，《欧阳修全集》，第2253—2254页。
③ 《震川先生别集》卷八《与徐南和》，第904页。
④ 《震川先生集》卷五，第113页。
⑤ 《澹园续集》卷二《天都载序》，下册，第783页。

第一章 明代文人经学与文学思想变革的关系总论

制器,有无俱妙,真妄两冥,而天地幽明之理尽之矣①。

值得注意的是,焦竑的道器合一论的起点是"即器而见道",足见其传承了欧阳修以来推崇形而下之学的传统。此外,他在《策问》②、《六书本义序》等篇中都提倡训故、音韵、文字之学,申论"窃谓士于小学,固九流之津涉,六艺之钤键也"的主张③。

与"道器合一"论相一致,焦竑对汉宋两代的小学都十分重视。在《诗经》学方面,其突出贡献在于提出"古诗无叶音"说④,为陈第《毛诗古音考》导夫先路;在易学方面,其《易筌》是汉学兴起过程中的重要一环⑤。此书一直以来被视为以佛道解《易》之作,四库馆臣称"是书大旨,欲以二氏通于易,每杂引《列子》、《黄庭内景经》、《抱朴子》诸书以释经"⑥。这很可能是因为,焦竑于万历壬子(1612)所作《易筌序》,以会通二教自许,所谓"是编出,学者知二氏所长,乃易之所有,而离类绝伦、不可为国家者,则易之所无也"⑦。实际上,《易筌》弘扬汉代的象数易学,重视汉人的训诂,甚至推崇汉代文献,以之为判断文字正误的决定性依据。与此同时,《易筌》还吸收了宋代恢复古易的学风⑧。又,焦竑《天都载序》亦赞誉宋

---

① 焦竑《易筌》,《续修四库全书》,上海古籍出版社2002年版,经部第11册,第138页。按:曹学佺《周易可说》卷五引用焦竑这段论述(《续修四库全书》,上海古籍出版社2002年版,经部第13册)。
② 《澹园集》卷七,上册,第43页。
③ 《澹园续集》卷二《六书本义序》,下册,第784页。按:焦竑《诗名物疏序》、《毛诗古音考序》(《澹园集》卷十四,上册,第127—129页)、《刻考古博古二图序》(《澹园集》卷十四,上册,第138—139页)、《书文音义便考序》(《澹园集》卷十五,上册,第146—147页)、《经籍志论·经部·小学》(《澹园集》卷二十三,上册,第303页)、《天都载序》《六书本义序》(《澹园续集》卷二,下册,第783—784页)等篇中也有类似说法。
④ 《毛诗古音考序》(《澹园集》卷十四,《澹园集》,上册,第128—129页)、《古诗无叶音》(《焦氏笔乘》卷三,第109—110页)。
⑤ 参见拙作《焦竑〈易筌〉对吴澄易学的沿革及其学术史意义》,《周易研究》2013年第2期。
⑥ 永瑢等撰《四库全书总目》卷八《经部易类存目二》"易筌六卷附论一卷"条,中华书局1965年版,第60页。
⑦ 焦竑《易筌》卷首,中国科学院图书馆藏明万历刻本。
⑧ 参见拙作《焦竑〈易筌〉对吴澄易学的沿革及其学术史意义》,《周易研究》2013年第2期。

明代文人经学与文学思想的关系

人的事物名义之学："宋人好谈理,而《寓简》、《笔谈》、《困学纪闻》诸编,事物名义,精研博考,不遗余力。"①以沈作喆《寓简》、沈括《梦溪笔谈》、王应麟《困学纪闻》为代表的宋人学术笔记,精研博考,也是焦竑好尚形声文字训诂之学的先导。

除了道器合一论之外,欧阳修以来的金石学也是焦竑推崇形声文字训诂之学的资源。《焦氏笔乘续集》卷四《石鼓》将欧阳修《集古录跋尾》对岐阳的怀疑向前推进,其说曰：

> 岐阳石鼓,唐韦应物、韩退之谓为宣王之鼓,宋程泰之以为成王鼓,赵明诚谓决非周以后人所能及,独欧阳永叔以为可疑。其谓：今世所有汉桓、灵时碑,往往尚在,距今未千岁,大书深刻而磨灭者十犹八九,此鼓至今千九百余年,鼓文细而刻浅,理难独存。赵明诚谓：秦以前碑,如此鼓及《诅楚文》、泰山秦篆,皆粗石,性坚顽难坏,殊未然也。至金人马子卿以字画考之,谓是宇文周时所造作,辨余万言,出入传记,引据甚明。其全文今不可见。据《北史·苏绰传》云："周文帝为相,欲革文章浮华之弊,因魏帝祭庙,群臣毕至,乃命绰为《大诰》,奏行之,是后文笔皆依其体。"而周文帝十一年十月,尝西狩岐阳；其子武帝保定元年十一月丁巳,狩于岐阳,五年二月行幸岐州。由此言之,则石鼓文为宇文周所造无疑②。

欧阳修怀疑岐阳石鼓的说法出自其《集古录跋尾》卷一,其疑点有三,焦竑转述了其中的第一条,即汉桓、灵时碑大书深刻,距当时未及千年已磨灭殆尽,因而历千九百余年、细而刻浅的岐阳石鼓文从道理上来说不可能得存③。实际上,欧阳修的另外两个疑点,即汉以来博古好奇之士从未提及和《隋志》多载历史悠久、距离遥远的文献而未及该石鼓,也颇值得

---

① 《澹园续集》卷二,第783页。
② 《焦氏笔乘续集》卷四《石鼓》,第367—368页。
③ 《集古录跋尾》卷一,《欧阳修全集》,第2079页。

052

重视。焦竑在金人马子卿①依据字画推测为宇文时所造的基础上,进一步援引《北史·苏绰传》证明此说。焦竑将欧阳修开创的金石学向前推进的特点,由此可窥一斑。

迄于钱谦益,他更加重视金石学与经学的密切关系,并确立了以汉学为本的经学思想。其一,在传承归有光之好尚金石学的基础上,钱谦益揭示了欧阳修开创的金石学与经学的关系。欧阳修收集古代金石,撰《集古录》,本出于嗜古之好,以其为"怪奇伟丽、工妙可喜之物",认为其学术价值是"可与史传正其阙谬"②,钱谦益则进一步强调其中的印文与六经、小学相关:

> 盖印文虽一艺,实原本于六书。六书之学,自非上窥六经,下穷小学,其有能贯穿者鲜矣。吉日之题,岐阳之鼓,仲山甫之鼎,以至于欧阳永叔、赵明诚之所录,洪景伯之所释,朱伯原之所编,苟不荟蕞而通醳之,则下上千古,其能免于驳乱混淆者亦鲜矣③。

在此,钱氏指出,印文本于六书之学,而六书之学要求学者窥六经、穷小学,这就凸显了欧阳修《集古录》在经学考据上的意义。

其二,在推崇汉唐注疏之学的同时,钱氏确立了以汉人为宗主的经学观念。一方面,钱氏重视《十三经注疏》,为此他竭力发挥欧阳修学说中肯定注疏之学的成分。比如,欧阳修在《新唐书·艺文志》中论述汉唐章句注疏之学,既肯定其阐明经典,又对其过于繁琐有微辞:"自六经焚于秦而复出于汉,其师传之道中绝,而简编脱乱讹缺,学者莫得其本真,于是诸儒章句之学兴焉。其后传注、笺解、义疏之流,转相讲述,而圣道粗明,然其为说固已不胜其繁矣。"④对于此说,钱谦益略去了其有所批评的后半截,而仅仅引用加以肯定的前半截,以此作为弘扬《十三经注疏》

---

① 周密《云烟过眼录》卷下载"马子卿绍,号性斋"(《丛书集成初编》本)。
② 《居士集》卷四十一,《欧阳修诗文集校笺》,第1061页。
③ 《牧斋初学集》卷八十五《题程孝直印谱》,《钱牧斋全集》,第叁册,第1792页。
④ 欧阳修、宋祁撰《新唐书》卷五十七《艺文志一》,中华书局1975年版,第1421页。

的理论依据:"《十三经》之有传注、笺解、义疏也,肇于汉、晋,粹于唐,而是正于宋。欧阳子以谓诸儒章句之学,转相讲述,而圣道粗明者也。"①另一方面,钱谦益继焦竑之后,更加崇尚汉学,强调"学者之治经也,必以汉人为宗主"。其理由是汉学更接近儒学之原始:"然其训故皆原本先民,而微言大义,去圣贤之门犹未远也。"②

概言之,明代文人经学从两个途径走向了汉代形声文字训诂之学:其一是在"道器合一"论的支持下,主张训故音韵之学是探求圣人精蕴的桥梁。其二,在欧阳修开创的金石学传统的影响下,重视金石学与六经、小学的密切联系。

六、明代文人经学与文学思想的逻辑关系

与文人经学的学术特征和思想倾向相一致,明代文人经学树立以了六经为主而班、马等"史中之经"为辅的古文典范,建立了文以载道与"文主于变"相结合的文论"结构",在亲子之情上突破礼制,为文学追求个性和真诚提供依据;崇尚"即经而心"的经学思想,与神明、法度合一的文学理论相呼应。

1. 群经与迁、固二史相结合的古文典范

以六经为古文典范,是文人经学的题中应有之义。从南朝萧梁时的刘勰《文心雕龙》开始,文学"征圣"、"宗经"的观念就已形成,唐代韩愈《进学解》、柳宗元《答韦中立论师道书》也提倡文学以六经为本原。明代从宋濂开始的文人经学诸家的特点在于,从"五经各备文之众法"的角度理解六经的典范意义,并建立了以六经为主而班、马等"史中之经"为辅的古文典范的序列。

---

① 《牧斋初学集》卷二十八《新刻十三经注疏序》,《钱牧斋全集》,第贰册,第850页。
② 钱谦益《与卓去病论经学书》,《牧斋初学集》卷七十九,《钱牧斋全集》,第叁册,第1706页。按:钱谦益《跋春秋繁露》亦云"余每劝学者通经,先汉而后唐、宋"(《牧斋有学集》卷四十六,《钱牧斋全集》,第陆册,第1516页)。又,《隐湖毛君墓志铭》云:"意谓经术之学,原本汉、唐,儒者述祖新安,近考余姚,不复知古人先河后海之义。"(《牧斋有学集》卷三十一,《钱牧斋全集》,第陆册,第1141页)

第一章 明代文人经学与文学思想变革的关系总论

在五经作为文体的典范方面,宋濂继承南朝刘勰《文心雕龙·宗经》的传统,主张经书为各种文体的源头。与刘氏有所不同的是,他认为五经与文体的关系,不是一经备一类文体,而是五经各备文之众法。其说云:

> 刘勰论文有云:"论说辞序,则《易》统其首;诏策章奏,则《书》发其源;赋颂歌赞,则《诗》立其本;铭诔箴祝,则礼总其端;纪传文檄,则《春秋》为之根。"呜呼!为此说者,固知文本乎经,而濂犹谓其有未尽焉。何也?《易》之《彖》《象》有韵者,即《诗》之属;《周颂》敷陈而不协音者,非近于《书》欤?《书》之《禹贡》、《顾命》,即序纪之宗;《礼》之《檀弓》、《乐记》,非论说之极精者欤?况《春秋》谨严,诸经之体又无所不兼之欤?错综而推,则五经各备文之众法,非可以一事而指名也①。

《文心雕龙·宗经》认为《易》、《书》、《诗》、《礼》和《春秋》等五经分别为"论说辞序"等文体的发源,宋濂传承了这一文本于经的观念,并进一步指出每一种经典中都包含了所有文体以及相应的文法,其原因在于诸经是圣人代天立言:"盖苍然在上者天也,天不能言而圣人代之,经乃圣人所定,实犹天然。"(同上)与此相类似,《赠梁建中序》也主张五经为天地之间的全文:"天地之间有全文焉,具之于五经。"②

宋濂之文学宗经论的另一贡献,是提出了以六经为根本而迁、固二史为波澜的师法对象。《宋濂全集》论及六经与史汉关系者约10处,其中,《龙门子凝道记·大学微》主张经史无异:

> 或问龙门子曰:"金华之学,惟史最优,其于经则不密察矣,何居?"龙门子曰:"何为经?"曰:"《易》、《诗》、《书》、《春秋》是也。"曰:

---

① 《銮坡前集》卷八《〈白云稿〉序》,《宋濂全集》,第一册,第494页。
② 《銮坡前集》卷十,《宋濂全集》,第一册,第558页。

055

"何谓史?"曰:"迁、固以来所著是也。"曰:"子但知后世之史,而不知圣人之史也。《易》《诗》固经矣,若《书》若《春秋》,庸非虞、夏、商、周之史乎? 古之人曷尝有经史之异哉? 凡理足以牖民,事足以弼化,皆取之以为训耳,未可以歧而二之。"①

针对有些人认为宋濂之师黄溍长于史学而经学未精的看法,宋濂指出《尚书》与《春秋》以经兼史,古人未尝将经史分而为二;与以上说法稍有不同,《赠梁建中序》(《銮坡前集》卷十)和《文原》(《芝园后集》卷五)尚六经而抑迁、固。比如,《赠梁建中序》云:"虽然,天地之间有全文焉,具之于五经,人能于此留神焉,不作则已,作则为天下之文,非一家之文也。其视迁、固,几若大鹏之于鹪鹩耳。"②宋濂在此处崇六经之文而抑迁、固,以致认为两者高下不同,有如大鹏之于鹪鹩,可说是褒贬分明。不同于以上的经史无异和崇经抑史,宋濂在其余6处③都强调了六经与迁、固的主次结合。比如,《丹崖集序》云:"沈涵于经而为之本原,餍饫于史而助其波澜,出入诸子百家以博其支流,此作有之。"④可见,宋濂自始至终将六经视为文范,只不过在经与史的关系上,其看法有经史无异、经为根本而史为波澜以及褒六经而贬《史》、《汉》三种⑤。而其主导倾向,则是以群经为根本而迁、固二史为波澜。

宋濂有关六经与迁、固主次结合的思想,其来源有二:一是吸收宋人

---

① 《龙门子凝道记》卷下《大学微第八》,《宋濂全集》,第三册,第 1803—1804 页。
② 《銮坡前集》卷十,《宋濂全集》,第一册,第 558 页。
③ 分别见《〈丹崖集〉序》(《銮坡前集》卷七)、《〈白云稿〉序》(《銮坡前集》卷八)、《王君子与文集序》(《銮坡后集》卷六)、《吴潍州文集序》(《翰苑续集》卷三)、《叶夷仲文集序》(《翰苑别集》卷四)、《曾助教文集序》(《芝园前集》卷一)。
④ 《銮坡前集》卷七,《宋濂全集》,第一册,第 491 页。
⑤ 王魁星《论宋濂入仕明朝前的古文观及仕隐观——当前宋濂研究二热点新探》(《河南社会科学》2010 年第 6 期)认为"在入仕明朝之前,宋濂的古文观念经历了由师法司马迁、班固到以六经为本、司马迁及班固为辅的转变"。此说似可斟酌。虽然宋濂在《赠梁建中序》中自称其五十以后大恨自己的"溺于文辞",同时认为五经之文与迁、固悬殊,正如大鹏与鹪鹩有天壤之别。但是,宋濂对六经与迁、固关系的三种不同看法,在其不同的人生阶段都出现过,因此与其说是前后发生了转变,不如说是一直摇摆不定。

《唐子西语录》之说并有所增补。宋氏《吴潍州文集序》云："唐子西云：'六经之后，便有司马迁、班固。六经不可学，学文者舍迁、固将奚取法？'呜呼！斯言至矣。"①实际上，唐子西的原说中并没有提及"班固"。《苕溪渔隐丛话前集》卷四十九引此说作："《唐子西语录》云：六经之后，便有司马迁；三百五篇之后，便有杜子美。六经不可学，亦不须学，故作文当学司马迁，作诗当学杜子美。"②可见宋濂在唐子西之说中加上了"班固"。

宋氏此说的另一来源是其师黄溍，《叶夷仲文集序》云：

> 昔者，先师黄文献公尝有言曰："作文之法，以群经为本根，迁、固二史为波澜。本根不蕃，则无以造道之原；波澜不广，则无以尽事之变。舍此二者而为文，则槁木死灰而已。"③

此说明晰地揭示了群经与迁、固相结合的意义，在于使得文章既能"造道之原"，又能"尽事之变"，换言之，既有本有原，又波澜变化。

关于迁、固之文与"尽事之变"的关系，宋濂曾论述迁、固的不同风格道：

> 濂尝讽二家书，迁之文如神龙行天，电雷惚恍而风雨骤至，万物承其溥泽，各致余妍；固之文类法驾整队，黄麾后前，万马夹仗，六引分旌，而循规蹈矩不敢越尺寸④。

此说阐述了司马迁之文变化多姿而班固文谨守规矩的不同风格，由此可以推测，宋濂将黄溍所谓"尽事之变"理解为文学表现手法的推陈出新和文学风格的多样化。

---

① 《翰苑续集》卷三，《宋濂全集》，第二册，第831页。
② 胡仔纂集，廖德明校点，周本淳重订《苕溪渔隐丛话》卷四十九，人民文学出版社1993年版，第332页。
③ 《翰苑别集》卷四，《宋濂全集》，第二册，第1028页。按：宋濂《〈白云稿〉序》、《丹崖集序》间接引用了此说。
④ 《翰苑续集》卷三《吴潍州文集序》，《宋濂全集》，第二册，第831页。

明代文人经学与文学思想的关系

文学师从对象以群经为根本，以迁、固为波澜，这一观点与前人相比，提高了《史记》、《汉书》作为文学典范的地位。唐代韩愈《进学解》、柳宗元《答韦中立论师道书》虽然都兼论经史子集，但没有充分肯定《史记》等史书的地位。韩、柳的读书法均将应读的典籍分为两个层次：六经居于本原、主干的地位，而史书则与子、集同处于参照、辅助的层面。比如，韩愈《进学解》云：

> 上规姚姒，浑浑无涯；周诰殷盘，佶屈聱牙；《春秋》谨严，《左氏》浮夸。《易》奇而法，《诗》正而葩；下逮庄骚，太史所录，子云、相如，同工异曲；先生之于文，可谓闳其中而肆其外矣[1]。

此读书法，分为"上规"、"下逮"两个层次，上层为《尚书》、《春秋》、《左传》、《易》、《诗》等儒家经典，下层为《庄子》、《楚辞》、《史记》、扬雄和司马相如的赋。同样，柳宗元将取法的对象分为"本之"、"参之"两个层级：

> 本之《书》以求其质，本之《诗》以求其恒，本之《礼》以求其宜，本之《春秋》以求其断，本之《易》以求其动，此吾所以取道之原也；参之穀梁氏以厉其气，参之《孟》、《荀》以畅其支，参之《庄》、《老》以肆其端，参之《国语》以博其趣，参之《离骚》以致其幽，参之太史公以著其洁，此吾所以旁推交通而以为之文也[2]。

在此，《书》、《诗》、《礼》、《春秋》、《易》为"所以取道之原"，《穀梁》、《孟子》、《荀子》、《庄子》、《老子》、《国语》、《离骚》、《史记》为"所以旁推交通而以为之文"。显然，韩、柳虽然都推崇《史记》，但只是将其与子、集等量齐观而已。而宋濂此说则明确指出迁、固是仅次于群经的规摹对象，《史

---

[1] 韩愈著，马其昶校注，马茂元整理《韩昌黎文集校注》第一卷，上海古籍出版社2021年，第65页。
[2] 柳宗元：《柳宗元集》卷三十四，中华书局，1979年，第873页。

记》、《汉书》取得了超越于子、集的地位。

钱谦益继承并发展了宋濂经史结合的文学典范论。钱氏提出"经经纬史"说,在史法与文法合一的观念下,将班、马推尊为"史中之经"。钱氏推崇文人通经学古、文章有根底,常以"经经纬史"立论。比如,他赞誉嘉定四君子"其师承议论,以经经纬史为根柢"①,称赏陆群圭之学"经经而纬史,繇韩、柳所读之书以进于古人"②。在《汲古阁毛氏新刻十七史序》③、《再答苍略书》④等文中,钱氏详细阐述了"经经纬史"一说中的经史关系。比如,《汲古阁毛氏新刻十七史序》云:

> 客有问于余曰:"汲古之刻,先经而后史,何也?"余曰:"经犹权也,史则衡之有轻重也。经犹度也,史则尺之有长短也。古者六经之学,专门名家,各守师说。圣贤之微言大义,纲举目张,肌劈理解,权衡尺度,凿凿乎指定于胸中,然后出而从事于史。三才之高下,百世之往复,分齐其轻重长短,取裁于吾之权度,累黍秒忽,罄无不宜,而后可以明体达用,为通天地人之大儒。"⑤

先经而后史,经为权度,而史为轻重长短,这是以权度与轻重长短的关系,来比喻经与史的先后体用关系。又钱氏《再答苍略书》则申论六经为史之宗统而班、马为史中之经(说详下)。概言之,一方面,经为史之本原、准则,史为经之致用,另一方面,经史又相互渗透。

"经经纬史"说中最具创新性的层面,是在宋濂之说的基础上,进一步肯定《史记》、《汉书》的重要价值,有所谓"史中之经"说:

> 六经,史之宗统也。六经之中皆有史,不独《春秋》三传也。六

---

① 《牧斋初学集》卷三十二《嘉定四君集序》,《钱牧斋全集》,第贰册,第 922 页。
② 《牧斋初学集》卷四十三《颐志堂记》,《钱牧斋全集》,第贰册,第 1116 页。
③ 《牧斋有学集》卷十四,《钱牧斋全集》,第伍册,第 679—682 页。
④ 《牧斋有学集》卷三十八,《钱牧斋全集》,第陆册,第 1310 页。
⑤ 《牧斋有学集》卷十四,《钱牧斋全集》,第伍册,第 679—682 页。

> 经降而为二史，班、马其史中之经乎？……读班、马之书，辨论其同异，当知其大段落、大关键，来龙何处，结局何处，手中有手，眼中有眼，一字一句，龙脉历然。又当知太史公所以上下五千年纵横独绝者在何处？班孟坚所以整齐《史记》之文而瞠乎其后不可几及者又在何处？《尚书》、《左氏》、《国策》，太史公之粉本，舍此而求之，见太史公之面目焉，此真《史记》也。天汉以前之史，孟坚之粉本也。后此而求之，见孟坚之面目焉，此真《汉书》也。由二史而求之，千古之史法在焉，千古之文法在焉[①]。

显然，这是推崇《史记》、《汉书》之"大段落、大关键"即史法结构，从史法与文法合一的角度，将班、马推尊为"史中之经"。

钱氏此说与宋濂的区别，一是宋濂看重迁、固的推陈出新与风格多样，而钱氏则重视史法，即班、马结构上的首尾贯穿、起承转合。二是"经经纬史"、"史中之经"等说法，显示出钱氏进一步说淡化了六经与二史的主次关系。可见，对于宋濂有关经史关系的三种看法，钱谦益实际上特别强调《龙门子凝道记·大学微》之经史无异的主张。

概言之，从宋濂的以群经为根本而迁、固为波澜，到钱谦益的经经纬史，一方面，六经作为文法之源头的意识得到了强化；另一方面，由于认识到《史记》和《汉书》的表现手法多样和史法之妙，人们提高了两种史书作为文学典范的地位。

2. 文以载道与"文主于变"相结合的文论"结构"

明代文人经学崇尚自得之见，与其古文理论的追求新变相呼应。他们建立了文以载道与"文主于变"相结合的文论"结构"，以内容上的独特见解为追求古文新变的途径，建构了文道关系的新模式。

宋濂在文学师从对象上主张六经与迁、固的主次结合，这与其兼重文以载道和"文主于变"的文论相契合。宋濂的文论道学气十足，但不乏创新意义，其创作实绩也斐然可观，其根本原因在于他以"文主于变"来

[①] 《牧斋有学集》卷三十八《再答苍略书》，《钱牧斋全集》，第陆册，第1310页。

弥补其"文以载道"说的不足。

一方面,"文以载道"说的来源、含义颇为复杂,而宋濂所谓文以载道,是理学家周敦颐等人所主张的文离不开道:

> 元公之言曰:"文所以载道也,轮辕饰而人弗庸,徒饰也,况虚车乎?"①是则文者非道不立,非道不充,非道不行,由其心与道一,道与天一,故出言无非经也②。

在此,宋濂强调了道对于文的决定性意义。《宋濂全集》中类似的文道关系论俯拾皆是③。与此相适应,推崇周敦颐、二程、张载、朱熹等理学家之文的说法,在其中年以前的《华川书舍记》(《潜溪前集》卷五)和晚年的《徐教授文集序》(《芝园后集》卷一)等文中都出现过,足见其文道关系论是以道学为本位的。

另一方面,宋濂崇尚文学之"神",其实质是强调文主于变:"盖文主于变,变而无迹之可寻,则神矣。"④其《金华先生黄文献公文集序》回顾六经至濂洛诸子的文学发展史,认为诸家各不相同,其原因在于"文与气资神以生,其势则然也",也就是说,文辞与天地之气一样"日新而无穷",两者的变化都由"神"推动⑤。又,宋濂评价方孝孺之文曰:"见于论著,文义森蔚,千变万态,不主故常,而辞意濯然常新,滚滚滔滔,未始有竭也。"⑥可见,追求新变也是方孝孺之文的长处。

值得注意的是,宋濂自身的文学创作,也被赞为既"辞调尔雅"又"态

---

① 周敦颐此说出自其《通书·文辞第二十八章》,周敦颐著,谭松林、尹红整理《周敦颐集》,岳麓书社2002年版,第46页。
② 《銮坡前集》卷八《〈白云稿〉序》,《宋濂全集》,第一册,第495页。
③ 如《故新昌杨府君墓铭》(《芝园前集》卷五)、《徐教授文集序》(《芝园后集》卷一)、《文原》(《芝园后集》卷五)。
④ 《评浦阳人物·文学·宋屯田员外郎》,《宋学士全集辑补》,明嘉靖三十年韩叔阳刻本,《宋濂全集》,第四册,第2176页。
⑤ 《金华先生黄文献公文集序》,明天顺元年黄溥刻本,《宋濂全集》,第四册,第1985页。
⑥ 《芝园续集》卷十《送方生还宁海并序》,《宋濂全集》,第三册,第1626页。

度多变":"其辞调尔雅,如殷鼎周彝,龙纹漫灭,古意独存。其态度多变,如晴霁终南,众皱前陈,应接不暇。"①由此可以推测,宋濂在文学创作中,也力求文以载道与"文主于变"相结合。

在文以载道与"文主于变"相结合的文论"结构"下,明代文人经学以内容上的新变为古文新变的主要途径。宋濂认为古文的创新在于内容上的发前人之所未发。其《金华先生黄文献公文集序》在论述六经至伊洛诸家的各不相同之后,批评南宋宝庆以来文风的弊端云:"宝庆以后,文弊滋极,惟陈腐之言是袭,前人未发者则不能启一喙。"此说已暗示了文章当发前人之所未发的观念。又其录黄溍之文论道:"(黄溍)尝自诵曰:'文辞各载夫学术者也,吾敢苟同乎?无悖先圣人斯可已。'故其形诸撰述,委蛇曲折,必罄所欲言。"此说明确揭示了文辞以学术创见为新变的观念。同篇中,宋濂论文章的"生色之融液"云:"上而六艺,下而诸家言,所倡虽有大小之殊,其生色之融液,至今犹津津然,是诚何道哉?"②与前引黄溍的文辞论相对照,可知所谓"生色之融液",是指诸家都畅所欲言,各抒己见。

唐顺之在此说的基础上,提出了著名的本色论,追求文章的"真精神与千古不可磨灭之见"。如前所述,唐氏在《春秋》学方面提出了以愚夫愚妇之心求圣人之心的主张,其中蕴涵了摆脱传注、独出心裁的观念,与此相关,唐顺之认为秦汉以前诸子皆有千古不可磨灭之见,是为本色:

> 秦汉以前,儒家者有儒家本色,至如老庄家有老庄本色,纵横家有纵横本色,名家、墨家、阴阳家,皆有本色,虽其为术也驳,而莫不皆有一段千古不可磨灭之见。是以老家必不肯剿儒家之说,纵横必不肯借墨家之谈,各自其本色而鸣之为言。其所言者,其本色也,是以精光注焉,而其言遂不泯于世③。

---

① 欧阳玄《潜溪集序》,《潜溪录》卷四,《宋濂全集》,第四册,第2485页。
② 《金华先生黄文献公文集序》,《潜溪先生集》,明天顺元年黄溥刻本,《宋濂全集》,第三册,第1985—1986页。
③ 《荆川先生文集》卷七《答茅鹿门知县二》,《唐顺之集》,第295页。

第一章　明代文人经学与文学思想变革的关系总论

这一段"本色"论与前引宋濂的"其生色之融液,至今津津然"说的逻辑结构十分相似,都指出六经诸子各家之主张驳杂不一而又各具卓见,并以此为依据,提倡文学内容上的独特见解。众所周知,唐顺之在"皆有本色"说的基础上,提出文章的高下取决于是否具有"真精神与千古不可磨灭之见":

> 今有两人,其一人心地超然,所谓具千古只眼人也,即使未尝操纸笔呻吟,学为文章,但直据胸臆,信手写出,如写家书,虽或疏卤,然绝无烟火酸馅习气,便是宇宙间一样绝好文字;其一人犹然尘中人也,虽其专专学为文章,其于所谓绳墨布置,则尽是矣,然番来覆去,不过是这几句婆子舌头语,索其所谓真精神与千古不可磨灭之见,绝无有也,则文虽工,而不免为下格,此文章本色也。①

此说与宋濂的"生色"论一样,都是主张古文创新的关键在于内容上具有独特见解。可见,唐顺之的"本色"论与宋濂的"生色之融液"说是一脉相承的。

归有光追求自得之见的经学对于文学"自得"的观念有着深刻影响,这不仅表现在他以"自得"这一命题来反对剽窃模拟,提倡文学个性,还体现为实现文学自得的方式,即通过文学内容上的卓然独立来追求文学个性(说详下)。

钱谦益比上述前贤更加强调学问在文学创新中的意义。与"经经纬史"说相呼应,钱谦益的文学思想也采取了"文有本"与成变化相结合的结构,主张养其根以成其变化。一方面,钱氏偶尔会用"根柢"来指代世运或性情②,但绝大多数情况下,其所谓"根柢"就是学问。钱氏养根说主

---

① 《荆川先生文集》卷七《答茅鹿门知县二》,《唐顺之集》,第 295 页。
② 比如,《胡致果诗序》云:"其征兆在性情,在学问,而其根柢则在乎天地运世、阴阳剥复之几微。"(《牧斋有学集》卷十八,《钱牧斋全集》,第伍册,第 801 页)在此,钱氏将"世运"视为文学的根柢,此类说法在其著述中仅此一见,当是此文中所谓"劫灰之后"即清鼎革之际特殊心态的折射。又如,《季沧苇诗序》有"《三百篇》变而为《骚》,《骚》变为汉魏古诗,根柢性情,笼挫物态"(《牧斋有学集》卷十七,《钱牧斋全集》,第伍册,第 758 页)之说,以"性情"为根柢,也很少见。何况,如前所述,"性情"的根柢则是学问。

063

明代文人经学与文学思想的关系

要胎息于唐韩愈等人的养根说。韩愈认为:"将蕲至于古之立言者,则无望其速成,无诱于势利,养其根而俟其实,加其膏而希其光。根之茂者其实遂,膏之沃者其光晔,仁义之人,其言蔼如也。"韩愈在同文中自称其"养根"的具体做法是"始者非三代两汉之书不敢观,非圣人之志不敢存"①,可见养根的主要途径也是从读书入手。钱氏在《黄蕴生经义序》、《高念祖怀寓堂诗序》②等文中皆引用此说,可见他对韩愈此说浸润之深。比如,《黄蕴生经义序》云:"虽然,有本焉。行峻而言厉,心醇而气和,昭晰者无疑,优游者有余,养其根而俟其实,加其膏而希其光,仁义之人,其言蔼如也。此而师之所以为学为文者也。"③此说主张作家的道德人格是为文的根本,而作者的人格又是由读书涵养而成的。又如,钱氏勉励钱曾"多读书,厚养气,深造而自得之"④,此说阐明了多读书、厚养气与诗文个性之间的内在关系。

另一方面,钱氏又重视文学的变化,《复李叔则书》认为:"夫文章者,天地变化之所为也。天地变化,与人心之精华,交相击发,而文章之变,不可胜穷。"⑤天地之变化与人心之精华相互激荡,于是文章之变化不可穷尽。此说与宋濂"天地之气日新而无穷,文辞亦与之无穷"之说(说详下),显然是一脉相承的。钱氏"熏习"说则阐明了通过养其根来成其变化的主张:

> 余窃谓诗文之道,势变多端,不越乎释典所谓熏习而已。有世间之熏习,韩子之所谓"无望其速成,无诱于势利,养其根而俟其实,加其膏而希其光"者是也。……而世间诗文宗旨,亦岂有外于是乎?《易》曰:"拟议以成其变化。"而至于变化,则谓之不思议熏不思议,变而疑于神矣。韩子之云根茂实遂,膏沃光晔者,亦是物也⑥。

---

① 《韩昌黎文集校注》第三卷《答李翊书》,第240—241页。
② 钱谦益:《牧斋有学集》卷十七,《钱牧斋全集》,第伍册,第751页。
③ 钱谦益:《黄蕴生经义序》,《牧斋初学集》卷三十二,《钱牧斋全集》,第贰册,第942—943页。
④ 钱谦益:《遵王绝句跋语》,《有学集》卷五十,《钱牧斋全集》,第陆册,第1634—1635页。
⑤ 《牧斋有学集》卷三十九,《钱牧斋全集》,第陆册,第1343页。
⑥ 《牧斋有学集》卷十六《高念祖怀寓堂诗序》,《钱牧斋全集》,第伍册,第751页。

这是说,正如韩愈的养根说通过养其根柢,来追求根茂实遂、膏沃光晔的境界,熏习说的实质正是读书养根以成其变化。"变而疑于神"的说法折射了钱氏熏习说是与宋濂"神"论一脉相承的。

从宋濂的文以载道与"文主于变"相结合,提倡文章的"生色之融液",到唐顺之的"本色论"和归有光以"独出于胸臆"说强调内容新变,再到钱谦益的兼重"文有本"与"成其变化",文人经学诸家都试图通过追求文学内容上的新变来实现文与道的折衷。这样一来,在诸家的经解文中,经学上的自得之见和文学上的新变就是二而一了。在文道关系上的折衷倾向,其实是韩愈以来的古文理论的基本走势,而明代宋濂等人从经学创新中得到启发,将文学内容上的新变与文以载道相结合,可说是提出了文道结合的新模式。

3. 主张亲子之情不受礼制束缚与追求文学的深情和真诚

在欧阳修和苏轼礼学思想的影响下,明代文人经学的丧礼论主张亲子之情不受礼制束缚,这无疑为文学理论的崇尚深情和真诚提供了资源。

欧阳修的肯定"天性之亲"和苏轼的小宗论对明代宋濂、归有光等人的礼学思想产生了深刻影响,为其主张亲子之情突破礼制藩篱提供了理论依据。宋濂等人所论的亲子之情包含基于血缘关系和养育关系两种,强调这两种亲子之情不受礼制束缚,与欧苏的重视"天性之亲"和礼之变之间,显然是一脉相承的。其中,宋濂主张孝子对父母的欲报之情难以抑制,因而丧亲之礼不妨变通,所谓"孝子之于父母,欲报之情何有纪极?"[①]在此,"何有纪极"说完全冲破了礼制的藩篱。宋濂此说是对元人程钜夫(1249—1318)、虞集(1272—1348)之孝子报亲论的承袭,而程钜夫等人的报亲论则是对《诗经·小雅·蓼莪》"欲报之德,昊天罔极"的新解。程钜夫《徐母吴氏诔》曰:"盖孝子之欲报其亲,宁有纪极哉?"[②]又,虞集《著存阁记》云:"诗曰:欲报之德,昊天罔极。孝子之报亲也,夫安有纪

---

① 《銮坡后集》卷一《阎府君墓碣》,《宋濂全集》,第二册,第575页。
② 程钜夫著,张文澍校点《程钜夫集》卷二十五,吉林文史出版社2009年版,第331页。

极乎？"①由此可见，上述孝子报亲说以《诗经·小雅·蓼莪》"欲报之德，昊天罔极"为依据。值得注意的是，程钜夫和虞集对"欲报之德，昊天罔极"的新解主要体现在将"罔极"解读为"宁有纪极"，换言之，其新创之处在于用"宁有纪极"这一本为贬义的说法来描述孝子之心。从经学史来看，对于"昊天罔极"，孔颖达的解释是："我今欲报父母是劳苦之德，昊天乎心无已也。常所忆念，无有已时，故言己痛切之情，以告于天。"②显然，此说以"无已"即"无有已时"来解"罔极"，此时孝子之心还没有跟"宁有纪极"建立联系，相反，此时"不知纪极"往往用于贬义，比如，王弼释《未济》卦"初六，濡其尾，吝"，有"不知纪极者也"之说，孔颖达《正义》曰："不知纪极者，《春秋传》曰：'聚敛积实，不知纪极，谓之饕餮'，言无休已也。"③在此，孔颖达援引《左传》文公十八年"聚敛积实，不知纪极，……谓之饕餮"④，可见"不知纪极"在此用于形容贪得无厌，贬义色彩十分鲜明。但是，大概是从南宋周必大起，"宁有纪极"被用于形容深沉的感恩之心和惭愧之情，所谓"感戴上恩，宁有纪极"⑤，又云"其为惭感，宁有纪极"⑥。当是在周必大这一用法的影响下，元代程钜夫、虞集开始将"欲报之德，昊天罔极"诠释为孝子报亲宁有纪极。

不同于元人程钜夫、虞集对孝子报亲宁有纪极的说法偶一用之，《宋濂全集》多次申论上述观点⑦。宋濂还以礼有常有变的观念来支持此说："若育之为，出于念亲之切，是亦礼之变者也，脱议之，其将非人情矣

---

① 虞集《道园学古录》卷四十六，王颋点校《虞集全集》，天津古籍出版社2007年版，第665页。
② 李学勤主编《十三经注疏·毛诗正义》卷十三，北京大学出版社1999年版，第778页。
③ 李学勤主编《十三经注疏·周易正义》卷六，第253—254页。
④ 李梦生整理《春秋左传集解》"文公十八年"，凤凰出版社2020年版，第270页。
⑤ 周必大撰、王瑞来校证《周必大集校证》卷一百九十《书稿五》之《刘文潜司业》，上海古籍出版社2020年版，第2916页。
⑥ 《周必大集校证》卷一百九十五《书稿十》之《留仲至丞相》，第2997页。
⑦ 《故赠承事郎、浙东道宣慰使司都元帅府都事陈府君墓志铭》（《銮坡前集》卷四，《宋濂全集》，第一册，第429页）、《故天台朱府君霞坞阡表》（《銮坡后集》卷八，《宋濂全集》，第二册，第736页）、《著存轩辞》（《翰苑别集》卷五，《宋濂全集》，第二册，第1046页）、《浦阳人物记》上卷《孝友篇》"陈太竭"条（《宋濂全集》，第三册，第1826页）。

乎?"①这是说,阎育招魂葬父母衣冠的做法,可说是礼之变,若加以批评,则不近人情。在此,"人情"与"礼之变"之间的联系,提示了宋濂此说与欧阳修重视人情和苏轼小宗论之间的渊源关系。

归有光也继承并发展了这一传统。他把不受礼制束缚的亲子之情,从孝子之于父母的单向关系,扩展到亲子间的双向关系。一方面,归有光明确提出爱亲之心是不可以纪极即没有限度的,与此相关的丧礼也就不妨"至于过"了(说详下)。另一方面,归氏希望以成人丧礼来葬子,其理由是:"先王之礼,为之大法而已。至于因时损益轻重之宜,一听之于人"②,这实际上是主张父母对子女的情感可以不受礼制的羁绊③。

宋濂等人在亲子之情上突破礼制束缚,奏响了明代反名教思潮兴起的序曲。从亲子之情的不受礼制束缚,发展到男女关系上的遵循人性,可说是顺理成章。这一端倪可从归有光的思想中见出。归氏在亲子关系上肯定不受礼制束缚的自然情感,由此出发,他对男女关系上压抑自然人性的做法也给予了批评。其《贞女论》反对室女守贞,认为女子未嫁,而为其夫死或终身不改适者,为非礼。其主要依据是汉代《诗经》学者的一礼不备、贞女不行之说。此说出自《韩诗外传》卷一:"传曰:夫《行露》之人许嫁矣,然而未往也。见一物不具,一礼不备,守节贞理,守死不往,君子以为得妇道之宜。"④显然,归氏立论的根基仍是儒家观念,但其论点的实质是反对压抑自然人性,而且,此篇中女子终身不嫁则"乖阴阳之气,而伤天地之和"的说法,也体现了重视自然人性的倾向⑤。

在礼学上肯定不受束缚的亲子之情,为文学上崇尚不受拘束的情感

---

① 《銮坡后集》卷一《阎府君墓碣》,《宋濂全集》,第二册,第575页。
② 《震川先生集》卷二十二《亡儿翻孙圹志》,第535页。
③ 值得注意的是,归有光的亲子之情不可纪极之说,是其仁政说的重要基础。以"仁人孝子之心一也"(《震川先生集》卷十五《卧石亭记》,第387页)为依据,归有光强调上下之间"有情以相爱"(《震川先生集》卷十一《赠张别驾序》,第257页)。详见第二章《归有光的文学思想与欧阳修经学的关系》、第三章《论〈易经渊旨〉与归有光思想的一致——兼论〈易经渊旨〉的真伪》。
④ 韩婴撰,许维遹校释《韩诗外传集释》卷一,中华书局1980年版,第2页。按:刘向《古列女传》卷四《贞顺传》"召南申女"条亦有类似说法。
⑤ 归氏《贞女论》对明清礼学产生了很大影响,清汪中《女子许嫁而婿死从死及守志议》(《述学·内篇一》)、章学诚《述学驳文》(《文史通义》外篇一)等篇皆论及其说。

和真诚无伪的文学表现提供了思想依据。这一点在宋濂的诗歌思想中尚未充分体现出来。宋濂所论的诗歌情感,仍是止乎礼义的[①]。出于自然的爱亲之心在归有光的抒情小文中表现得最为充分,也是其文章动人心弦的根本原因。以往人们多认为,归氏《思子亭记》《项脊轩记》《寒花葬志》《先妣事略》等名篇的成功之处在于取法司马迁的史传笔法,以细节来表现人伦之美,所论诚为有见。实际上,诸篇中所描写的父子夫妇之情的自然真诚也是不可忽视的因素。比如,《思子亭记》中,归有光对亡子的追思之深,竟至于建思子之亭,幻想其灵魂有朝一日翩然来归[②];《先妣事略》写作者娶妻生女后越发思念母亲[③],由这一精当的心理描写,可以窥见文章所描写的思母之情确实是"血浓于水"的真情,而不仅是父慈子孝的儒家教条。方苞称赞归文"至事关天属,其尤善者,不俟修饰,而情辞并得,使览者恻然有隐"[④],此说最为准确地道出了归文中的人伦之美出于亲子之真情的特征。

又如,焦竑也曾赞誉文学作品表现惊心动魄的深情:"诗非他,人之性灵之所寄也。苟其感不至,则情不深;情不深,则无以惊心而动魄,垂世而行远。吾观尼父所删,非无显融臃厚者厝乎其间,而讽之令人低徊而不能去,必于变《风》、《雅》归焉,则诗道可知也。"[⑤]焦竑认为惊心动魄、垂世行远的文学作品是作者性灵的表现,可见其对于文学特质的看法,已经突破了温柔敦厚的儒家诗教说。不过,焦竑虽多次论及文学主体意义上的性灵,但仅有此处强调受到触发而产生的、令人惊心动魄的深情,其他几处的"性灵"都是含义比较宽泛、与"情志"相接近。比如,"昔人有言,在心为志,发言为诗。声成文谓之音。然则发乎性灵,形于篇咏,远则明天下政途,阐兹王化;近则抒一时感激,美于国风,其亦有不容自已者乎!"[⑥]这里的"性灵"便关乎王化而不仅仅是深情。

---

① 参见左东岭《论宋濂的诗学思想》(《首都师范大学学报(社会科学版)》2009年第4期)。
② 《震川先生集》卷十四,第427—429页。
③ 《震川先生集》卷二十五《先妣事略》,第593—595页。
④ 《方苞集》卷五《书归震川文集后》,上海古籍出版社1983年版,第117页。
⑤ 《澹园集》卷十五《雅娱阁集序》,第155页。
⑥ 《澹园集》卷十八《孙太公荣寿诗序》,第221页。

正如欧阳修认为断绝"天性之亲"则"大伪",从肯定亲子之情的不受礼制束缚,到追求文学表现的自然、真诚,也是顺理成章的。归有光对此再三致意。他指出:"近来颇好剪纸染采之花,遂不知复有树上天生花也。偶见俗子论文,故及之。"①以往人们把这段话理解为反对字摹句拟、提倡得其神理的文学,事实上这一比喻还可以理解为:"树上天生花"是自然、真实而富有生命力的,剪纸染采之花却是人为、虚假而无生气的,此说寄寓了推崇自然、真诚的文学观念。归有光与友人的书信中也流露出这一文学倾向,比如,《与沈敬甫》:"文字又不是无本源,胸中尽有,不待安排。"《与吴三泉》:"自惟鄙拙,不习为古文。聊发其所见,不能檃括为精妙语;徒蔓衍其词,又不知忌讳,俗语所谓依本直说者。"《与沈敬甫》:"字所以难下者,为出时非从中自然,所以推敲不定耳。"②在此,"不待安排"、"依本直说"、"从中自然"等说法都包含了不加修饰地表现真情的意味。

与此相类似,焦竑也提倡"道其中之所欲言"的文学:"古者贤士之咏叹,思妇之悲吟,莫不为诗情动于中,而言以导之,所谓'诗言志'也。……余观汉魏,以逮六朝,作者蝟起,能道其中之所欲言者,阮步兵、左太冲、张景阳、陶靖节四人而已。"③此外,焦竑亦常用"胸臆"一词来称赏诗文的富含情感且不事雕饰。比如,他赞美刘元定"每有篇章,直取胸臆"④。

4. "即经而心"对神明与法度合一论的启发

以宋濂、唐顺之、焦竑等为代表的文人经学常以"经与心一"、"即经而心"、道器合一等命题来提倡独出心裁地求索经典本义,或是推崇形声文字之学。这一思维方式对文学作品中的神明与法度的关系有着启发

---

① 《震川先生别集》卷七《与沈敬甫》,第 865 页。
② 分别见《震川先生别集》卷七,第 865 页;《震川先生别集》卷八,第 902、903 页。
③ 《澹园集》卷十六《陶靖节先生集序》,第 169 页。
④ 《澹园集》卷十六《刘元定诗集序》,第 173 页。类似说法还有"故能剔抉浮华,直取胸臆"(《澹园集》卷十六《苏叔大集序》,第 172 页),"为文敏给疏畅,直写胸臆"(《澹园集》卷二十八《荣禄大夫南京中军都督府都督同知前提督漕运镇守淮安总兵官鹿园万公墓志铭》,第 427 页);"李君持论不无过激,要其胸臆间语,故自足存"(《澹园续集》卷五《答许绳斋》,第 857—858 页)。

意义,使得唐顺之等人形成了神明与法度合一论,其核心是:无论神明与法度的主次、轻重关系如何,神明与法度相辅相成、缺一不可。

如前所述,唐顺之等人在经学研究中崇尚道器合一,其实质是道与器缺一不可。唐顺之《巽峰林侯口义序》强调"即经而心",认为"反而求之乎心"之说的出现,导致了"必绝去形声文字与训诂"的现象,有悖于道器古今之不二的原则,这是反对因道而废器;同样,焦竑《天都载序》指出"岂非通其理则器即为道,溺于数则道亦为器",则是更加明确地主张道与器不可偏废。必须指出的是,经学上的道器合一论是针对当时的一味重视身心性命之理、忽视形声文字之学而发的,因而其侧重点是器不可弃,而其理论前提则是道与器缺一不可。

神明与法度合一的文学观念具有类似的逻辑结构。所谓法度,是指文学的词藻、章法、格律等外在的、规范的因素;所谓神明,是超越于法度之上的,是内在的、新创的因素。外在的规范与内在的创新相辅相成,缺一不可。

在此,有必要进一步加以剖析的是神明这一层面。由于神明的实质是投射于作品中的主体精神,因而神明常表现为文学的创新,而其源头则是气定神全的主体。是故明代文人经学诸家常从这两个层面论述文学的神明。比如,宋濂强调"文主于变",又指出"变"的动力来自主体:"天地之气日新而无穷,文辞亦与之无穷;盖其升降、翕张、俯仰、变化,皆一神之所为。神者也,形之而弗竭,用之而弥彰。气之枢,文之所圄也。"[①]又如,唐顺之推崇文章的"真精神与千古不可磨灭之见",这实际上是兼论神明的内核和表现。又焦竑亦反复论述主体与变化的关系:"古之艺,一道也。神定者天驰,气全者调逸,致一于中,而化形自出,此天机所开,不可得而留也。勃勃乎乘云雾而迅起,踔厉风辉,惊雷激电,披拂霍靡,倏忽万变,则放乎前者皆诗也,岂尝有见于豪素哉!"[②]神定气全,则化形自出[③]。此外,钱谦益认为"诗有本"的反面是徒重矩度,可见其神明

---

① 《金华先生黄文献公文集序》,明天顺元年黄溥刻本,《宋濂全集》,第三册,第1985页。
② 《澹园集》卷十六《刘元定诗集序》,《澹园集》,第173页。
③ 详见第六章《论焦竑的文学思想与东坡易学的渊源》。

论与内容上的创新密切相关①。

神明与法度合一论的内涵,在肯定神明与法度缺一不可的前提下,经历了从更重法度到推尊神明的变化。宋濂和唐顺之早期更重视法度。比如,宋濂论诗云:"濂幸获读之,凌厉顿迅,鼓行无前,所谓缓急丰约,隐显出没,皆中乎绳尺;至其所自得,则能随物赋形,高下洪纤,变化有不可测。置之古人篇章中,几无可辨者。"②这是以"中乎绳尺"与"自得"的关系来论述文学神明与法度的关系,认为作者在遵守绳尺的基础上善于变化。在此,宋濂并未明言"绳尺"与"变化"孰重孰轻。

唐顺之早期继承了宋濂此说,并且彰显了神明与法度合一而法度更为重要的观念。《董中峰侍郎文集序》云:"然而文之必有法,出乎自然而不可易者,则不容异也;且夫不能有法,而何以议于无法?"此说强调文法的不可或缺、无法必以有法为前提,显然是将法度置于第一位;同时,董中峰侍郎之文被唐顺之誉为绳墨与新意、自得与法度的合一:"其守绳墨谨而不肆,时出新意于绳墨之余,盖其所自得而未尝离乎法。"③可见,这篇序文尽管极其推重法度,但并没有舍弃内在的"神"或曰"自得"。此说与前引宋濂之说显然是一脉相承的,而宋濂之说中隐含的法度重于神明的观点,也由此可窥一斑。

唐顺之后期的本色论和焦竑"神者"说以神明为主导且不废法度。唐顺之"本色"论认为,决定文章出色的主要因素是具有"真精神与千古不可磨灭之见",相形之下,文章的"绳墨布置"等法度可说是无意义。从这一表述来看,似乎唐顺之重视"真精神"而舍弃"绳墨布置",实际上,此说应当被理解为"神明比法度更为重要"(说详下)。

焦竑反复强调文艺中的"神"比"言语文章"等更为重要,但他也并未否定法度。一方面,焦竑多次阐述作者的精神灵动与文章高妙之间的联系:"其言语文章非不工且博也,然械用中存,神者不受,以视夫妙解投

---

① 详见第九章《"根本六经"与"通释教"——钱谦益论"经经纬史"与苏轼文学的取法对象》。
② 《銮坡后集》卷三《〈刘兵部诗集〉序》,《宋濂全集》,第二册,第609页。
③ 《荆川先生文集》卷十,《唐顺之集》,第466页。

机,精潜应感者,当异日谈矣。"①又曰:"一技所得,虽以艺自列,然必妙解投机,精潜应感,则械用不存,而神者受之,讵可以辙迹求哉。"②以上两说大同小异,都是主张创作主体"妙解投机,精潜应感"即精神不受桎梏而自由驰骋,文学、书法才可能高妙。换言之,文艺的得失高下是超越于"言语文章"或曰"辙迹"之上的。另一方面,焦竑也强调法度本身不会成为文章的病累,谢灵运便是以神情驾驭法度的佳例:"然殷生言:'文有神来,气来,情来。摹画于步骤者神踬,雕刻于体句者气局,组缀于藻丽者情涸。'康乐雕刻组缀并擅,工奇而不蹈三敝者,神情足以运之耳。何者?以兴致为敷叙点缀之词,则敷叙点缀皆兴致也;以格调寄俳章偶句之用,则俳章偶句皆格调也。"③此说明确地阐述了重神情而不废法度的主张。

　　明代文人经学在"即经而心"、"道器不二"等命题下提倡事物名义之学,与此相适应,其对于文学的辙迹与神情、自得变化与规矩绳墨的关系,也强调相辅相成、缺一不可。这一神明与法度合一的文论,既有效地纠正了复古派字模句拟、因袭剽略之弊,也为反对公安派、竟陵派的师心自用提供了思想资源。

　　值得注意的是,明代文人经学的主张神明与法度合一,与其强调文以载道与"文主于变"相结合之间,有着密切的逻辑关系。这两种主张的实质,是以追求文章内容上的新变,来解决文学创新与文以载道、文学新变与规矩法度之间的内在张力,实现文与道的结合、神明与法度的结合。

七、结语

　　明代文人经学的兴起,以模拟因袭的复古派文风和株守一家的科举之学为对立面。以宋濂为先驱,归有光、唐顺之、焦竑等人逐步认识到欧苏经学独树一帜的特征及其救治明代时弊的价值。

---

① 《澹园集》卷十四《刻苏长公集序》,《澹园集》第 142 页。
② 《澹园集》卷二十二《书葛万悦制义》,第 280 页。
③ 《澹园集》卷二十二《题谢康乐集后》,第 275 页。

第一章　明代文人经学与文学思想变革的关系总论

从明代文人经学的历史脉络来看,宋濂、归有光、唐顺之、焦竑、钱谦益等人前后相续地传播、刊刻欧苏经学和文学,将欧苏开辟的经学研究推向深入。其中,宋濂是明代推崇欧苏经学的先驱,唐顺之、归有光是推动文人经学发展的关键人物,焦竑明确宣告了传承宋代文人经学的倾向,钱谦益是明代文人经学的集大成者。

就经学史的角度而论,明代文人经学的意义有三:一是树立了自得之见和愚夫愚妇之心相结合的解经原则,进一步摆脱对传注的依傍,更强调探求经典本意,主张由愚夫愚妇之心求圣人之心。二是在怀疑《河图》《洛书》方面,从文献实证的角度提出了新论据。三是推崇形声文字之学,为汉学复兴开先声。

明代文人经学对文学思想变革的影响,则表现为以下四个层面:其一,确立了以六经为主而班、马等"史中之经"为辅的古文典范。其二,建立了文以载道与"文主于变"相结合的文论"结构",以内容上的独特见解为文学革新的途径,建构了文道关系的新模式。其三,在亲子之情上打破礼制的约束,为文学上崇尚深情和真诚提供依据。其四,崇尚"即经而心"的经学思想,与神明与法度合一的文学理论相呼应。

就文人经学与阳明学的关系来说,一方面,为了纠正复古模拟文风和科举之学的独尊一家,文人经学和阳明学提供了相似的思想资源,都提倡经学上追求自得之见和文学上崇尚新变、表现深情、直抒胸臆,不过,文人经学在阳明学之前就启动了这一变革;另一方面,通过经学上重视形声文字训诂之学和文学上追求神明与法度的合一,文人经学纠正了阳明学影响下的空疏不学和文学上师心自用的弊端。概言之,在明代经学和文学思想的变革中,文人经学为阳明学导夫先路并克服了阳明学的流弊。

第二章　归有光的文学思想与欧阳修经学的关系

关于归有光的文学思想的内涵和渊源，以往的研究或者试图揭示阳明学的"自然良知"之说与其文学中的人伦之美的逻辑联系[1]，或者将归有光视为唐宋派中对心学有所存疑而又接受其心本论的特例[2]。本章试图考察归有光对欧阳修经学思想的继承和发展，揭示其文章"自得"和"诗者出于情"等文学命题的内涵，分析其经学思想为文学理论提供的思想资源，从而把握归有光在明清之际文学思想新变中的重要地位。

一、文章"自得"和"诗者出于情"的文学理论

归有光的文学理论以驳斥当世的科举之文和七子派的模拟剽窃、雕章琢句的文风为出发点，具有鲜明的批判性。众所周知，归有光是明代中后期反对文学模拟之风的骁将，其《项思尧文集序》斥责当世文人"未始为古人之学，而苟得一二妄庸人为之巨子，争附和之，以诋排前人"[3]。此说意在讥刺以王世贞为盟主的模拟文风，经过钱谦益《列朝诗集小传》的记载和补充，这一用意得到了进一步凸显[4]。与此同时，归有光还反复

---

[1] 陈书录《明代诗文的演变》，江苏教育出版社1996年版，第284—295页。
[2] 黄卓越《明中后期文学思想研究》，北京大学出版社2005年版，第205页。
[3] 《震川先生集》卷二，第21页。
[4] 《列朝诗集小传》丁集中《震川先生归有光》，上海古籍出版社1959年版，第559页。

批评科举时文的剽窃和雕琢之病,其说云:"天下之学者,莫不守国家之令式以求科举。然行之已二百年,人益巧而法益弊,相与剽剥窃攘,以坏烂熟软之词为工。"①当时的科举之文不仅在内容上一以《四书五经大全》为准绳,而且在词藻上也多用坊间烂熟之语。

归氏全面分析了科举之文和七子派所导致的模拟、雕琢、空洞、虚伪等多种相互联系的流弊。他认为,模拟剽窃和雕章琢句是两种并存共生的文学弊端,所谓"今世乃惟追章琢句,模拟剽窃、淫哇浮艳之为工"②。而文风的华靡常导致内容的浮泛;华靡与浮泛相互结合时,文风就败坏到了极点:"文太美则饰,太华则浮。浮饰相与,敝之极也,今之时则然矣。"而且,如此华而不实的文风将使得文学日益虚伪、民俗日益浇薄:"文愈胜,伪愈滋,俗愈漓矣。"③

针对当世文风的流弊,归有光提倡文学个性即"自得"。其说云:"余谓文章,天地之元气。得之者,其气直与天地同流。虽彼其权足以荣辱毁誉其人,而不能以与于吾文章之事;而为文章者亦不能自制其荣辱毁誉之权于己,两者背戾而不一也久矣。故人知之过于吾所自知者,不能自得也。己知之过于人之所知,其为自得也,方且追古人于数千载之上。"④这里强调了"自得"的文章不为权势所移甚至不为世人所知而遥契于古人的特点,其实质就是迥异于流俗的个性化文学。由此可见,"自得"说的锋芒直指剽窃模拟的文风。如果说反对模拟剽窃文风是归氏文学理论的基本出发点,那么,追求文学个性的"自得"说当是其文学思想的核心观点之一。

与"自得"说相类似,"独出于胸臆"、"性灵"等命题也传达了提倡文学个性的意图。如前所述,他赞赏戴楚望"故其为诗,不规摹世俗,而独出于胸臆。经生学士往往为科举之学之所浸渍,殆不能及也"⑤。此说表

---
① 《震川先生集》卷十九《陆允清墓志铭》,第 473 页。
② 《震川先生集》卷二《沈次谷先生诗序》,第 30 页。
③ 《震川先生集》卷三《庄氏二子字说》,第 84 页。
④ 《震川先生集》卷二《项思尧文集序》,第 21 页。
⑤ 《震川先生集》卷二《戴楚望后诗集序》,第 29 页。

明代文人经学与文学思想的关系

明归氏所推崇的是迥异于世俗科举之文、富于个性特色的诗歌；他还有"诗人之作，匪以词豪；性灵所出，其道亦高"①之说，可以推测他是以出自"性灵"之文来纠正"词豪"即雕章琢句之弊。

"诗者出于情"②与"自得"说相辅相成，是归氏文学思想的另一重要层面。其创新性不仅在于指出了"情"作为文学创作的动力和内容，更体现为对爱亲之情等普遍人情的肯定。寻绎归氏所谓"情"的含义，可以发现他谈得最多的是爱亲之情。比如他在《陟台图咏序》一文中提到的"迫切之情"是孝子念亲之情③；夏太常的子孙珍爱祖先的竹画，"非囿于竹者也，情也"④，这里的"情"同样是孝子贤孙对先人的追思。在《震川先生集》中，归有光约90次提及具体情感意义上的"情"，其中65次是指爱亲之情，可见他对文学表现爱亲之情的重视。

值得注意的是，归有光对于文学作品中的爱亲之情，特别强调其作为普遍人情的特点。比如，他指出，寿文记载寿星年龄的用意是传达人子的悦乐之情："生于世几何年，是人之所同也。自七十至于百年，是人之所常有也。虽然，君子之为情也近；使其父母生于世几何年，自七十至于百年，不亦为人子者之所乐耶？"⑤在此，"君子之为情也近"一说，凸显了爱亲之情作为普遍人情的特征。以下这段说法进一步彰显了爱亲之情是匹夫匹妇皆有的普遍人情：

> 夫先意承志，孝子之至也，泰伯能得之。故泰伯之所为，乃匹夫匹妇之所为当然者。夫惟匹夫匹妇以为当然，是天下之至情也⑥。

此处引用《礼记·祭义》中的"君子之所谓孝者，先意承志，谕父母于道"，孔颖达解释其含义曰："'先意'，谓父母将欲发意，孝子则预前逆知父母

---

① 《震川先生集》卷十九《冯会东墓志铭》，第464页。
② 《震川先生集》卷二《沈次谷先生诗序》，第30页。
③ 《震川先生集》卷二，第46页。
④ 《震川先生集》卷三《怀竹说》，第81页。
⑤ 《震川先生集》卷十三《孙君六十寿序》，第328页。
⑥ 《震川先生别集》卷一《泰伯至德》，第696页。

之意而为之,是先意也;'承志',谓父母已有志,己当承奉而行之。'谕父母于道'者,或在父母意前,或在父母意后,皆晓谕父母,将归于正道也。"①概言之,这段文字申论尽孝的最高境界是善承父母之意,从而晓之以道。归有光认为这种孝道之至是匹夫匹妇都认为理所当然的天下至情,即普遍人情。

必须指出,除了爱亲之情,归有光还强调君臣、官民之间的有情相爱(说详下)。在推崇普遍人情的基础上重视爱亲之情和上下之情,是归氏"诗者出于情"的主要特征。

二、"以自得之见求圣人之心"的经学思想

文章"自得"和"诗者出于情"是归氏文学思想的核心命题,若论其深层意味和理论渊源,则不能不探究归氏的经学思想。与其文学思想的反对科举时文相类似,归氏的经学思想是为救治科举之学的弊端而提出的。他多次指出科举之学以记诵时文为高的实质,并将"通经学古"视为纠正这一弊病的良方。比如,《山舍示学者》云:"近来一种俗学,习为记诵套子,往往能取高第。浅中之徒,转相放效,更以通经学古为拙。"②至于"通经学古"的具体方法,他在回顾汉代以来的经学发展历程时提出:"宋儒始以其自得之见,求圣人之心于千载之下。……而淳祐之诏,其书已大行于世,胜国遂用以取士,本朝因之。"③在此,归有光提出了"以自得之见求圣人之心"的经学思想,并将朱熹之学视为这一学风的代表。实际上,从经学史的实际状况和归有光的理论渊源而论,北宋欧阳修的经学更当得起这一称誉(说详下)。

归有光追求经学"自得",主要强调的是突破一家之学,提倡卓然独

---

① 李学勤主编《十三经注疏·礼记正义》卷四十八《祭义》,北京大学出版社1999年版,第1334页。
② 《震川先生集》卷七,第151页。类似的说法还见于《史论序》(《震川先生集》卷二,第34页)、《与潘子实书》(《震川先生集》卷七,第149页)、《沈贞甫墓志铭》(《震川先生集》卷十九,第472页)。
③ 《震川先生集》卷二《经序录序》,第33页。

见。他认为科举之学的株守一家是当世学术僵化和孤陋的根源所在："今世贡举之格,要以为一定之说,徒习其辞而已。"①在科举之学的影响下,经学研究中缺乏个性、株守一家的弊端日益突出,所谓"学士大夫循常守故,陷于孤陋,而不自知也"②。有鉴于此,他十分赞赏具有独特见解的经学研究。比如,他称誉其友陆允清的经学道:

> 允清之于经,盖学之而求其解;于中有所不能自得,虽河洛、考亭之说,辄奋起而与之争,可谓能求得于其心者矣③。

在此,"自得"之学是指敢于质疑考亭(朱熹)等权威的成说,追求独树一帜的学术见解。归有光还曾感慨"学者之于古人之书,能不惑于流俗而求自得于心者,盖少也"④,可见,"自得于心"的实质是不为流俗所左右,敢于独辟蹊径。

与追求"自得之见"这一学术思想相结合,归有光还将"求圣人之心"作为经学研究的宗旨。这一宗旨是针对当世之学片面讲求语言的异同、忽视圣人之道而发的,同时提倡本于普遍人情之仁政⑤。

"求圣人之心"首先意味着经学研究的目的是探寻圣人之道而不是一味较量语言的异同,归有光自身的经学正以此为标的。其《洪范传》自称"不敢自谓有得箕子之心于千载之下,然世之君子,因文求义,必于予言有取焉矣"⑥。从"因文求义"一说可以看出,归氏探寻"箕子之心"的实质是通过作为圣人之迹的六经之文来探究圣人之道。以下这一说法更明确地揭示了"求圣人之心"的用意:"故欲明经者,不求圣人之心,而区

---

① 《震川先生集》卷九《送蒋助教序》,第215页。
② 《震川先生集》卷二《经序录序》,第33页。
③ 《震川先生集》卷十九《陆允清墓志铭》,第473—474页。
④ 《震川先生集》卷一《荀子叙录》,第20页。
⑤ 贝京《归有光研究》已揭示归有光的《尚书》学"把建用皇极看作赐福于民的根本方法,而且认为建皇极应该发民之'攸好德'之心"(第167页),本节拟从顺民之性、生生之道和匹夫匹妇之情这三个层面来剖析归有光经学中的仁政观。
⑥ 《震川先生集》卷一,第15页。

第二章　归有光的文学思想与欧阳修经学的关系

区于言语之间,好同而尚异,则圣人之志,愈不可得而见矣。"①这段论述表明,讲学者试图纠正拘于一家的学风,却又陷入了一味讲究语言异同的泥潭,"求圣人之心"的主张首先是为了救治这一学术流弊而提出的。

"求圣人之心"的命题还蕴涵了对于普遍人情的重视。归有光之所以将求圣人之道的解经宗旨表述为"求圣人之心",当是由于"圣人之心"与普遍人情的内在联系。第一,归有光之于六经,最重视其中的顺民之性、从天下之欲的仁政思想。比如,对于《尚书》,他反复提及其中的作民父母的观念。更重要的是,为了强调《尚书·洪范》"作民父母"的实质是关注民生疾苦,他还特别说明:"夫古之君子为民上,有父母之道。非以自尊奉,厉威严,日从事于文书法令而已。其实如家人之相与,饥寒疾苦,无所不知,而悉为之处。"②与此相类似,归氏《洪范传》中,"八政者,所以厚民也"、"养之、厚之"③等重视民生的说法一再出现。其《二石说》亦强调"乐者,仁之声,而生气之发也。……考之《尚书》,自尧'克明峻德',至舜'重华,协于帝',四岳、九官、十二牧,各率其职。至于蛮夷率服,若予上下,草木鸟兽,至仁之泽,洋洋乎被动植矣"④,此说认为乐发于生气的本质与《尚书》中尧舜泽被万物的明德相贯通。为了彰显《尚书》中的生民论,归有光还将《尚书》中的"寅"解读为"生道"。比如,《陈伯生字说》解读《舜典》"夙夜惟寅,直哉惟清"和《无逸》"严恭寅畏天命,自度",认为其中的"寅"意味着"生道",并在文末强调"此乃《舜典》与《无逸》之本旨也"。由同篇"不知人生于寅之旨而徒曰敬畏者,鲜不至于助忘而失其本"⑤可知,归有光这段《尚书》论的新创之处在于一改前人以"敬畏"解"寅"的旧说,着力凸显其中的"生道"。与此相关联,归有光又竭力发掘《尚书》的"恤民"说。比如,《送同年孟与时之任成都序》⑥与《送福建按

---

① 《震川先生集》卷七《与潘子实书》,第150页。
② 《震川先生集》卷十二《太仓州守孙侯母太夫人寿诗序》,第304页。
③ 《震川先生集》卷一,第9、15页。
④ 《震川先生集》卷三,第77页。
⑤ 《震川先生集》卷三,第79页。
⑥ 《震川先生集》卷十,第221—222页。

察司王知事序》①分别援引《尚书》之《舜典》"钦哉钦哉,惟刑之恤哉"和《立政》"呜呼休兹,知恤鲜哉",以阐明其体恤民情的仁政观。

正因如此,其他经书中的生民思想也是他反复致意的。从人与万物一体的角度来说,民生观实际上是圣人生养万物的表现形式之一,是故归有光《草庭诗序》认为《礼记》、《尚书》和《易传》都阐发圣人的"生生之意":

> 人与万物一体,其生生之意同。故"昆虫未蛰,不以火田,不麛,不卵,不杀胎,不殀夭,不覆巢",此心也。"贲若草木",此心也。"天下雷行,物与无妄,先王以茂对时育万物",同此生生之意而已②。

"昆虫未蛰"等三段文字分别出自《礼记·王制》③、《尚书》伪《汤诰》④和《无妄》卦之《象》⑤。在养育万物这一层面,儒家的六经和《庄子》有殊途同归之妙。

第二,在《上方参政书》中,归有光还将《尚书》的民本观念与其"匹夫匹妇"论相联系:"往者夏忠靖公、周文襄公之在吴也,入与天子唯诺于殿庭,出与小民从容问难以求其瘼,如家人父子。而后天下之人,知朝廷之近而天子之亲也。故曰:庶民近天子之光。又曰:天子作民父母,为天下王。……匹夫匹妇不获自尽,明主罔与成厥功。有光今所陈,亦所以求尽匹夫匹妇之情于明公之前而已矣。"⑥在此,归有光援引《尚书·洪范》"凡厥庶民,极之敷言,是训是行,以近天子之光。……曰:天子作民父母,为天下王"的"皇极"论,阐述匹夫匹妇之情与圣人之心相通、上下相亲的仁政思想。概言之,顺民之性的仁政思想是六经的核心观点,圣人

---

① 《震川先生集》卷十,第239—240页。
② 《震川先生集》卷二,第31页。
③ 李学勤主编《十三经注疏·礼记正义》卷十二,北京大学出版社1999年版,第373页。
④ 李学勤主编《十三经注疏·尚书正义》卷八,北京大学出版社1999年版,第200页。
⑤ 李学勤主编《十三经注疏·周易正义》卷三,北京大学出版社1999年版,第116页。
⑥ 《震川先生集》卷七,第142页。

第二章　归有光的文学思想与欧阳修经学的关系

之心则是实现仁政的关键。

在《泰伯至德》中,归有光明确提出了圣人之心顺应人情的内在依据:"天下之情,天下之所同,……惟圣人之心为至公而无累,故有以尽乎天下之至情。"[1]由于圣人之心既有着与天下人相同的普遍人情,又独具至公而无累的特征,因而能够尽天下之至情。归有光从不同角度论述了圣人之心的这两种特征。一方面,如前引"泰伯之所为,乃匹夫匹妇之所为当然者",又"人心与天地上下同流……学者当识吾心亦如此,非独尧、舜、周、孔之心如此也"[2],这些说法都强调了圣人之心与匹夫匹妇之心、圣人之心与学者之心的相通;另一方面,归氏又论述了圣人之心无偏私的观点,如"圣人顺因天下之理,不累于有我之情"[3]。总之,因为圣人之心既同于普遍人情又无一己之私,"圣王之居人上也,必以其心从天下之欲,不以天下之人从其欲"[4],才成为可能。这一说法最为简明扼要地揭示了圣人之心与顺民之性的仁政之间的逻辑联系。

归有光对六经中顺民之性的仁政思想格外关注,这与他对明东南地区民生疾苦的深刻体认有关。明代吴中地区赋税繁重[5],达天下财赋之半,长期的过度征敛导致民穷财尽。归有光亲身体验了苛重税赋给民众带来的痛苦,因此他在文章中大声疾呼朝廷和官员采取抚恤民众的措施,其说云:"东南之民,何其惫也? 以蕞尔之地,天下仰给焉。宜有以优恤而宽假之,使展其力,而后无穷之求,或可继也。"[6]嘉靖三十二年(1553)至三十九年(1560)倭寇侵扰苏淞[7],百姓的境况更是雪上加霜。归氏在《上总制书》、《送周御史序》、《卧石亭记》、《唐行镇免役夫记》[8]等

---

[1] 《震川先生别集》卷一,第694页。
[2] 《震川先生别集》卷七《与沈敬甫》,第861页。
[3] 《震川先生别集》卷一《圣人之心公天下》,第706页。
[4] 《震川先生别集》卷二《河南策问对二道》,第778页。
[5] 《明史》卷百五十三《周忱传》,中华书局1974年版,第4213页。
[6] 《送县大夫杨侯序》,《震川先生集》卷九,第193页。类似的说法还见于《送宋知县序》、《送同年丁聘之任平湖序》、《送昆山县令朱侯序》、《送摄令蒲君还府序》(分别见《震川先生集》卷九、卷十、卷十一、卷十一)。
[7] 《明史》卷二百五《张经传》,第5409页。
[8] 分别见《震川先生集》卷八、卷十一。

文中都抒发了他对内外交困下的民众的深切同情和忧虑。可以说，抚恤东南民生是归有光最为关注的政治问题。

综上所述，"以自得之见求圣人之心"的主要内涵是反对经学的株守一家、追求独立见解；批判片面讲究语言异同的讲学之风，重视以普遍人情为本的仁政。

三、归有光对欧阳修经学的继承和发展

关于归有光文学对欧阳修的传承和发展，明王世贞《震川先生小传》有"千载有公，继韩、欧阳"之说，徐渭亦誉归有光文学为"今之欧阳子"[①]。事实上，归氏对欧阳修的经学思想也多有吸收，从而形成了重自得之见和普遍人情的思想；归氏还对欧阳修的思想加以发展，在爱亲之心一端突破了礼教的限制，强调爱亲之心是仁政的内在依据。

1. "自得之见"与欧阳修"六经非一世之书"的一致

归有光的经学自得说以纠正明代株守一家的学风、提倡卓然独见为基本宗旨，这一观点最直接的思想资源便是欧阳修的"六经非一世之书"。欧阳修此说的主要意图是为了支持其见解独特的经学思想。众所周知，欧阳修在经学上反对舍经从传的学风，主张从六经文本出发探究其本意，而当时赞同者寥寥无几，在《廖氏文集序》中，欧阳修认为"夫六经非一世之书，其将与天地无终极而存也，以无终极视数千岁，于其间顷刻尔"[②]，因此，他坚信人们总有一天会赞同他的观点。在此，"六经非一世之书"的说法表达了欧阳修对自己的独特见解必将得到认同的信念；与"六经非一世之书"相表里，欧阳修还提倡"卓然自立之言"[③]，反对"泥于疏说"[④]的经学。

[①] 钱谦益《列朝诗集小传》丁集中《震川先生归有光》，上海古籍出版社 2008 年版，第 560 页。
[②] 《居士集》卷四十三《廖氏文集序》，《欧阳修诗文集校笺》，第 1101 页。
[③] 《居士集》卷四十七《与荆南乐秀才书》，《欧阳修诗文集校笺》，第 1174 页。
[④] 《居士外集》卷十《十五国次解》，《欧阳修诗文集校笺》，第 1604 页。

第二章　归有光的文学思想与欧阳修经学的关系

归有光借用欧阳修的"六经非一世之书"来阐述其不株守一家的观点,并进一步突出了其中所蕴涵的提倡独特见解的因素。归氏在历论宋元学者的卓越之见后提出:"欧阳子曰:'六经非一世之书,其将与天地无终极而存也。以无终极视千岁,于其间顷刻耳。则予之待于后者无穷也'①。嗟夫,士之欲待于无穷者,其不拘牵于一世之说明矣。"②这段论述以欧阳修之说为依据,明确提出了不拘于一世之说的观点;归氏还表达了"夫经非一世之书,亦非一人之见所能定。而学者固守沉溺而不化……"的看法③,这就进一步彰显了不拘一家、各抒己见的倾向。值得注意的是,归有光还曾把不拘一家与"果于信传"的问题联系在一起:

> 然在千载之下,以一人一时之见,岂必其皆不诡于孔氏之旧,而无一言之悖者?世儒果于信传,而不深惟经之本意,至于其不能必合者,则宁屈经以从传,而不肯背传以从经。规规焉守其一说,白首而不得其要者众矣。④

由此可见,归有光不仅吸收了欧阳修"六经非一世之书"的观点来提倡学术个性,而且完全赞同欧阳修用此说来支持的舍传从经说。正是在这一意义上,欧阳修"六经非一世之书"可说是归有光之不拘一家说之最重要的来源。而且,归有光建立了此说与崇尚独到见识之间的更为直接的逻辑关系,使之实际上成为"自得之见"的另一表达方式。

2. "求圣人之心"与欧阳修"达圣人之志"的关系

归有光"求圣人之心"的经学思想受到了朱熹"求圣人之心"的启发,在命题形式上又接近于阳明心学,但其具体内涵与朱王之学有很大差异,而更接近于欧阳修的"达圣人之志"。

---

① 在此,归有光引用欧阳修的文字而于"千岁"前少一"数"字,且将欧阳氏"是则余之有待于后者远矣"改为"则予之待于后者无穷也"。
② 《震川先生集》卷二《经序录序》,第 33—34 页。
③ 《震川先生集》卷七《与潘子实书》,第 150 页。
④ 《震川先生集》卷九《送何氏二子序》,第 195 页。

其一，就"求圣人之心"与"达圣人之志"的共同点来说，归有光"求圣人之心"强调以普遍人情为本的仁政思想，与欧阳修"达圣人之志"的解经宗旨一脉相承。

欧阳修"达圣人之志"的主要特征是重视普遍人情。欧阳修在《本末论》中指出《诗经》的解读包含诗人之意、太师之职、圣人之志和经师之业等四个层面，其中"求诗人之意"和"达圣人之志"是解诗之本，太师之职和经师之业不过是读诗之末；由"知诗人之意，则得圣人之志也"一说，可以推测"圣人之志"与普遍的喜怒哀乐之情的契合[①]。如前所述，"求诗义者以人情求之"的说法明确揭示了"圣人之志"与普遍人情的相通之处。换言之，古今人情相通，因而依据人情可求得诗义。正因如此，《诗本义》在解释《关雎》、《螽斯》、《击鼓》、《丘中有麻》、《女曰鸡鸣》、《出车》、《节南山》、《十月》、《宾之初筵》、《生民》、《有駜》等诗的旨趣时，批评了毛郑之说的不近人情。诗义可以人情求得，说明"圣人之志"本是符合人情的，所谓"圣人之言，在人情不远"[②]。

欧阳修的政治思想也主张圣人之志本于人情。如前所述，欧阳修指出："是以尧、舜、三王之治，必本于人情，不立异以为高，不逆情以干誉。"[③]这是说，先王之治必遵循人情，不以过高的道德来要求民众，也不以违背人情的做法来博求虚名。欧阳修所谓"人情"的内涵比较复杂，但其中无疑包含了好生恶死等自然人性。"人情重怀土"[④]、"生为可乐而死为可哀，人之常情也"[⑤]等说法，都说明了人情的普遍性和自然性。

归有光的"求圣人之心"正与欧阳氏"达圣人之志"一脉相承。如前所述，归有光的"求圣人之心"说也重视普遍人情、推崇仁民爱物，这与欧阳修的"达圣人之志"颇为接近。尤其值得注意的是，欧阳修《仁宗御集序》颂美大禹的勤俭之功："夫惟一人劳于上，则天下安其逸，约于己，则

[①] 《诗本义》卷十四，《景印文渊阁四库全书》，台湾商务印书馆1986年版，第70册，第291页。
[②] 《居士外集》卷十九《答宋咸书》，《欧阳修诗文集校笺》，第1828页。
[③] 《居士集》卷十八《纵囚论》，《欧阳修诗文集校笺》，第563页。
[④] 《居士集》卷二《送慧勤归余杭》，《欧阳修诗文集校笺》，第37页。
[⑤] 《居士集》卷五十《祭蔡端明文》，《欧阳修诗文集校笺》，第1252页。

第二章　归有光的文学思想与欧阳修经学的关系

天下享其丰。此禹之所以圣,勤俭之功也。"①在此,禹的劳己逸人、约己丰人的勤俭之功,与归有光所谓"以其心从天下之所欲"的圣人之心,可谓若合符节,这就进一步证明了归有光的"求圣人之心"与欧阳修的"达圣人之志"有着不可忽视的渊源关系。

其二,归有光在元人程钜夫、虞集和明初宋濂思想的启发下,强调爱亲之心不可以纪极,此说可视为归氏对欧阳修"达圣人之志"和重视"天性之亲"的逻辑延伸。

欧阳修所谓人情的实质是本于自然人性而有所节制,但在亲子关系上更倾向于随顺自然人性。欧阳修对礼的定义说明了其"人情"是有所节制的:"夫礼之为物也,圣人之所以饰人之情而闲其邪僻之具也。其文为制度,皆因民以为节,而为之大防而已。人目好五色,为制文物采章以昭之;……又惧其佚而过制也,因为之节。"②礼首先是"因民"即顺应"目好五色"等自然人性的,但为了避免欲望的放纵,礼又规定了节度;欧阳修《本论上》有类似的观点:"故凡养生送死之道,皆因其欲而为之制。饰之物采而文焉,所以悦之,使其易趣也。顺其情性而节焉,所以防之,使其不过也。"③先悦之,后防之,是欧阳修对于自然人性的基本看法。不过,欧阳修在北宋濮王典礼的争论中推崇"天性之亲",这就折射其人性论的天平在亲子关系层面上向"悦之"而不是"防之"一端倾斜。

归有光的"求圣人之心"对欧阳修的思想是有所发展的。归有光与欧阳修一样将"圣人之心"建立在普遍人情的基础上,但他在"爱亲之心"一端已突破了礼教大防而纯任自然人性。他论述丧礼可以过的原因是:"孝子不忍死其亲,徘徊顾恋于松楸狐兔之间而不能归,此可以观其情之至,而礼之所本。……昔者圣人之为丧礼,而取诸《大过》。嗟夫! 天下之事苟至于过,皆不可以为礼。而独于爱亲之心,则不可以纪极。故圣人以其过者为礼,盖所以用其情也。"④在此,归有光明确提出爱亲之心

---

① 《居士外集》卷十四,《欧阳修诗文集校笺》,第1703页。
② 《居士外集》卷十《辨左氏》,《欧阳修诗文集校笺》,第1588页。
③ 《居士集》卷十七,《欧阳修诗文集校笺》,第512页。
④ 《震川先生集》卷五《书冢庐巢燕卷后》,第118页。

是不可以纪极即没有限度的,与此相关的丧礼也就不妨"至于过"了。丧礼可以过的观念出自易传《系辞下》韩康伯注。《系辞下》云:"古之葬者厚衣之以薪,葬之中野,不封不树,丧期无数,后世圣人易之以棺椁,盖取诸《大过》。"韩注曰:"取其过厚。"① 韩注将这段文字解释成丧礼应当过厚,可能是依据《论语·八佾》"丧与其易也宁戚",同时吸收了《小过》卦的《象》:"君子以行过乎恭,丧过乎哀,用过乎俭。"② 值得注意的是,与前人相比,归有光对丧礼取诸《大过》的解读更重视"用其情",原因在于他将丧礼取诸《大过》与孝子事亲宁有纪极这两种说法联系起来,使得其丧礼论进一步突破了礼制的藩篱。

就丧礼与人情的关系来说,对于丧过乎哀这一前人成说,归有光赋予其以人情为本的意义,从而强调爱亲之心不受节制的特点。这一说法表明,就爱亲之心一端而论,归有光所谓人情是不受礼教制约的自然人性。与此相联系,归有光在亲情方面提出的"情之所在,即礼也"③、"岂非古礼之变,而近于人情者哉"④等观念,也体现了对自然人性的遵循⑤。

综上所述,归有光所谓"圣人之心"所遵循的人情已突破礼的制约而顺任自然人性,这与欧阳修"因民以为节"的"圣人之志"相比,显然进一步肯定了自然人性,将欧阳修重视"天性之亲"的逻辑可能性充分发挥出来。

与顺任爱亲之心相适应,归氏还在仁人孝子之心一致的前提下,将爱亲之情视为仁政的基础。其说云:"昔者三代之世,有民社之寄,必取夫孝友令德之人;以能慈祥恺悌,不肯虐用其民,而务生全之。"⑥ 孝友令

---

① 《十三经注疏·周易正义》卷八,第 302 页。
② 《十三经注疏·周易正义》卷六,第 246 页。
③ 《震川先生集》卷五《题立嗣辨后》,第 121 页。
④ 《震川先生集》卷二十四《何氏先茔碑》,第 558 页。
⑤ 不可否认的是,归有光也曾批评孝子的过哀:"故曰:先王制礼,不可过也。……余悯严子日诵《蓼莪》之诗,将复生无节乎?"(《莪江精舍记》,《震川先生集》卷十五,第 396 页)在此,归氏所谓礼不可过的实质不是以礼制来约束爱亲的自然人性,而是反对因爱亲的自然人性而损伤自然生命。
⑥ 《震川先生集》卷二《陟台图咏序》,第 46 页。

德之人能够慈祥恺悌、生全百姓,类似说法还见于《送王子敬还吴奉母之建宁序》①。他还以仁人之心与孝子之心的内在契合来论证孝弟者能行仁政:"抑仁人孝子之心,一也。古之仁人,杀一草一木为非孝;今吾民之疲瘵已甚,内有赋役之重,外有蛮夷之扰,君皆有事焉。能推其仁心,是所谓一举足而不敢忘父母也,其棠陵之乡之人也耶!"②其中,"仁人孝子之心一也"的说法,显然脱胎于《论语·学而》之"孝弟也者,其为仁之本与"。这段论述还化用了《礼记·祭义》中有关孝道的论述,如"夫子曰:'断一树,杀一兽,不以其时,非孝也'"、"一举足而不敢忘父母"③等说法,来论证仁政出于孝道,其关键在于"推其仁心"。

3. "求圣人之心"说与朱子学、阳明心学的区别

归有光"求圣人之心"的经学思想,从命题形式上看,很接近于重视"心"的阳明学;归有光本人则将朱熹之学视为"求圣人之心"的代表,实际上,他的"求圣人之心"说与朱子学、阳明学迥然不同。

朱熹所谓"求圣人之心"包含了学者之心不如圣人之心的理论预设。比如,朱熹论述《尚书》的解读曰:"唐虞三代事,浩大阔远,何处测度?不若求圣人之心。"④这一说法与归有光的"求圣人之心"在字面上完全一致,但内涵相差甚远。朱熹曾论为学曰:"熹窃谓人之所以为学者,以吾之心未若圣人之心故也。……故学者必因先达之言以求圣人之意,因圣人之意以达天地之理。"⑤"求圣人之心"之所以必要,是因为学者之心不如圣人之心;学者必须通过读圣人之书,才有可能使其心同于圣人之心。显然,这一观点不同于归氏的主张圣人之心"尽乎天下之至情"即具有普遍人情,特别是前引归氏之"学者当识吾心亦如此"之说,强调学者之心与圣人之心的一致,更是与朱熹之说迥异。

归有光多次指出其经学思想与阳明心学的分歧。除了前文所述的

---

① 《震川先生集》卷十,第 224 页。
② 《震川先生集》卷十五《卧石亭记》,第 387 页。
③ 《十三经注疏·礼记正义》卷四十八,第 1333、1336 页。
④ 《朱子语类》卷七十八,第 1983 页。
⑤ 《答石子重》,《晦庵先生朱文公文集》卷四十二,朱杰人等编《朱子全书》,上海古籍出版社、安徽教育出版社 2002 年版,第贰拾贰册,第 1920 页。

讲学之风过分讲究语言的异同、好为异论之外,归氏对阳明心学的偏重本体也颇为不满。其说云:"《论语》之书,孔子与其门人论学者最详。其答诸子之问仁,……皆自其用处言之,未尝块然独守此心也。"①这就点明了归氏之学与阳明心学的分歧在于致用与守心的不同。与此相联系,归氏着重驳斥了阳明学以忠恕与一贯有精粗之别的观点。其说云:

> 但以忠恕于一贯,有精粗之异,窃恐犹有所未安。所谓"吾道一以贯之",孔子之所以为一者,盖特有所指而未发,其实指忠恕而为言也。……若言夫子之道,只是忠恕一件以贯之耳,无他道也。子贡问一言而可以终身行之者,其恕乎!恕所以终身行之,即忠恕所以一以贯之也。岂可区别为圣人之一贯而谓之精,学者之忠恕而谓之粗哉?忠恕本无圣贤之别,而在学者工夫分界,自有生熟之殊②。

阳明学主张圣人的一贯与学者的忠恕有精粗之别,而归有光则认为孔子的"吾道一以贯之"就是忠恕,忠恕无圣贤之别,只有工夫生熟的不同。忠恕和一贯的实质都是推广仁心。类似的说法又见于《忠恕违道不远》:"抑此所谓忠恕者,先儒以为学者之忠恕耳。尝试推之,程子之言曰:充拓之,则天地变化,草木蕃。天地万物一也。宇宙会合,由忠恕之故;宇宙浇漓,由不忠恕之故。"③由此可以推测,归氏主张一贯即忠恕,正由于其思想的主要宗旨是以普遍人情为本的仁政,与推广仁心的忠恕之道有

---

① 《震川先生集》卷七《答顾伯刚书》,第148页。
② 《震川先生集》卷七《答顾伯刚书》,第148—149页。
③ 《震川先生别集》卷一,第698页。按:程子此说出自《二程外书》卷十二:"或问明道先生:'如何斯可谓之恕?'先生曰:'充扩得去则为恕。''心如何是充扩得去底气象?'曰:'天地变化草木蕃。''充扩不去时如何?'曰:'天地闭贤人隐。'"(《景印文渊阁四库全书》,第698册,第337页)朱熹《四书或问》卷二引作:"程子所谓充拓得去则天地变化而草木蕃,充拓不去则天地闭而贤人隐。"但朱熹同时又强调"然必自其穷理正心者而推之,则吾之爱恶取舍皆得其正,而其所推以及人者亦无不得其正。……是以圣贤凡言恕者,又必以忠为本"(《景印文渊阁四库全书》,第197册,第243—244页),可见朱熹更强调"忠"而不是"恕",这也正是归氏之学与朱子学的根本不同。

着本质的契合;而阳明学讲究一贯与忠恕的精粗之别,其实质是重本体而轻发用,显然与归氏的思想倾向大异其趣。

四、归有光的文学理论与经学思想的关系

当我们把握了归有光经学思想的内涵和渊源之后,就能更进一步地了解他的文学理论以简略的语言形式所传达的深刻意义。归有光的经学思想对欧阳修经学多有吸收,其文学理论也受惠于欧阳修的经学和文学思想并将其加以发展;其主要特征是提倡通过文学内容的独特来追求文学个性,主张文学表现以亲情为中心的普遍人情和仁民爱物之情,推崇文学的内容充实和真诚自然。

1."自得之见"的经学与文学内容的卓然独立

归有光追求自得之见的经学对于文学"自得"的观念有着深刻影响,这不仅表现在他以"自得"这一命题来反对剽窃模拟,提倡文学个性,还体现为实现文学自得的方式,即通过文学内容上的卓然独立来追求文学个性。比如,他赞誉戴楚望之诗"独出于胸臆",并论述其诗歌的特点是"今天子初年,郊丘、九庙、明堂诸所更大礼,楚望日执戟持櫜殿陛下,以所见播为歌诗。……予读其《九哀》,盖不肯迎承时意,至与权臣相失,几陷不测。其存心如此。"[①]可见戴诗的个性特征在于描写朝廷的礼乐制度、不奉迎权臣的气节等独特的内容。归有光的文道论也重视文学内容的独辟蹊径:"以为文者,道之所形也。……其旨远,其辞文,……夫道胜,则文不期少而自少。"[②]这一说法兼重内容上的"旨远"和形式上的"辞文",但显然更偏向于"道胜"即内容的卓然独立。追求文章的道胜,似乎是老生常谈,但归氏此说意味着通过内容上的自得之见来追求文学个性,因而它已洗尽了道学气味,而转变为明代中后期新兴文学思潮的重要成分。

---

① 《震川先生集》卷二《戴楚望诗集后序》,第29页。
② 《震川先生集》卷二《雍里先生文集序》,第26页。

追求文学内容独树一帜的观点,也可以追溯到欧阳修的文学思想。欧阳修不满于宋初西昆末学的浮华靡丽文风,主张由"道胜"而达到"文至":"圣人之文虽不可及,然大抵道胜者,文不难而自至也。"①此说以六经为文章典范,强调道胜即文章内容的卓然独立,无疑对归有光追求自得的文道论有着重要的先导作用。

2. "求圣人之心"的经学观念与"诗者出于情"的联系

归有光"诗者出于情"的文学思想与其"求圣人之心"的经学观念是相互呼应的。如前所述,归有光将爱亲之情视为文学之情的主要内容,并强调爱亲之情作为普遍人情的特点。"诗者出于情"与"求圣人之心"在重视普遍人情上之所以如此契合,当是缘于二者都与欧阳修"达圣人之志"的经学思想密不可分。"诗者出于情"一说实际上源自欧阳修《诗本义》卷十五《定风雅颂解》所引隋王通之说:

> 王通谓"诸侯不贡诗,天子不采风,乐官不达雅,国史不明变",非民之不作也。诗出于民之情性,情性其能无哉?职诗者之罪也。通之言,其几于圣人之心矣②。

在此,欧阳修分析秦汉以降诗不作的原因,引用王通《中说》的观点,并称赞其说符合圣人之心。归有光也是在类似语境下提出这一问题:

> 文中子谓:"诸侯不贡诗,天子不采风,乐官不达雅,国史不明变,斯已久矣,诗可以不续乎?"盖《三百篇》之后,未尝无诗也。不然,则古今人情无不同,而独于诗有异乎?夫诗者,出于情而已矣③。

---

① 《居士集》卷四十七《答吴充秀才书》,《欧阳修诗文集校笺》,第1177页。
② 《诗本义》卷十五《定风雅颂解》,《景印文渊阁四库全书》,第70册,第297—298页。按:此说出自《中说》卷五:"文中子曰:诸侯不贡诗,天子不采风,乐官不达雅,国史不明变。呜呼,斯则久矣!诗可以不续乎?"卷十:"诗者民之情性也,情性能亡乎? 非民无诗,职诗者之罪也。"(《四部丛刊》景宋本)
③ 《震川先生集》卷二《沈次谷先生序》,第30页。

第二章 归有光的文学思想与欧阳修经学的关系

这段文字中,"古今人情无不同"之说,也表明了归有光"诗者出于情"与欧阳修经学思想的内在联系。以普遍人情为本是欧阳修"达圣人之志"和归有光"求圣人之心"的理论前提,也是"诗者出于情"之"情"的重要内涵。

归氏"诗者出于情"的特色之一在于:文学既要表现爱亲之心等普遍人情,又要承载仁民爱物之情。如前所述,归氏"求圣人之心"的经学思想重视爱亲之心和仁政爱民的内外合一;而作为文学命题的"诗者出于情"也兼有这两个层面。实际上,归氏所反复提及的"情",除了爱亲之情外,就是官民之情。其说云:"吏之来,皆四海、九州之人,无亲知之素。一旦以天子之命,卒然而相临如是者,岂法度威力之所能为哉?夫亦恃其有情以相爱而已。"[1]此外,他在《太仓州守孙侯母太夫人寿诗序》、《唐行镇免役夫记》、《吴山图记》[2]等文中都赞美了官员与百姓之间的情谊。

"诗者出于情"在反对文学雕章琢句、强调内容充实这一层面也与"求圣人之心"相通。如前所述,"求圣人之心"的经学思想首先是针对讲学之风一味讲究语言的异同、忽视圣人之道而发的;而"诗者出于情"以及相关的文质论也包含了类似的主张。比如,归有光为了纠正雕章琢句的文学流弊而提倡文学的质实,所谓"欲文之美,莫若德之实;欲文之华,莫若德之诚;以文为文,莫若以质为文。质之所为生文者无尽也"[3],此说一方面可以理解为文章形式上的素朴,另一方面也强调了文章内容的充实。

如前所述,归氏对欧阳修思想的发展,还体现为在爱亲之心一端强调自然人性,使得"诗者出于情"的命题中带有推崇自然真诚的倾向。由不受礼教制约的爱亲之心出发,归氏的文学思想顺理成章地走向了崇尚自然和反对虚伪。

---

[1] 《震川先生集》卷十一《赠张别驾序》,第257页。
[2] 分别见《震川先生集》卷十二、卷十六。
[3] 《震川先生集》卷三《庄氏二子字说》,第84页。

五、结语

归有光文学思想的核心是强调文章"自得"和"诗者出于情",这是针对明代七子派和科举文风的剽窃模拟、雕章琢句以及相应的空洞、虚伪等弊端而发的。

归有光在经学上主张"以自得之见求圣人之心",其主要意图是反对株守一家,提倡独立见解;指斥片面讲究语言的异同,重视六经中的以普遍人情为本的仁政思想。这一思想的直接来源是欧阳修的"六经非一世之书"和"达圣人之志"的经学思想,不过归有光更加突出了其中的追求卓然自立的意味;归氏又将孝子之心何有纪极之说与丧礼取诸《大过》的观念相结合,从而在"爱亲之心"一端突破了礼教的限制而纯任自然人性,并强调爱亲之情与仁民爱物的内在契合。归氏"求圣人之心"说与朱子学、阳明学的类似命题在内涵上大异其趣。

归有光的经学思想对文学理论的影响主要表现在:主张通过内容的独特来追求文学个性;提倡文学既表现父子夫妇等普遍人情,又关注仁民爱物之情;强调文学内容的充实以抵制浮饰相与的文风;突出文学的自然真诚,其抒情小文成功地表现了自然流露、不加掩饰的真情。值得一提的是,内容充实和自然真诚是用以救治当代模拟文风的空洞、虚伪之弊的良药,因此它们与追求文学个性构成了一个有机整体。

从思想史的发展脉络来看,归有光吸取欧阳修经学、崇尚以人情为本的仁政思想,为清代中叶的儒学变革开辟了道路。欧阳修本于人情的人性论和政治思想,是对战国荀子、汉贾谊至唐陆贽这一思想史传统的继承和发展。苏轼《居士集序》称欧阳修"论事似陆贽"[①],可见欧阳修的思想与陆贽有渊源关系;实际上这一重人情的思想还可以再向上追溯至贾谊和荀子。归有光吸取了欧阳修的"本于人情"论,又推崇荀子的学

---

① 《苏轼文集》卷十《六一居士集叙》,第 316 页。

说[1],因而成为荀子以来的"人情"论思想链条中的一个重要环节。迄于清代中叶,戴震、汪中、凌廷堪等人重视人情、人欲,推尊荀子,在此基础上实现了儒学思想"以礼代理"的变革,正是对这一思想脉络的继承和发展[2]。

就文学理论的演变而论,归有光的文学思想是作为模拟剽窃文风的对立面而出现的,其中包含了追求文学个性、推崇普遍人情和自然人性、重视内容充实、崇尚自然真诚等因素,几乎覆盖了明代中后期文学思潮的主要问题。其后李贽(1527—1602)的"童心说"、汤显祖(1550—1616)的言情论当从其理论中吸取了思想养分,公安派袁宏道(1568—1610)等人的"性灵说"在文学个性的层面与其说相通,顾炎武的"文须有益于天下"也与此说一脉相承。正是在这个意义上,归有光的文学思想堪称明清之际文学理论革新的先导。

---

[1] 《震川先生集》卷一《荀子叙录》,第20页。
[2] 比如,归有光《贞女论》主张女子未嫁而为夫死或终身不改嫁的做法,是违背礼制的(《震川先生集》卷三,第58—59页)。这一观点为清代刘端临、汪中等人所接受,见《新编汪中集》之《文集》第一辑《女子许嫁而婿死从死及守志议》,广陵书社2005年版,第375—377页。关于清中叶儒学思想的转变,参见张寿安《以礼代理——凌廷堪与清中叶儒学思想之转变》,河北教育出版社2001年版。

第三章　论《易经渊旨》与归有光思想的一致
——兼论《易经渊旨》的真伪

归有光(1507—1571)是明代嘉靖、隆庆之际著名的古文家,著有《震川先生集》、《三吴水利录》等。关于旧题归有光撰《易经渊旨》①的真伪,《四库全书总目》因《明史·文苑传》、《明史·艺文志》均不载此书,朱彝尊《经义考》也未著录,又《江南通志》记有《易图论》(上、下)、《大衍解》二书而无《易经渊旨》之目,故疑其"真伪盖莫可知也"②。

笔者认为,由于缺乏足够的资料,现阶段不太可能从文献上确认《易经渊旨》之真伪。就笔者目前已查考的资料来看,刊刻时间早于今存《易经渊旨》而又引用归有光易说的著作有明张振渊《石镜山房周易说统》③和明张次仲《周易玩辞困学记》④。其一,《石镜山房周易说统》引用归震川易说 7 条,其中 5 条不见于《震川先生集》,而与《易经渊旨》同。对比这 5 条可以发现,《易经渊旨》的底本成书早于《石镜山房周易

---

① 旧题归有光撰《易经渊旨》,《四库全书存目丛书》,齐鲁书社 1997 年版,经部第 7 册,第 724—661 页。
② 永瑢等《四库全书总目》卷七《易类存目一》,中华书局 1965 年版,第 56 页。
③ 张振渊《石镜山房周易说统》,《续修四库全书》,上海古籍出版社 2002 年版,经部第 12 册。按:此书据浙江图书馆藏万历四十三年石镜山房刻本影印。
④ 彭国忠《归有光只是一个散文家吗——关于〈归有光全集〉的编纂》(《中华读书报》2016 年 2 月 3 日第 18 版)指出:"《说明》中只据当代学者吴正岚发表在《周易研究》上的文章,称早于归朝煦刊本而引用归有光《易》说的,只有明张振渊的《石镜山房周易说统》,该书引归氏《易》说 7 条,有 5 条不见于《震川先生集》而与《易经渊旨》同。其实,明张次仲《周易玩辞困学记》中,10 次引用归氏观点,有 8 条不见于《震川先生集》而见于《易经渊旨》。"其论可从。

第三章 论《易经渊旨》与归有光思想的一致——兼论《易经渊旨》的真伪

说统》的可能性较大。比如,《易经渊旨》卷上有"自圣人而言,则皆从其心之所欲,初非有所因袭,故曰先天;自天而言,则皆有自然之理,而圣人奉之,故曰后天。言天即圣人,圣人即天也,先天后天一理也"①,《石镜山房周易说统》卷一作"归震川曰:自圣人言之,皆从其心之欲,初非有所因袭,故曰先天;自天而言,则皆其自然之理,而圣人奉之也,故曰后天"②。又如,《易经渊旨》卷上云"威明中正,治狱之道;艰贞贞厉,所以为治狱之心。《易》言治狱无余蕴矣"③,《石镜山房周易说统》卷四作"归震川曰:威明中正,治狱之道;艰贞贞厉,所以治狱之心"④。显然,《易经渊旨》的内容多于《石镜山房周易说统》,且文气意脉连贯,当为后者摘录前者而成,而非前者引用后者并增补而成。这一材料有助于证明《易经渊旨》为真。

其二,张次仲《周易玩辞困学记》引用归氏易学10条,其中有2条见于《震川先生集》⑤,另外8条不见于《震川先生集》而与《易经渊旨》

---

① 《易经渊旨》卷上,《四库存目丛书》,经部第7册,第726页。按:此书据清乾隆归朝煦玉钥堂刻本影印。
② 《石镜山房周易说统》卷一,《续修四库全书》,经部第12册,第27页。
③ 《易经渊旨》卷上,《四库存目丛书》,经部第7册,第735页。
④ 《石镜山房周易说统》卷四,《续修四库全书》,经部第12册,第126页。
⑤ 《周易玩辞困学记》(清康熙六年刻本)所引归有光易说见于《震川先生集》者有2条:(一)《读易大意》:"或者据《系辞》'河出图,洛出书,圣人则之'数语为公案,则归熙甫言之矣,其言曰:'圣人见转蓬而造车,……不亦愚乎?'"(见于《震川先生集》卷一《易图论后》,第5页,文字与此小异)(二)《系辞上传》"大衍之数"下:"归熙甫曰:大衍者何也?所以求卦也。卦必衍之而后成。其挂,其揲,其扐,所以衍之也。归奇者何也?四十九之策,若得老阳之九,除初挂必有十二之余;若得少阴之八,必有十六之余;若得少阳之七,必有二十之余;若得老阴之六,必有二十四之余。……闰也者,时与日之余也。"(见于《震川先生集》卷一《大衍解》,第6—7页。《周易玩辞困学记》几乎收入归氏《大衍解》全文)

095

明代文人经学与文学思想的关系

同①。这一材料进一步证明了《易经渊旨》为真的可能性较大。一来，与《石镜山房周易说统》相比，《周易玩辞困学记》所引归有光易说的文字更接近于《易经渊旨》，有更清晰的痕迹表明《周易玩辞困学记》摘录自《易经渊旨》而不是相反。比如，前述《石镜山房周易说统》所引两条归有光易说，《周易玩辞困学记》正好也载录了。其中，《周易玩辞困学记》之《周易上篇·文言》"夫大人者，与天地合其德"条下："归熙甫曰：自圣人而言，皆从其心之所欲，初非有所因袭，故曰先天；自天而言，则皆有自然之理，而圣人奉之也，故曰后天"，将此说与另外两书的相关文字比对可知，从句式来说，《周易玩辞困学记》与《易经渊旨》都采用了"自圣人而言"的句式，而《石镜山房周易说统》为"自圣人言之"，因而《周易玩辞困学记》的文字更接近于《易经渊旨》。《周易玩辞困学记》的刊刻时间晚于《石镜山房周易说统》，其文字不从《石镜山房周易说统》，而更接近于《易经渊旨》，这一现象为《易经渊旨》为真提供了佐证。二来，更值得注意的是，在"威明中正"一段，《周易玩辞困学记》作："归熙甫曰：威明中正，治狱之

---

① 《周易玩辞困学记》所引归氏易说不见于《震川先生集》而与《易经渊旨》同者有8条：（一）《周易上篇·文言》"夫大人者，与天地合其德"条下："归熙甫曰：自圣人而言，皆从其心之所欲，初非有所因袭，故曰先天；自天而言，则皆有自然之理，而圣人奉之也，故曰后天。"（见于《易经渊旨》卷上，第726页，文字小异）（二）《周易上篇》之《噬嗑》卦"象曰：利艰贞吉，未光也"条下："归熙甫曰：威明中正，治狱之道；艰贞贞厉，治狱之心。必艰贞而始得吉，故曰未光。圣人终不以治狱为善也。"（见于《易经渊旨》卷上，第735—736页，文字小异）（三）《周易下篇》之《归妹》卦"初九，归妹以娣，跛能履，征吉"条下："归熙甫曰：贤女为娣，分非所宜，而道无所不在，居易安命可也。此圣人教人无出位之意。"（见于《易经渊旨》卷中，第746页，文字小异）（四）《周易下篇》之《巽》卦"九二，巽在床下，用史巫纷若。吉，无咎"下："归熙甫曰：礼文之繁缛，气象之谦冲，苟出于心，虽烦不厌；苟当于礼，虽卑不屈，故曰得中。中者，诚而已。"（见于《易经渊旨》卷中，第747页，文字小异）（五）《系辞上传》"天尊地卑"下："归熙甫曰：造化一气也，而分为先后。生成一物也，而别为乾坤。有始之机，无始之迹，有成之功，无成之事，始者不能不始，成者不能不成，故曰易简。"（见于《易经渊旨》卷下，第751页，《易经渊旨》少"故曰易简"四字，余皆同）（六）《系辞上传》"象者，言乎象者也"条下："归熙甫曰：易有实理而无实事，故谓之象，卦立而象形。象者，言乎象者也。易有定理而无定用，故谓之变，爻立而变生。爻者，言乎变者也。"（见于《易经渊旨》卷下，第752页，文字小异）（七）《系辞下传》"古者包犠氏之王天下也"下："归熙甫曰：传论圣人作易，此最明白的确，所谓'河图、洛书，圣人则之'者，必不规规模仿之矣。"（见于《易经渊旨》卷下，第757页，文字小异）（八）《系辞下传》"易之为书也"下："归熙甫曰：知所谓近，则知二四之不同者位；知所谓柔中，则知二四之不同者，不在位而在德。贵贱位也，刚柔德也，时有难易，德无难易。"（见于《易经渊旨》卷下，第757页）

096

第三章　论《易经渊旨》与归有光思想的一致——兼论《易经渊旨》的真伪

道；艰贞贞厉，治狱之心。必艰贞而始得吉，故曰未光。圣人终不以治狱为善也"，追溯其来源可知，张次仲之说是将《易经渊旨》卷上"威明中正，治狱之道；艰贞贞厉，所以为治狱之心。《易》言治狱无余蕴矣"一段和"未光者，圣人终不以治狱为善也"[①]两段糅合而成的，因而《易经渊旨》的底本可能早于《周易玩辞困学记》。凡此都可佐证《易经渊旨》为真。

本章试图在梳理《易经渊旨》思想来源和特点的基础上，分析《易经渊旨》与《震川先生集》中最核心的易学思想、政治思想之间的一致性，从而在义理层面考察《易经渊旨》的真伪。

一、《易经渊旨》与归有光《易图》观之一致

《易经渊旨》主张《易图》非作易之本、对《说卦》中的卦位说不必拘泥、邵雍《易图》过于晦涩等，这些正是归有光《易图》论的主要理论环节。

归有光在易学上的一大贡献，是在明初宋濂等人的基础上，进一步质疑《易图》，认为它们并非朱熹《周易本义》和《易学启蒙》所谓伏羲之书，而是邵子之学。其《易图论》上、下和《易图论后》从以下三个方面论述了这一问题：

首先，从《易图》与圣人作易之本的关系来看，伏羲八卦已尽天地万物之理，《易图》对八卦的种种推衍虽有阐释八卦之效，但并非作易之本。其原因有三：一者，《易图》之烦琐有悖于上古之教的简约性：

> 后之求之者，即其散见于《周易》之六十四卦者是已。今世所谓图学者，以此为周之易而非伏羲之易。别出《横图》于前，又左右分析之，以象天气，谓之《圆图》。于其中交加八宫，以象地类，谓之《方图》。夫易之于天气地类盖详矣，奚俟夫图而后见也？且谓其必出于伏羲？既规横以为圆，又填圆以为方，前列六十四于《横图》，后列

[①]《周易玩辞困学记》这段话还吸收了吴澄《易纂言》卷五《象上传》"利艰贞吉，未光也"注："故戒以艰贞而后得吉，是其道之未光也。"（《景印文渊阁四库全书》，台湾商务印书馆1986年版，第22册，第523页）

明代文人经学与文学思想的关系

一百二十八于《圆图》,太古无言之教,何如是之纷纷耶?

这是说,所谓横图、圆图和方图若为伏羲之作,则其纷繁复杂的形式显然有悖于太古无言之教的简约特质。二者,从《易图》的传授来看,"不应此图交迭环布,远出姬、孔之前,乃弃而不论,而独流落于方士之家,此岂可据以为信乎?"秦火之厄后,易经以卜筮而独存,汉儒未曾提及《易图》,而后代方士之家却存有此图,其授受颇为可疑。三者,《系辞上》强调《周易》"神无方而易无体"的特征,而《易图》将卦变固定化,所谓"夫卦散于六十四,可圆可方。一入于圆方之形,必有曲而不该者。故散图以为卦而卦全,纽卦以为图而卦局"①,《易图》的拘泥显然与"神无方而易无体"的本质相背离。

其次,从《易图》与《易传》的异同来说,《易传》中"易有太极"(《系辞上》)、"天地定位"、"帝出乎震"(《说卦》)等说法,固然涉及卦序、卦位,但八卦方位并非由文王易首先确立②,《易传》也未论及邵雍所谓伏羲卦位与文王卦位的区别,《易图》与《易传》的关系是因传为图而不是传为图说③。

最后,就《河图》、《洛书》与易学的关系而言,《系辞上》中仅有"河出图,洛出书,圣人则之"的说法,并无通乾流坤、天苞地符之文与五行生成、戴九履一之数等内容,因此,朱熹所赞成的《河图》、《洛书》以及相应的天地之数为《河图》之数、戴九履一为《洛书》之数的说法,都不免失之过深,近乎"测度模拟"④。

概言之,归有光从《易图》非作易之本、《易图》与《易传》的关系是因传为图、《河图》、《洛书》之数是后人对易学的测度模拟这三个层面,驳斥了易图为伏羲之书的观点。

---

① 《震川先生集》卷一,第2页。
② 黄宗羲《易学象数论》卷一《八卦方位》承袭此说:"盖画卦之时即有此方位。易不始于文王,则方位亦不始于文王,故不当言文王八卦方位也。"(《黄宗羲全集》,浙江古籍出版社2005年版,第九册,第21页)
③ 《震川先生集》卷一《易图论下》,第3—4页。
④ 《震川先生集》卷一《易图论后》,第4—6页。

第三章 论《易经渊旨》与归有光思想的一致——兼论《易经渊旨》的真伪

《易经渊旨》并未明确揭示《易图》非伏羲之书,但在解释《系辞上》和《说卦》时,作者提出了与上述易图三论颇为接近的观点。

其一,《河图》、《洛书》、圆图等《易图》并非作易之本。《易经渊旨》卷下云:"《河图》、《洛书》,圣人则之,有见其奇偶相生之妙,非事事拟之,而自无不合。《启蒙》所谓析四隅、补四空,此是以圆图说矣,此可以论易数之无不通,而非作易之本旨也。"①在此,作者引用了朱熹《易学启蒙》对《河图》的解释,"《河图》之虚五与十者,太极也。……析四方之合以为乾、坤、离、坎,补四隅之空以为兑、震、巽、艮者,八卦也"②,认为朱子此说是以乾南坤北、离东坎西的圆图来分析《河图》,从而揭示《河图》与圆图的相通乃至易数的无不相通,此说与归氏《易图论后》"夫天地之间,何往非图,而何物非书也哉"③的说法旨趣相近;更重要的是,《易经渊旨》强调上述《易图》都不是作易之本旨,这就与归有光《易图论上》对《易图》和邵子易学的评价如出一辙:"要其旨不叛于圣人,然不可以为作《易》之本。故曰推而衍之者变也,此邵子之学也。"④如前所述,《易图》非作易之本,是归有光驳斥《易图》论的立论根基,《易经渊旨》在这一点上与归氏易图观相合,由此可见两者之间有着极为密切的关系。

其二,对《说卦》的解释不应拘泥于卦位。如前所述,归有光论证《易图》非伏羲之书的理由之一,便是《易图》将八卦乃至六十四卦的方位固定化,因而有悖于《周易》"神无方,易无体"的本质。在《易图论后》中,归有光更明确地提出了对《易图》卦位的质疑:"因其上下以为上下,因其左右以为左右,因其《乾》、《兑》、《离》、《震》以为《乾》、《兑》、《离》、《震》,因其《巽》、《坎》、《艮》、《坤》以为《巽》、《坎》、《艮》、《坤》,圣人之效天也何其拘?"⑤这是说,如果《易图》诚为圣人效天之作,那么圣人何以如此拘泥地固定八卦的方位?

---

① 《易经渊旨》卷下,《四库存目丛书》,经部第7册,第756页。
② 朱熹《易学启蒙》卷一,《朱子全书》,上海古籍出版社、安徽教育出版社2002年版,第一册,第215页。
③ 《震川先生集》卷一,第5页。
④ 《震川先生集》卷一,第2页。
⑤ 《震川先生集》卷一,第5页。

《易经渊旨》在解释《说卦》时,也不止一次地主张不必拘泥于其中的卦位说:"此章言六子变化之功而统于乾坤,大意与神妙万物章相同,泥以时位之说则谬矣。"①此乃概括"雷以动之,风以散之"一章的大意,认为对于其中的卦位不必拘泥;又于"神也者妙万物"一章也有类似看法:"大抵此章只言天地间有此六物,雷动风挠则雷风不相悖矣,火燥水润则水火相逮矣,泽说山止则山泽通气矣,此所以为变化成万物之妙也,与第三章同意,但不可拘卦位之说耳。"②显然,在反对卦位的拘泥这一点上,《易经渊旨》与归有光《易图》论的倾向基本一致。

其三,包括《易图》在内的邵雍等人的易学有失之过深的弊端。《易经渊旨》卷下批评了邵雍易学的烦琐晦涩:"朱子以文王八卦多不可晓,邵子入用之说,以乾坤坎离交而易位,然先天之为后天,又俟乎再变。其说纠扰难解,岂数学之奥,未易测邪?"这是说,文王八卦图晦涩难懂,以致朱熹《周易本义·周易说卦传第八》在解释《说卦》"帝出乎震"、"神也者妙万物"两章时,也不得不承认其难以索解:"此第五章,所推卦位之说多未详者"、"此去乾坤而专言六子,以见神之所为。然其位序亦用上章之说,未详其义"③。对于邵雍易图求之过深的批评,也见于归有光《易图论后》:"惟其不知其不可精而欲精之,是以测度模拟,无所不至。"④过分求精求深的后果便是无依据的想象推测。

《易经渊旨》的易图观与归有光的易图诸论颇为契合。不过,必须说明的是,为什么《易经渊旨》并未明确指出《易图》非伏羲之书呢?而且,《易经渊旨》在解释"天地定位"一章时有"此章据圆图而本其生出之序"⑤之说,这与归氏《易图论下》之"然必因传而为此图,不当谓传为图说也"⑥的观点,岂非截然相反?究其原因,当与《易经渊旨》作为《周易》注解之汇编的体例有关。《易经渊旨》中不乏作者解读《周易》的独特见解,同时

---

① 《易经渊旨》卷下,《四库存目丛书》,经部第7册,第760页。
② 《易经渊旨》卷下,《四库存目丛书》,经部第7册,第761页。
③ 《朱子全书》,第一册,第154页、155页。
④ 《震川先生集》卷一,第6页。
⑤ 《易经渊旨》卷下,《四库存目丛书》,经部第7册,第760页。
⑥ 《震川先生集》卷一,第3页。

第三章　论《易经渊旨》与归有光思想的一致——兼论《易经渊旨》的真伪

也大量收录了宋程颐、朱熹、元吴澄等人的易说。比如，该书收程颐《伊川易传》之易说达 38 条之多，吸收吴澄易说者也有 15 处。这一集解的体例使得《易经渊旨》不但没有旗帜鲜明地驳斥《易图》非伏羲之书，反而掺入了与归氏《易图》说完全相反的观点。比如，前引"此章据圆图而本其生出之序"一说，很可能是化用吴澄《易纂言》卷十"天地定位"章注"此皆以圆图言也……皆数其以往所生之卦"①的观点。同样，《易经渊旨》并未明确揭示《易图》非伏羲之书，也可能与其体例有关。易图非伏羲之旧的观点由洋洋数千言构成，在《易经渊旨》汇集诸家之说、间以己见的体例中，很难全面展开，因此作者只是列出了《易图》非作易之本等核心理论环节。相反，假如《易经渊旨》出于后人伪作，反而有可能将归氏之颇为著名的《易图》诸论悉数收入。

二、《易经渊旨》与归氏君臣论之一致

《易经渊旨》的君臣关系论也与归有光最核心的政治思想相一致，主张上下以有情相爱而非法度威力来维系。

1.《震川先生集》之尚有情、反严苛的政治思想

归有光的仁政思想是一个贯通了人性论、伦理观和政治思想的体系。首先，爱亲之心不可以纪极的人性论，是归氏仁政观的基础。他论述丧礼可以过的原因曰："昔者圣人之为丧礼，而取诸《大过》。嗟夫！天下之事苟至于过，皆不可以为礼。而独于爱亲之心，则不可以纪极。故圣人以其过者为礼，盖所以用其情也。"②这是说，爱亲之心是不受礼教制约的自然人性。正因如此，他肯定了孝子修墓、庐墓等做法，认为其虽不合古礼，却顺应了孝子的爱亲之情③。其次，归有光提倡出于孝子之心的仁政，其说云："昔者三代之世，有民社之寄，必取夫孝友令德之人；以能

---

① 吴澄《易纂言》卷十，第 580 页。
② 《震川先生集》卷五《书家庐巢燕卷后》，第 118 页。
③ 分别见《何氏先茔碑》（《震川先生集》卷二十四，第 558 页）、《书家庐巢燕卷后》（《震川先生集》卷五，第 118 页）。

101

慈祥恺悌，不肯虐用其民，而务生全之。"①孝友令德之人必然实施生全百姓的仁政，这是因为仁人之心和孝子之心有着内在的契合："抑仁人孝子之心，一也。古之仁人，杀一草一木为非孝。……能推其仁心，是所谓一举足而不敢忘父母也。"②如前所述，归有光在此化用了《礼记·祭义》中有关孝道的论述，将仁政建立在爱亲之心这一自然人性之上，与此相适应，其仁政的主要内容就是重视民生或曰顺民之性。在《震川先生集》中，"慈祥恺悌之政"、"顺民之性"、"达乎人情"、"君子学道则爱人"、"求便于民"③等关乎仁政的说法不胜枚举。

归有光仁政说的主要特点是在君臣、官民关系上推崇有情相爱而反对法度威力。其说云："若侯之不鄙夷吾人，与吾人之所以爱侯者，可谓有情矣。吏之来，皆四海、九州之人，无亲知之素。一旦以天子之命，卒然而相临如是者，岂法度威力之所能为哉？夫亦恃其有情以相爱而已。……侯为人慈爱恺悌，可以望而知其情。"④张侯之为昆山之民所拥戴，不是凭借其法度威力，而是缘于其慈爱恺悌的仁政。又归有光论为官的父母之道云："夫古之君子为民上，有父母之道。非以自尊奉，厉威严，日从事于文书法令而已。其实如家人之相与，饥寒疾苦，无所不知，而悉为之处。有患，则与之同其戚；有喜，则与之同其庆。其民之报之亦如是。"⑤这是援引《尚书·洪范》"天子作民父母，以为天下王"之说，强调上下之间以家人之情而非威严相维系。《与林侍郎书》、《上方参政书》⑥等篇也表达了相似的观点。归氏常常颂美上下之间的情谊，其中也包含了对于在上者作威作福的批评。比如，《姚安太守秦君六十寿序》、《唐行

---

① 《震川先生集》卷二《陟台图咏序》，第46页。
② 《震川先生集》卷十五《卧石亭记》，第387页。
③ 分别见《送王汝康会试序》（《震川先生集》卷九，第192页）、《送宋知县序》（《震川先生集》卷九，第196页）、《送吴郡别驾段侯之京序》（《震川先生集》卷九，第206页）、《送张子忠之任南昌序》（《震川先生集》卷十，第225页）、《建安尹沈君墓志铭》（《震川先生集》卷十八，第447页）等。
④ 《震川先生集》卷十一《赠张别驾序》，第257页。
⑤ 《震川先生集》卷十二《太仓州守孙侯母太夫人寿诗序》，第304页。
⑥ 分别见《与林侍郎书》（《震川先生集》卷七，第156页）、《上方参政书》（《震川先生集》卷七，第142页）。

第三章　论《易经渊旨》与归有光思想的一致——兼论《易经渊旨》的真伪

镇免役夫记》、《吴山图记》[①]等文都赞美了君臣、官民之间的深情厚意。

就归氏上下有情论的社会背景来看，此说来自他对当代政治过于严苛的体认。具体说来，归氏认为明代政治严苛的主要表现是朝臣因进谏而遭祸、民生因苛赋而凋敝。归有光多次提及周广、顾存仁、方凤、陆燦等人因言事而被贬或归田的遭遇[②]，他更为关注的政治弊端是官吏的督赋和贪财导致民不聊生。如前所述，明代吴中地区赋税繁重，达天下财赋之半，长期的过度征敛导致民穷财尽；嘉靖三十二年（1553）至三十九年（1560）倭寇侵扰苏淞[③]，百姓的景况可谓雪上加霜。而地方官员的乘时奸利和催科督赋则将百姓逼向了死亡的边缘。归有光在《送宋知县序》等多篇文章中揭露了"今世之俗吏"的上述行为[④]，由此可以窥见归有光大力提倡官民有情、痛斥严苛政治的时代背景，而明代政治严苛可说是归有光最为重视的社会问题。

2.《易经渊旨》的君民关系论与《震川先生集》的一致

《易经渊旨》在君臣关系上与《震川先生集》相契合，其表现之一是《易经渊旨》卷中引用了归氏《梦鼎堂记》有关君臣一体的论述："读鼎之辞，可以见君臣一体之义，而人臣辅相之道备矣。故又曰：'大烹以养圣贤。'明天子当以圣贤置之三公之位，不宜使在下仅出其否而已，而制其毁誉进退于不知者之人，使之皇皇焉慎其所之也。"[⑤]在此，归有光依据《鼎》卦《彖辞》"大烹以养圣贤"、初九爻辞"利出否"以及九二《象》"鼎有

[①]　分别见《震川先生集》卷十二，第283页；《震川先生集》卷十六，第409、420页。

[②]　分别见《玉岩先生文集序》（《震川先生集》卷二，第22页）、《夏淑人六十寿序》（《震川先生集》卷十二，第297页）、《周孺亨墓志铭》（《震川先生集》卷十九，第465页）、《太学生周君墓志铭》（《震川先生集》卷十九，第468页）、《顾原鲁先生祠记》（《震川先生集》卷十六，第407页）、《方母张孺人墓志铭》（《震川先生集》卷二十一，第504页）、《张孺人墓志铭》（《震川先生集》卷二十一，第506页）等。

[③]　《明史》卷二百五《张经传》，第5409页。

[④]　参见《送县大夫杨侯序》（《震川先生集》卷九，第194页）、《送宋知县序》（《震川先生集》卷九，第196页）、《送郡太守历下金侯考绩序》（《震川先生集》卷九，第198页）、《送郡别驾王侯考绩序》（《震川先生集》卷九，第199页）、《送同年丁聘之任平湖序》（《震川先生集》卷十，第219页）、《赠张别驾序》（《震川先生集》卷十一，第257页）

[⑤]　《震川先生集》卷十七，第433页；《易经渊旨》卷中，《四库存目丛书》，经部第7册，第745—746页。

明代文人经学与文学思想的关系

实,慎所之也"等说法,将《鼎》卦的含义阐释为"君臣一体之义",同时对明代的官员考核制度提出了批评。这里的"君臣一体之义"侧重于君王任用贤能,同时也意在提倡君臣关系的亲密无间。《易经渊旨》引用此说,反映了其君臣论与《震川先生集》的相通。

更值得注意的是,《易经渊旨》的仁政观采取了崇尚君民有亲、反对以势临民的理论结构,这与归有光尚有情相爱、反法度威力的思维方式颇为接近。《易经渊旨》对《易传》"亲"说极为重视,并由此申论"亲"与"势"的关系。比如,对于《乾》卦九五爻《文言》"同声相应,同气相求。……本乎天者亲上,本乎地者亲下",作者的解释是:"同声至亲上亲下,只是一意。""开辟之初,君臣上下,实由此起,到后却定作名分,此意日微,所以天下都被一个'势'字使了。柳子厚《封建论》说势,也只见后世一边。自秦并天下以后,岂不是势?"①君臣上下的关系本以"亲"为纽带,秦以后却被尊卑之势所限定。显然,此说与归有光《忠恕违道不远》"秦汉以来,上下之分严,君臣之情塞"②的观点桴鼓相应,也与归氏有关当代政治严苛的说法相一致。《易经渊旨》反复致意于这一主张。比如,释《革》卦卦辞"巳日乃孚"曰:"言巳日则使人有从容濡滞之意,务尽天下之情而不欲以势临之也。"③"尽天下之情"正是对"以势临之"的君臣关系的反拨;以下这段说法则全面论述了以仁心纠正苛严之治的观念:

> 大过之时,政严而法苛,令急而诛峻,主太尊而民太卑,重足而立,侧目而视矣。刚过巽说,救过之道也。有强毅干固之才,得夫高明柔克之道;有审时识势之能,加以从容不迫之心;阳舒阴惨,天施地生,岂不可以救天下之弊,致天下之治哉!④

这一说法表明,《易经渊旨》提倡上下有情的背景是政治法令的过于严

---

① 《易经渊旨》卷上,《四库存目丛书》,经部第 7 册,第 726 页。
② 《震川先生集别集》卷一,第 698 页。
③ 《易经渊旨》卷下,《四库存目丛书》,经部第 7 册,第 745 页。
④ 《易经渊旨》卷上,《四库存目丛书》,经部第 7 册,第 739 页。

第三章 论《易经渊旨》与归有光思想的一致——兼论《易经渊旨》的真伪

苛,君臣的尊卑之别过于突出,因此作者希望以"从容不迫之心"引导下的仁政来救治这一时代弊端,从而使民众的各得其所成为可能①。此说较为显豁地阐发了上下有亲论的背景和意图,与《震川先生集》中尚有情相爱、反法度势力的仁政说极为一致。

《易经渊旨》还论述了与上下有亲论相关的顺民之性、重视民生等观点。在诠释《系辞上》"易知则有亲,易从则有功"时,此书引用了韩康伯注"顺万物之情,故曰有亲;通天下之志,故曰有功"②,可见有亲的实质就是顺应万物的本性。顺万物之情的观念,在《易经渊旨》中反复出现。比如"各正保合一连意,如云人得其人之性而为人,物得其物之性而为物"③、"令物各得其所也"④。《易经渊旨》的这类论述主要取自魏晋王弼、韩康伯等人的易注,与《震川先生集》之"达乎人情"的仁政观有着内在的契合。此外,《易经渊旨》对于民生的强调也是极为突出的。此书卷上对《剥》卦卦辞的解释,直接引用了归氏《山斋先生六十寿序》:"剥之'不利有攸往',至上九而终;复之'朋来无咎',以初九为始。然天必以前之终者为后之始,故以'硕果不食'遗之。由此言之,则剥之上九即复之初九也。"⑤《易经渊旨》又分析"硕果不食"的寓意曰:"硕果不食,此天地生生继续,万古不尽者。"⑥可见这段文字的主要意图是阐明《周易》中的生生之德。实际上,"生生之德"是《易经渊旨》极为关注的易学命题,对于《周易》经传中直接关乎"生生"的论述,如"天施地生"(《益》卦《彖》)、"君子

---

① 将《大过》卦诠释为主太尊而民太卑,可能是受惠于苏轼《东坡易传》的思想。《东坡易传》卷三论《大过》卦曰:"故大过者,君骄而无臣之世也。《易》之所贵者,贵乎阳之能御阴,不贵乎阳之陵阴而蔑之也。人徒知夫阴之过乎阳之为祸也,岂知夫阳之过乎阴之不为福也哉?立阴以养阳也,立臣以卫君也。阴衰则阳失其养,臣弱则君弃其卫。"(《东坡易传》卷三,第53页)此说以"大过"为君骄臣弱,当为《易经渊旨》主尊民卑说之滥觞。不过,苏轼主要从君臣力量均衡的角度论君骄臣弱的危害,《易经渊旨》则聚焦于生养百姓的仁政观。
② 《易经渊旨》卷上,《四库存目丛书》,经部第7册,第751页。
③ 《易经渊旨》卷上,《四库存目丛书》,经部第7册,第725页。
④ 《易经渊旨》卷中,《四库存目丛书》,经部第7册,第750页。
⑤ 《震川先生集》卷十二,第280页;《易经渊旨》卷上,《四库存目丛书》,经部第7册,第737页。
⑥ 《易经渊旨》卷上,《四库存目丛书》,经部第7册,第737页。

以议狱缓死"(《中孚》卦《象》)、"天地之大德曰生"(《系辞上》),此书皆加以说明;不唯如此,对于一些并无明确的生民之意的语句,如"先王以明罚敕法"(《噬嗑》卦之《象传》)、"刚过而中,巽而说行"(《大过》卦之《彖》),《易经渊旨》也赋予其"好生之德"①、"天施地生"②的仁政思想。

概言之,《易经渊旨》的仁政观采取了与《震川先生集》类似的理论形式,崇尚君民有亲、反对以势临民,其反复致意的"顺万物之情"、"生生之德"等命题,也是《震川先生集》之仁政观的重要层面。

三、《易经渊旨》与《震川先生集》的其他契合之处

《易经渊旨》中的《易图》论、上下有亲论分别对应于《震川先生集》中最主要的易学思想和政治观念,除此之外,《易经渊旨》的以下理论环节也与归有光的思想相吻合。

其一,重视易象。由《震川先生集》可知,归有光曾经仔细研读过《周易集解》。归氏《与赵子举书》曰:"尝于汴中得《周易集解》,因悟古人象数之学,微见其端,亦复不能究竟。"③众所周知,李鼎祚《周易集解》收集唐以前的各家易注,尤其重视东汉虞翻、荀爽等象数易学家的观点。归有光受《周易集解》的影响而颇重象数易。

《易经渊旨》也体现出类似的倾向,其主要表现为:一是在"辞变象占"这四种"圣人之道"中最重象。其论象占关系云:"易者象而已,有象而后有占。而易之象占凡例有三:先言象而断之以占,如'潜龙勿用'是也;有言象而不言占者,象即占也,如'履霜坚冰'是也;有言占而不言象者,占亦象也,如'君子终日乾乾'是也。"④在此,所谓"象占凡例"强调象的决定性作用。在解释《屯》卦初爻时,作者重申了这一主张:"大抵易只是一个象,有象而后有占。而象占凡例有三,已见乾初九,逐爻象细贴,

---

① 《易经渊旨》卷上,《四库存目丛书》,经部第 7 册,第 735 页。
② 《易经渊旨》卷上,《四库存目丛书》,经部第 7 册,第 739 页。
③ 《震川先生集》卷七,第 153 页。
④ 《易经渊旨》卷上,《四库存目丛书》,经部第 7 册,第 724 页。

第三章 论《易经渊旨》与归有光思想的一致——兼论《易经渊旨》的真伪

甚费辞说。《本义》所以异于程《传》者在此，而其不及程《传》者亦在此。"[1]由此说可以看出，作者主张象占凡例的实质是不满于朱熹《周易本义》逐爻区别象与占的做法，认为易的本质在于象。同时，在象与辞的关系上，《易经渊旨》也主张象的决定性意义："辞生于象，循象以玩辞，而辞明；占出于变，观变以玩占，而占决。观象玩辞，身与象辞一；观变玩占，身与变占一。"[2]概言之，主张象对于辞占的优先地位，是《易经渊旨》的重要特征。二是《易经渊旨》多引用吴澄《易纂言》的象论，也折射了其易学倾向。吴澄易学继承并发展了汉代荀爽、虞翻，唐代李鼎祚等人的象数易学，多用卦变、旁通、互体、半象等规则来探究易象，进而通过取象来解释经传。吴澄所谓"象"的范围极广，不但包括了传统意义上的卦画、卦名之象，还兼指"彖辞、爻辞泛取所肖之物"[3]。《易经渊旨》对《易纂言》的取象说多有吸收，比如卷上释《观》卦六四爻曰："诸侯朝贡于王曰宾，六四变为刚，则成乾，乾为宾，四阴势盛，进逼二阳，幸九五能君，故六四不敢不臣。以强臣逼上之势，转而为诸侯朝王之象。"[4]此说出自《易纂言》卷一[5]。显然，此说的要点在于通过卦变来求得乾宾之象，从而与既有的九五君王之象相结合。又如，《易经渊旨》解释《渐》卦云："吴幼清以下卦为鸿之止，上卦为鸿之飞。木之杪，陵之顶，逵之上，皆鸿飞所过也。"[6]此说是对《易纂言》以下论述的概括："巽为鸿，……二三四互坎为水，……下卦艮止而有坎水，故下三爻之象曰干、曰磐、曰陆，皆鸿之渐进而止于水际者也；上卦巽为风、为高，故上三爻之象曰木、曰陵、曰逵，皆鸿之渐进而飞于风中者也。"[7]此说是将互体之象与上下两卦之象结合起来分析渐卦爻辞的含义。总之，《易经渊旨》主张象的优先地位、吸收吴澄的易

---

[1]《易经渊旨》卷上，《四库存目丛书》，经部第7册，第727页。
[2]《易经渊旨》卷下，《四库存目丛书》，经部第7册，第752页。
[3] 吴澄《易纂言外翼》卷首《十二篇原序》，《景印文渊阁四库全书》，台湾商务印书馆1986年版，第22册，第597页。
[4]《易经渊旨》卷上，《四库存目丛书》，经部第7册，第735页。
[5]《易纂言》卷一，第434页。
[6]《易经渊旨》卷中，《四库存目丛书》，经部第7册，第746页。
[7]《易纂言》卷二，第478页。

象学等等，都与《震川先生集》推崇《周易集解》之象数学的倾向颇为一致①。

其二，强调治乱循环之道。归有光《震川先生集》反复论及《周易》中的消长盛衰之理，比如："有光尝读《易》，观消长变更之际，虽圣人不能无惧。"②类似的说法还见于《上高阁老书》："昔者尝奉明公之教，谓读《易》而深有得于消长进退之理。"③值得注意的是，归氏对盛衰之变的态度是在承认天道自然的前提下加以人为努力。一方面，其说云："物盛而衰，衰久而复，此天道之常。"④此说显然隐含了天道之常非人力所能改变的意味；另一方面，归有光对防微杜渐的重视，则折射出尽人事的积极态度。比如，归有光论政治局势的变化云："仆读易，深有感于《否》、《泰》、《姤》、《复》之际。盖天下之坏，其始必自一人始；而其治也，亦自一人始。"⑤《否》、《泰》、《姤》、《复》四卦包含了事物盛衰变化的规律，其中，《泰》卦和《否》卦都是三阳三阴，两卦之所以吉凶迥异，原因就在于君子和小人的力量变化趋势正好相反：《泰》卦"内君子而外小人，君子道长，小人道消也"（《泰》卦之《象》），而《否》卦"内小人而外君子，小人道长，君子道消也"（《否》卦之《象》）。归氏尤其关注政治局势的恶化或好转常常从细部发展为全局、从个人演化为全体。比如，《复》卦初爻为阳而其余五爻为阴，象征着天下之治从一人起；《姤》卦初爻为阴而其余五爻为阳，则象征着天下之坏从一人起。与此相适应，归有光还指出忽视事物变化之萌芽的恶果："天下之变，无不起于微。唐中叶始于平卢一军之乱，当时不折其芽萌，酿成至于五代一百六十年不可除之痼疾。"⑥

《易经渊旨》对《周易》中的消长进退之理加以阐述，本是题中应有之

---

① 值得一提的是，《震川先生集》对吴澄经学尤为重视（参见《孝经叙录》、《尚书叙录》，《震川先生集》卷一，第16、19页），《易经渊旨》之吸收吴澄易学，与归氏的这一学术倾向也是吻合的。
② 《震川先生集》卷六《上徐阁老书》，第124页。
③ 《震川先生集》卷六，第135页。
④ 《震川先生集》卷十四《陆母缪孺人寿序》，第353页。
⑤ 《震川先生集别集》卷八《与吴三泉》，第902页。
⑥ 《震川先生集》卷十《送南驾部吴君考绩北上序》，第230页。

第三章 论《易经渊旨》与归有光思想的一致——兼论《易经渊旨》的真伪

义;但此书颇为重视《否》《泰》等卦中的消长之道,又在承认盛衰之变为天道的前提下,主张防微杜渐,这就接近于《震川先生集》的治乱循环观了。《易经渊旨》在解释《泰》九三爻、《复》卦卦辞时,强调兴亡是自然天道,有非人力所能改变者。其说云:"泰九三、否九四之辞,方见治乱兴亡、天运自然,有非人所能为也。艰贞无咎,勿恤其孚,于食有福,非有以持天命于将去,但云于食有福而已。"①这一说法似乎是对《伊川易传》过分强调人为的反拨。后者解释泰九三爻辞曰:"处泰之道,既能艰贞,则可常保其泰,不劳忧恤;得其所求也,不失所期。为孚如是,则于其禄食有福益也。"②程颐此说主张人为的努力可以常保其泰,《易经渊旨》的观点与此迥异,而更接近于归有光的"天道之常"论。同时,《易经渊旨》中也不乏防微杜渐的认识。比如,《易经渊旨》卷上引用王弼"过之所始,必始于微,而后至于著"的说法③。又释《系辞上》"忧悔吝者"曰:"忧之于未失之前,此慎微之事;震于既失之后,此克治之功。大易之微旨,圣学之要务也。"④将慎微视为大易之微旨之一,可见《易经渊旨》对慎微重视的程度。以下这段说法也体现了慎微忧始、人力归于天道的观念:"世之治乱,道之行否,系于君子;君子来复,而以顺动,所以无疾无咎也。然此乃天道往复之机,物理盛衰之数。往者复之机,所以七日来复;复者盛之渐,所以利有攸往。"⑤总之,《易经渊旨》的消长观是在肯定天道自然的基础上认可防始慎微的人为努力,与《震川先生集》的治乱循环观颇为接近。

不可否认的是,除了前述"此章据圆图而本其生出之序"一说外,《易经渊旨》还有个别观点与《震川先生集》相冲突。比如,《易经渊旨》有"天下无不可变之人"⑥的说法,而归有光《性不移说》却认为小人之恶很难改变,其说云:"孔子曰:'唯上智与下愚不移。'圣人之言,万世无弊者也。易曰:'小人革面。'小人仅可使之革面,已为道化之极。若欲使之豹变,

---

① 《易经渊旨》卷上,《四库存目丛书》,经部第 7 册,第 731 页。
② 程颐《伊川易传》卷一,梁韦弦著《〈程氏易传〉导读》,齐鲁书社 2003 年版,第 106 页。
③ 《易经渊旨》卷上,经部第 7 册,第 735 页。
④ 《易经渊旨》卷下,经部第 7 册,第 752 页。
⑤ 《易经渊旨》卷上,经部第 7 册,第 737 页。
⑥ 《易经渊旨》卷中,《四库存目丛书》,经部第 7 册,第 747 页。

尧、舜亦不能也。"①这是援引《论语·阳货》和《革》卦上六爻辞,来论证人性的难以改变。《易经渊旨》在人性论方面与《震川先生集》的分歧,也许与其汇集各家易说的体例有关,也许是归有光的人性论在其一生中有所变化所致。

四、结论

《易经渊旨》与《震川先生集》的核心思想有着深刻的契合。《易经渊旨》的《易图》非作易之本、不可拘于《说卦》的卦位、邵雍《易图》纠扰难解等主张,与归有光之《易图》非伏羲之旧而为邵雍之学这一最重要的易学观点相一致;《易经渊旨》重视君民有亲、反对以势临民的仁政观,与《震川先生集》尚上下有情、反法度威力这一最核心的政治观念相吻合;此外,吸收象数易学、强调盛衰循环等理论环节,也体现了《易经渊旨》与《震川先生集》的相互呼应。

《易经渊旨》为真的可能性较大。此书与归有光最核心的易学思想和政治思想在具体观点和理论形式上颇为接近,此其一;《震川先生集》对《周易》的引用和论述达四十多处,而《易经渊旨》只直接引用了《震川先生集》之《梦鼎堂记》和《山斋先生六十寿序》两处文字,这两段文字关乎生生之德和君臣一体,都是归有光最重要的思想所在。由此可以推测,《易经渊旨》即便是后人伪作,也绝非拙劣的模仿和袭用,而是《周易》文本与归有光思想的精密结合,具有很高的原创性;张振渊《石镜山房周易说统》和张次仲《周易玩辞困学记》的刊刻时间早于今存《易经渊旨》,从两书引用归震川易说的情况来看,《易经渊旨》的底本成书早于《石镜山房周易说统》和《周易玩辞困学记》的可能性较大。这一材料也为《易经渊旨》乃归氏真作提供了佐证。

---

① 《震川先生集》卷四,第101—102页。

第四章　唐顺之的"道器不二"论与欧阳修思想的渊源

关于明代唐顺之文学理论中神明与法度关系的思想来源,一般认为是受阳明心学影响的结果。此论诚为有见。不过,唐顺之自始至终坚持道与器、经与心、神明与法度相结合的思想特征,在某种意义上恰恰是对阳明学重道而离器、重心而轻物等流弊的纠正;而且,从文学思想史发展的内部动力来看,北宋欧阳修作为唐顺之文学创作上服膺的对象之一,其学术和文学思想也对唐顺之产生了不可忽视的影响。本章试图在剖析唐顺之心学和文学思想特征的基础上,考察欧阳修既重视法度、又推崇"心之得"的观念对唐顺之的启发。

一、"即经而心"是唐顺之心学的重要特征

众所周知,唐顺之一生的学术和文学思想经历了几次重要变革,对此学界已有充分研究[①]。实际上,唐顺之的思想在变革中又自有其不变之处,其中最值得注意的是即经而心、道器不二的思维方式。

关于唐顺之心学的特征,黄宗羲《明儒学案》云:"先生之学,得之龙

[①] 参见左东岭《阳明心学与唐顺之的学术思想、文学思想及人格心态》,《明代心学与诗学》,北京学苑出版社2002年版,第108—148页;黄卓越《明中后期文学思想研究》,北京大学出版社2005年版,第163—212页。

明代文人经学与文学思想的关系

溪者为多,故言于龙溪只少一拜。以天机为宗,以无欲为工夫。"[1]此说揭示了唐顺之心学与王畿一派的共性,"无欲"说诚为唐顺之心学的核心命题之一。而就内心体验与外在经典的关系而论,即经而心、道器不二可说是其心学的又一重要特征。此说主张内心体悟与外在经典、本体与末用的合一。唐顺之始终坚持这一倾向,尽管他在四十以后日益表现出道重于器的趋势,但从未因此舍弃器之一端。

如前所述,唐顺之《巽峰林侯口义序》标举"即经而心",剖析了经学研究中经学与心学的关系,主张"形声文字训诂之学"与"反而求乎心之学"的合一,即道器不二。换言之,当时的经学研究有将形声文字训诂与心学义理割裂开来、各执一端的倾向。对此,唐顺之认为,当世学者是为了纠正形声文字训诂之学的片面逐末,才强调反求于心的反本之学,实则经与心是道器不二的关系。

作为唐顺之接受心学初期的思想[2],"即经而心"说在主张经心合一的基础上,多少体现出经重于心的倾向,具有纠正阳明心学流弊的意图。"即经而心"实际上是唐顺之早年德艺合一说的合乎逻辑的发展。唐顺之早期因追求博闻强识而受到多位师友的批评,对此,他一方面承认"盖学病于博杂,而量病于不广,此鄙人膏肓之症",另一方面,他以德艺合一说加以反驳:"然德非虚器,其切实应用处即谓之艺;艺非粗迹,其精义致用处即谓之德。故古人终日从事于六艺之间,非特以实用之不可缺而姑从事云耳,盖即此而鼓舞凝聚其精神,坚忍操炼其筋骨,沉潜缜密其心思,以类万物而通神明。"[3]可见,唐顺之早年是主张德艺合一且德重于艺的。与此相适应,他在提出"即经而心"时,虽然已经开始接受心学,但仍然相对倾向于经学。他认为在割裂经与心的两种倾向中,离经的弊端更为深微:"滞经之敝浅而著,离经之敝深而微。滞经之敝,惟固陋者而溺

---

[1] 《明儒学案》卷二十六,《黄宗羲全集》,浙江古籍出版社2005年版,第七册,第693页。
[2] 唐鼎元《明唐荆川先生年谱》卷二系此文于嘉靖二十三年(1544)唐顺之三十八岁时,《北京图书馆藏珍本年谱丛刊本》,第47册,第583页。
[3] 《荆川先生文集》卷五《答俞教谕》,《唐顺之集》,第194—195页。

于此;离经之敝,虽疏通者或不免溺焉。"①可见,"即经而心"更强调经之不可离,其矫正心学弊端的宗旨是颇为显豁的。

在阳明学盛行之际,唐顺之"即经而心"说既服膺心学,又试图克服其"游谈无根"的弊端,这一独特的心学倾向在当时应者寥寥,心学圈中似乎只有季本(1485—1563)也认识到这一点。徐渭(1521—1593)《奉赠师季先生序》云:

> 新建宗谓俗儒析经,言语支离,以为理障,人人得而闻也。后生者起,不知支离者之心足以障理,而谓经之理足以障心,或有特为弃蔑典训,自以独来往于一真,……先生则取六经,独以其心之所得,以一路竟往其奥,而悉摧破之。……独武晋唐先生游会稽时,取一经去。答书称先生决古人未决之疑,而开今人不敢开之口,以为世未之有。②

可见,时人由于误解阳明心学的"理障"而弃蔑典训,季本则一反时俗,努力追求六经与心得的结合。虽然就经心合一的具体内涵来看,季本的以心得诠释六经,颇有别于唐顺之的"形声文字训诂之学"与"反而求乎心之学"的统一,但他们都试图以经心合一来纠正阳明后学舍弃经典依据的不足,因而是心学圈中难得的盟友。

经学与心学合一的学术特征在唐顺之思想发展的后期仍然存在,只不过此时心学已重于经学,外在经典成为辅助内心修持的工具,所谓"以我观书"、"以书博我"反映了此时经学与心学既不可分离、又主次有别的特点。众所周知,唐顺之在年近四十时开始了重要的学术转向,将身心性命之学的探究视为最主要的人生追求。这一阶段唐顺之时时流露出厌弃早年博学多艺的情绪:"始知平日没于多歧、荡精摇神之过,……是以弈棋赋诗、博闻强记,皆昔所甚好,或终岁不对局,或经月不成一韵,或

---

① 《荆川先生文集》卷十,《唐顺之集》,第440—441页。
② 《徐文长三集》卷十九,《徐渭集》,中华书局1983年版,第二册,第515页。

数旬不展卷。虽或为人所强与自强为之,亦竟如嚼蜡,了然绝无滋味也。"①但他并没有因此完全废弃外在的知识与典籍,只是将阅读范围相对集中在与心性相关的文献上。他自述其转向后的学术志趣曰:"固将藉此余闲,聚精蓄力,洞极本心,洗濯愆过,以冀收功于一原。……近来每观伊洛之书及六经之旨,觉有毫发悟入,则终日欣然,忘其居之陋而形之惫也。"②阅读伊洛之书及六经之旨是他洞极本心的重要途径;他还曾指出象数之学在培养精神心术中的意义:"窃以六艺之学,皆先王所以寓精神心术之妙,非特以资实用而已。《传》曰:'其数可陈也,其义难知也。'顾得其数而昧于其义,则九九之技小道泥于致远,是曲艺之所以艺成而下也;即其数而穷其义,则参伍错综之用,可以成变化而行鬼神,是儒者之所以游于艺也。游于艺,则艺也者即所谓德成而上也。"③在此,唐顺之再论德艺关系,主张即数穷义,揭示了"游于艺"即由艺而成德的修身路径。唐顺之还借用陈白沙的主张,来论述他对读书与心学关系的看法:"白沙先生'以我观书、以书博我'之说,甚可理会。"④神明与六经的结合也说明了这一观点:"更愿兄完养神明,以探其本原;浸涵六经之言,以博其旨趣。"⑤此说是在文道合一的前提下论述如何提高"道",实际上是经心合一、以心为主的另一种表述。与此相适应,唐顺之曾明确反对尽弃典籍:"若使尽捐书册,尽弃技能,兀然槁形灰心,此亦非大难事,而精神无凝聚处,亦自不免暗路漏泄。"⑥概言之,在性命之学与经典依据的关系上,唐顺之始终保持了道器合一的思维方式,只不过在后期他确立了

---

① 《荆川先生文集》卷五《与田巨山提学》,《唐顺之集》,第 209 页。
② 《荆川先生文集》卷五《答周约庵中丞》,第 219 页。值得注意的是,唐顺之的思想中几乎没有阳明心学与程朱之学的对立,他常常援引程朱之说尤其是程颢的观点来阐述心学境界,如《明道语略序》强调天机自然之妙,认为"夫圣人论心之精,莫如《易》之乾坤;而善发《易》之蕴者,莫如程先生之书。先生之书,得于心而言之者也,故其言曰,'鸢飞鱼跃与必有事焉而勿正心之意同,会得活泼泼地,不会得只是弄精魂'"(《荆川先生文集》卷十,《唐顺之集》,第 435 页)。可见他所体认的程颢洒落之学与阳明心学并无二致。
③ 《荆川先生文集》卷七《与顾箬溪》,第 305 页。
④ 《荆川先生文集》卷六《答任孙一麟》,第 263—264 页。
⑤ 《荆川先生文集》卷五《答廖东雩提学》,第 232 页。
⑥ 《荆川先生文集》卷六《答任孙一麟》,第 263 页。

心作为第一性的地位,从而主张经典是追求性命之学的重要途径和工具。

二、神明与法度合一的文学思想

唐顺之的心学始终以道器不二、心学与经学相结合为特点,只是后期更加突出了"心"的主干地位,这一特征有助于我们准确地把握其文学思想。一般都认为,唐顺之的文学思想经历了从神明和法度并重到唯尚神明的转变,实际上,与其"即经而心"的心学思想相适应,唐顺之的文论也是在重视"心地"、"神明"的同时,从未舍弃形式法度,只不过后期越发了肯定了神明相对于法度的主要地位。

正如唐顺之早年的"即经而心"说意味着经心合一且经重于心一样,他起初的文学观念也是心法合一而法度更为重要。众所周知,唐顺之对法度的提倡,最突出地体现在《董中峰侍郎文集序》中,心法合一则是其立论的前提。其说云:"然而文之必有法,出乎自然而不可易者,则不容异也;且夫不能有法,而何以议于无法?"此说强调文法的不可或缺、无法必以有法为前提,显然是将法度置于第一位;值得注意的是,这篇序文尽管极其推重法度,但并没有舍弃内在的"神"或曰"自得"。"乐"是由外在的声气和内在的神共同构成的:"使不转气与声,则何以为乐?使其转气与声而可以窥也,则乐何以为神?"同样,文的实质为外在之有法与内在之无法的完美结合:"汉以前之文,未尝无法而未尝有法,法寓于无法之中。"董中峰侍郎之文则被唐顺之誉为绳墨与新意、自得与法度的合一:"其守绳墨谨而不肆,时出新意于绳墨之余,盖其所自得而未尝离乎法。"

值得一提的是,唐顺之推崇文章法度与其重视"经"一样,都有着补偏救弊的意图。"即经而心"说针对阳明学过分重视"心"而提倡"经",法度论也包含了反对秦汉派蔑弃文法的意图,《董中峰侍郎文集序》又云:"有人焉,见夫汉以前之文,疑于无法,而以为果无法也,于是率然而出之,决裂以为体,饾饤以为词,尽去自古以来开合首尾经纬错综之

115

法，……以为秦与汉之文如是也。"①由此可以看出他强调法度的背景是秦汉派的尽弃文法，而其完整的意图是自得与法度相结合且法度更为重要。

唐顺之在最为崇尚文章的内在"真精神"的后期，也并未放弃外在法度。在考察他后期对于文章的神明与法度关系的真实看法之前，有必要分析一下唐顺之思想在形式上的以下特点：他为了突出自己的某种观点，常将"A比B重要"的命题阐述为"A是而B非"。比如，在四十岁转向性命之学后，他常有类似"性命之学是而诗文写作非"的论述，而他的真实看法却是性命之学比诗文创作更为重要。从现象上看，此时他不止一次地指出其学术道路的第一个转折就是追求古文诗歌未成而转向性命之学："仆迂戆无能人也，过不自量，尝从诸友人学为古文诗歌，追琢刻镂，亦且数年，然材既不近，又牵于多病，遂不成而罢去。"②不唯如此，他还指出诗文创作有碍于身心性命的追求："不能自脱诗文之障，亦时尚往来胸中。"③所谓诗文之障，就是"文词技能种种与心为斗"④。类似说法还见于《与应警庵郡守又》、《与王北厓郡守》等篇中⑤。实际上，上述说法只不过是一种夸张的表述，是唐顺之理论中常见的用"A是而B非"来强调"A比B重要"的现象。此时他并没有真正放弃文学创作，只是确立了性命之学与诗文创作的主次关系。他自述此时未免写作的原因之一是不得不应酬："侵寻四十，更无长进，惟近来山中闲居，体念此心于日用间，觉意味比旧来颇深长耳。以应酬之故，亦时不免于为文。"⑥但同时也有兴之所至的情形："艺苑之门，久已扫迹，虽或意到处作一两诗，及世缘不

---

① 《荆川先生文集》卷五《董中峰侍郎文集序》，第465—467页。
② 《荆川先生文集》卷五《答顾东桥少宰》，《唐顺之集》，第180页。《寄刘南坦》(《荆川先生文集》卷五，《唐顺之集》，第185页)等文中也有类似看法。
③ 《荆川先生文集》卷六《与蔡白石郎中》，《唐顺之集》，第255页。
④ 《荆川先生文集》卷五《与薛方山郎中》，《唐顺之集》，第211页。
⑤ 分别见《荆川先生文集》卷五，《唐顺之集》，第237页；《荆川先生文集》卷九，《唐顺之集》，420页。
⑥ 《荆川先生文集》卷五《与两湖书》，《唐顺之集》，第222页。

第四章 唐顺之的"道器不二"论与欧阳修思想的渊源

得已作一两篇应酬文字。"①这一阶段他对于诗文与性命关系的正面阐述,则见于《答茅鹿门知县二》:"鹿门所见于吾者,殆故吾也,而未尝见夫槁形灰心之吾乎?……其不语人以求工文字者,非谓一切抹杀,以文字绝不足为也,盖谓学者先务,有源委本末之别耳。"②在此,他强调了自己在转而追求性命之学后,并未完全抹杀文字,而是主张性命与文学之间有源委本末的关系。

此时唐顺之对文章的神明与法度之关系的看法,也当作如是观。其文章中类似"神明是而法度非"的表达,应当被理解为"神明比法度更为重要",这就意味着他并未舍弃法度。唐顺之最为强调心而轻视法的论述,见于其著名的"本色"说:"今有两人,其一人心地超然,所谓具千古只眼人也,即使未尝操纸笔呻吟,学为文章,但直据胸臆,信手写出,如写家书,虽或疏卤,然绝无烟火酸馅习气,便是宇宙间一样绝好文字;其一人犹然尘中人也,虽其专专学为文章,其于所谓绳墨布置,则尽是矣,然番来覆去,不过是这几句婆子舌头语,索其所谓真精神与千古不可磨灭之见,绝无有也,则文虽工而不免为下格,此文章本色也。"③这段"本色"论认为,决定文章出色的主要因素是具有"真精神与千古不可磨灭之见",相形之下,文章的"绳墨布置"等法度可说是无意义。从这一表述来看,似乎唐顺之重视"真精神"而舍弃"绳墨布置",实际上,他不过是又一次以"A是而B非"的表达方式来强调"A比B更重要",强调"真精神"比"绳墨布置"更重要,而"绳墨布置"仍旧不可或缺。这从唐顺之在同一时期其他语境下的相关论述中可以看出。比如,同样作于学术转向之后的

---

① 《荆川先生文集》卷六《答皇甫百泉郎中》,《唐顺之集》,第256—257页。
② 《荆川先生文集》卷七,《唐顺之集》,第294页。关于此文的写作时间,左东岭先生《阳明心学与唐顺之的学术思想、文学思想及人格心态》考订为嘉靖二十四年(1545)、唐顺之三十九岁时。可以肯定的是,唐顺之此时学术思想已经转向性命之学,除了左先生此文所述理由外,信中"未尝见夫槁形灰心之吾乎"一说值得注意。在《答周约庵中丞》中,唐顺之也表示"盖欲槁形灰心,……聚精蓄力,洞极本心"(《荆川先生文集》卷五,《唐顺之集》,第218—219页),可见"槁形灰心"一说是唐顺之对自己转向身心性命之学后的状态的描述。
③ 《荆川先生文集》卷七《答茅鹿门知县二》,《唐顺之集》,第295页。

《与两湖书》①论述了文章的"别自有正法眼藏"比法度更为重要的观点："每一抽思，了了如见古人为文之意，乃知千古作家，别自有正法眼藏在，盖其首尾节奏，天然之度，自不可差，而得意于笔墨蹊径之外，则惟神解者而后可以语此"。② 显然，唐顺之在突出文章的"正法眼藏"的同时，也指出了"首尾节奏，天然之度，自不可差"，即法度的不可废弃。同样，写于嘉靖三十五年(1556)的《文编序》中也有类似观点："然则不能无文，而文不能无法。是编者文之工匠，而法之至也。圣人以神明而达之于文，文士研精于文，以窥神明之奥。其窥之也，有偏有全，有小有大，有驳有醇，而皆有得也，而神明未尝不在焉。所谓法者，神明之变化也。"③在此，他依然表现出道器不二的思维方式，一方面肯定神明的主导地位，另一方面主张神明与法度相结合。

三、欧阳修的心性论和文艺论中的道器关系

在道器关系问题上，欧阳修的心性论和文艺论之间既有共性，又有所不同。共同之处在于两者皆以道器合一为前提，其差异则表现为心性论更强调器而文艺论相对突出道。

如前所述，欧阳修的儒学以"切于事实"为基本宗旨。他不满于当时学人动辄言性的学风，其实质在于淡化虚无的先天本体，强调切实的后天工夫。在《答李诩第二书》中，他提出了"六经之所载，皆人事之切于世者"的主张。圣人正因为重视事实、实用，故而罕言先天本体之性，而重视修身治人等后天发用，所谓"性者，与身俱生而人之所皆有也。……使性果善邪，身不可以不修，人不可以不治；使性果恶邪，身不可以不修，人

---

① 《明唐荆川先生年谱》卷二系此文于嘉靖二十四年(1545)唐顺之三十九岁时，又信中有"侵寻四十"之说，且劝说对方追求性命之学："推兄是心也，设使不徒用之于文，而用之反躬为己之间。"足证此时唐顺之的学术已发生了转向。
② 《荆川先生文集》卷五，《唐顺之集》，第222页。
③ 《荆川先生文集》卷十，《唐顺之集》，第450页。按：《景印文渊阁四库全书》本《文编原序》题有"嘉靖丙辰夏五月"。

第四章 唐顺之的"道器不二"论与欧阳修思想的渊源

不可以不治。……故为君子者,以修身治人为急,而不穷性以为言"①。重后天修为而轻先天本体的倾向,在其《问进士策三首》中也有所体现。他驳斥《中庸》的"自诚明谓之性"、"不勉而中、不思而得"等说,斥之为"虚言高论而无益者",也是由于它们过于推崇先天的道德,忽略后天的修身②。显然,欧阳修的心性论是偏重器用而轻视道体的。

欧阳修的文艺论却在道器合一的前提下,更崇尚属于道层面的"心之得"。一方面,他丝毫不怀疑法度的重要性。他曾经引用汉扬雄之说,论证书法之法则的必不可少:"然至于书,则不可无法。……扬子曰:'断木为棋,梡革为鞠,亦皆有法焉',而况书乎?"③另一方面,他指出诗乐的妙处在声器名物、声律文语之外,由得之于心、不可言说的"道"所决定。就乐来说,"其声器名物,皆可以数而对也。然至乎动荡血脉,流通精神,使人可以喜,可以悲,或歌或泣,不知手足鼓舞之所然,问其何以感之者,则虽有善工,犹不知其所以然焉,盖不可得而言也。乐之道深矣,故工之善者,必得于心,应于手,而不可述之言也"。此说论述乐之道与器的关系,认为乐的表现固然离不开声器名物,乐之感人的奥秘却在于得心应手、不可言说的"乐之道";同样,文学创作中也有类似道重于器的规律,梅圣俞诗歌的境界也是由法度之上的"心之得"所决定的:"余尝问诗于圣俞,其声律之高下,文语之疵病,可以指而告余也。至其心之得者,不可以言而告也。余亦将以心得意会,而未能至之者也。"④与可以言说的、形而下的"声律"、"文语"相比,无法言表的、形而上的"心之得"更是诗歌的灵魂所在。

必须说明的是,欧阳修虽然没有直接提出道器合一的命题,但他的上述心性论和文艺论中已蕴涵了这一前提。一方面,他强调器的一端,在心性方面崇尚后天发用而轻视先天本体,其文艺论亦充分肯定法度的不可或缺;另一方面,他主张诗乐之"心之得"比声器名物更重要。这两

---

① 《居士集》卷四十七,《欧阳修诗文集校笺》,第1169、1170页。
② 《居士集》卷四十八,《欧阳修诗文集校笺》,第1194页。
③ 《居士外集》卷《与石推官第二书》,《欧阳修诗文集校笺》,第1767页。
④ 《居士外集》卷二十三《书梅圣俞稿后》,《欧阳修诗文集校笺》,第1906—1907页。

方面结合起来,正是旨在提倡道与器的相互结合。

四、唐顺之的学术和文学思想与欧阳修的渊源

欧阳修道器合一的思想对唐顺之的道器不二论产生了深刻影响。欧阳修在道器论上的两种不同倾向,则分别启发了唐顺之前期和后期的学术和文学思想。唐顺之的心学与欧阳修心论的契合,唐顺之的道器论在援引例证和具体表述上与欧阳修相接近,这些现象进一步证明了两者之间的渊源关系。

唐顺之的道器论与欧阳修一脉相承,首先表现在道与器的相互结合。如前所述,唐顺之的心学始终强调经学与心学合一,其文论则一直崇尚神明与法度的结合,这一道器不离的思维方式,正与欧阳修心性论和文艺论的既重视器用、又强调道体的特征相一致。比如,唐顺之主张神明与法度合一的《文编序》开篇便援引欧阳修之说:"欧阳子述扬子云之言曰,'断木为棋,梡革为鞠',莫不有法,而况于书乎?"①由此不难窥见欧阳修的道器合一论对唐顺之的影响。其次,唐顺之在其前期和后期对心与经、心与法的主次关系的不同看法,正分别与欧阳修的心性论和文艺论的不同倾向相对应。欧阳修将探究心性本体之说视为无用之空言,认为六经所推崇的是后天修身等实用之学,这对唐顺之前期的"即经而心"说不无启发,使得此说实质上包含了心与经合一、经比心更重要这两个层面;在唐顺之思想的后期,心的地位越来越突出,成为支配法度的第一性的东西,这与欧阳修的"心之得"高于法度的文艺论相一致。

作为道器论的一个重要内容,欧阳修的心论对唐顺之的心学也当有所启迪。欧阳修的经学把探求圣人之心作为经学研究的根本目标。他赞赏王通对《诗经》的理解:"通之言,其几于圣人之心矣。"②如前所述,他还在《本末论》中指出《诗经》之本在于"诗人之意"和"圣人之志",两者在

---

① 《荆川先生文集》卷十,《唐顺之集》,第450页。
② 欧阳修《诗本义》卷十五《定风雅颂解》,《景印文渊阁四库全书》,第297—298页。

第四章　唐顺之的"道器不二"论与欧阳修思想的渊源

本质上完全一致。这种察美刺、知善恶以为劝戒的圣人之志,就是《诗经》研究所要探求的圣人之心(或曰圣人之意)。比如,欧阳修认为《豳风》折射了周公之心:"《豳》之去《雅》,一息焉,盖周公之心也,故能终之以正。"①又《商颂》的意义之一是"明武王、周公之心"②。同样,欧阳修认为《周易》研究的宗旨也是探索文王、孔子等圣人的用心:"呜呼! 文王无孔子,《易》其沦于卜筮乎!《易》无王弼,其沦于异端之说乎? 因孔子而求文王之用心,因弼而求孔子之意,因予言而求弼之得失,可也。"③

唐顺之的心学在思维方式上与欧阳修的心论颇有相似之处,主要表现在两者都主张圣人之心与普遍人情相通。如前所述,以人情解《诗经》是欧阳修经学的重要特征,与此同时,欧阳修还主张:"圣人之言,在人情不远。"④如前所述,欧阳修所谓人情具有普遍性和自然性。与欧阳修的这一经学观念相类似,唐顺之的春秋学也强调通过愚夫愚妇之心来求得圣人之心:"春秋之难明也,其孰从而求之? 曰:求之圣人之心。圣人之心其孰从而求之? 曰:求之愚夫愚妇之心。"⑤此说不仅在"求之圣人之心"的解经宗旨上与欧阳修"达圣人之志"相一致,更重要的是两者对圣人之心的特征有着非常接近的看法:圣人之心与愚夫愚妇之心相通,与普遍人情相契合。以往人们把唐顺之的这一段心论归结为受阳明心学影响的结果,实际上,在阳明学之前,欧阳修的经学思想中已包含了表述和内涵都极为类似的心论。在此意义上,不妨认为,欧阳修的心论是唐顺之接受阳明学的重要中介之一。

在论述道器合一、心法合一的主张时,唐顺之的表达方式和所举例证都与欧阳修颇为相似。他们不仅都好用礼乐为例来说明文学的心法关系,而且采用了相近的表述来说明心与法的特征。如前所述,欧阳修将诗歌与乐相比附,认为"动荡血脉、流通精神,使人可以喜,可以悲,或

---
① 《诗本义》卷十五《定风雅颂解》,《景印文渊阁四库全书》,第70册,第298页。
② 《诗本义》卷十五《商颂解》,《景印文渊阁四库全书》,第70册,第299页。
③ 《居士集》卷十八《易或问》,《欧阳修诗文集校笺》,第538页。
④ 《居士集》卷《答宋咸书》,《欧阳修诗文集校笺》,第1828页。
⑤ 《荆川先生文集》卷十,《唐顺之集》,第436页。

歌或泣，不知手足鼓舞之所然"的乐之道，比"声器名物"的乐之器更为重要；唐顺之也不止一次地用类似概念论及礼乐中的心法合一。比如，其《巽峰林侯口义序》阐述《诗》、《礼》中的经学与心学的合一曰："然自其读《诗》而有得也，未尝不恍然神游乎《关雎》、《猗那》之间，相与倡和乎虞廷周庙，而不知肤理血脉之融然以液。……然自其读《礼》而有得也，未尝不恍然神游乎《玉藻》、《曲礼》之间，相与揖让乎虞廷周庙，而不知肤理血脉之肃然以敛也。"①这段文字将习读《诗》、《礼》时的状态描述为"肤理血脉"的"融然以液"与"肃然以敛"，很容易使人想起欧阳修的"动荡血脉、流通精神"；又唐顺之认为与心相对应的器是"诗之咏歌，礼之数度"，这与欧阳修所谓"其声器名物，皆可以数而对也"之间的承袭关系，自不待言；又如，《董中峰侍郎文集序》中，唐顺之也将文与乐相比拟，认为乐的"喉管"、"声气"固然重要，而"喉管之交"、"声气之表"等道的层面才是乐的高妙所在，这显然也是胎息于欧阳修的诗乐论；再如，唐顺之《重修宜兴县学记》论述礼乐教化的意义曰："是故学校以教士而养之以礼乐，以柔伏其速成躁进之心，……盘辟缀兆，其文郁如；歗击咏歌，其音铿如。是耳目之所悦，而血气之所畅也。天机与器数相触，而不自知。"②在此，"天机"与"器数"融合，也颇接近于欧阳修之说。

五、结论

唐顺之"即经而心"的学术思想、神明与法度合一的文学观念以及贯穿其中的道器不二的思维方式，与北宋欧阳修的思想有着很深的渊源。欧阳修在心性论上重后天发用而轻先天本体，在文艺论上肯定法度而更加推崇"心之得"，表明其思想的基础是道器合一，只不过在心性论和文艺论上的侧重点有所不同。唐顺之前期与后期对神明与法度的主次关系的不同看法，正好分别对应于欧阳修的心性论和文艺论。唐顺之心学

---

① 《荆川先生文集》卷十，《唐顺之集》，第439页。
② 《荆川先生文集》卷十二，《唐顺之集》，《唐顺之集》，第521页。

与欧阳修心论的契合,说明欧阳修的思想为唐顺之将阳明心学引入文论提供了中介;唐顺之的道器论在引用例证和具体表述上都与欧阳修接近,这就进一步证明了唐顺之对欧阳修思想的追趋。

本章将唐顺之有关神明与法度合一的文论溯源至欧阳修,其意义不仅在于说明,除了阳明心学之外,唐顺之的思想有着更早的、来自文学史内部的理论动力,而且意在揭示唐顺之思想的独特性及其成因:一方面,随着学术重心转向性命之学,他越来越强调道对于器、心对于物的支配地位,这一层面从欧阳修和阳明心学中都可以找到依据;另一方面,唐顺之始终坚持了道器不二、心法合一的思维方式,这一观念受惠于欧阳修思想,实际上构成了对阳明学偏重本体之流弊的纠正。

第五章　唐顺之校录《医闾先生集》的文学思想史意义

近年来,有关明代著名古文家唐顺之的思想渊源和学术历程的研究取得了很大进展[①],但唐顺之于嘉靖八年(1529)至九年(1530)年间校录《医闾先生集》一事,尚未引起学界的足够重视。对于此事,现存的唐顺之文集未曾言及,唐鼎元《明唐荆川先生年谱》亦只字未提。这很可能是历来的唐顺之研究忽视了这一史实的主要原因。实际上,据现存的《医闾先生集》嘉靖九年本、朝鲜本卷首标题和明郑晓《吾学编》等史料,可以证实唐顺之的这一学术经历。

《医闾先生集》乃明代尊奉白沙学的贺钦(1437—1510)所著,在主持刊刻此集的过程中,李承勋等人对白沙学进行了总结。因而,唐顺之校录此书,实质上是汲取陈献章之学的重要契机。本章拟梳理唐顺之校录《医闾先生集》的相关史实,并分析其文学思想史意义,从而考察唐顺之"天机"论、"本色论"与白沙之学的思想渊源,揭示唐顺之早期思想的复杂性。

---

① 比如,吴金娥《唐荆川先生研究》(台湾文津出版社 1986 年版)、左东岭《王学与中晚明士人心态》(人民文学出版社 2000 年版)、黄卓越《明中后期文学思想研究》(北京大学出版社 2005 年版)、北京语言大学人文学院中文系王伟 2008 年博士论文《唐顺之文学思想研究》皆着力探讨唐顺之的学术思想,细致辨析唐氏思想的发展历程。

第五章　唐顺之校录《医闾先生集》的文学思想史意义

一、唐顺之校录《医闾先生集》始末考

据《医闾先生集》所附潘辰《医闾先生墓志铭》和《明史·儒林传》，贺钦字克恭，其先浙之定海人，隶辽东广宁后屯卫官籍。成化二年（1466）以进士授户科给事中，四年（1468）告病归，弘治元年（1488）荐陕西参议而不就。师事陈献章，其学以躬行实践为主，且通达治理。

《医闾先生集》嘉靖九年初刻本的校刻，是由时任兵部尚书的李承勋[①]主持的。由李承勋《医闾先生集序》[②]和成文[③]《书医闾先生集后》[④]，可知该集的校刻经过：李承勋因得族兄李世卿的熏沐，自幼推崇陈白沙和贺钦的学行。巡抚辽东时，李承勋曾造访贺钦家，见其子士谘。嘉靖己丑（1529）夏，他从贺士谘处获赠贺钦文稿，于此年八月欣然作序。时任辽东巡抚的成文也有意于寻访贺钦遗迹，于是李承勋在嘉靖庚寅（1530）将此稿交给成文，后者遂加以刊刻。此乃《医闾先生集》的嘉靖九年（1530）初刻本[⑤]。其后，《医闾先生集》又有嘉靖二十三年（1544）齐宗道本、四十年（1561）朝鲜本、崇祯四年（1631）本和清雍正十年（1732）本等多种版本[⑥]。

[①] 据王廷相（1474—1544）《祭兵部尚书李公文》（《王氏家藏集》卷三十二，《王廷相集》，中华书局1989年版，第二册，第593—594页）和《明史》本传，李承勋（1473—1531）字立卿，嘉鱼人。弘治六年（1493）进士，历任太湖知县、南京刑部主事、南昌知府、浙江按察史、陕西河南左右布政使、以右副都御史巡抚辽东、刑部尚书、兵部尚书兼左都御史等职（《明史》卷一百九十九，中华书局1974年版，第5263—5266页）。

[②] 嘉靖九年刻本《医闾先生集》附。

[③] 《明史》卷一百八十八有成文传："成文，大同山阴人。弘治十五年进士。由知县擢御史。……嘉靖中起用，累官右副都御史巡抚辽东。"（中华书局1974年版，第4995页）

[④] 嘉靖九年刻本《医闾先生集》附。

[⑤] 此刻本在北京大学图书馆和台湾故宫博物院各藏一本。

[⑥] 关于《医闾先生集》的版本，参见拙作《论三种嘉靖本〈医闾先生集〉》（《域外汉籍研究集刊》2015年第十一辑）。

明代文人经学与文学思想的关系

　　《医闾先生集》嘉靖九年初刻本和朝鲜本①的卷首题有"后学兵部主事海盐郑晓参定,后学兵部主事常郡唐顺之重校",透露了唐顺之重校《医闾先生集》的重要信息。据唐鼎元《明唐荆川先生年谱》卷一,嘉靖八年夏四月之后、九年夏六月之前,唐顺之任兵部武选司清吏主事。如前所述,李承勋于嘉靖八年夏获文稿,又成文《书医闾先生集后》作于嘉靖九年庚寅六月六日,则是书的刊刻完成于此前。由此可以推测,唐顺之的重校事宜,是在嘉靖八年夏之后、嘉靖九年六月之前。

　　郑晓(1499—1566)②《吾学编》③(《北京图书馆古籍珍本丛刊》本)提供了有关《医闾先生集》的更多信息。如前所述,嘉靖九年本的卷首标明兵部主事海盐郑晓于此书有"参定"之功。郑晓《吾学编》卷四十《皇明名臣记》第十九卷"给事中贺公"条述其详情曰:"余主事武选时,尚书李康惠公(笔者按:李承勋谥康惠)令删正医闾先生言行,录为八卷。余请告归,武进唐顺之稍加校录,刻于辽东。"④由此可知,李承勋先是令郑晓删正此稿,后因郑晓告归,才由唐顺之接任此事。那么,郑晓在武选任上告归,又是何时呢?《郑端简公年谱》卷一记郑晓于嘉靖戊子(1528)补武选主事,己丑(1529)因得罪张璁,多次乞养病而不见许,直至是年八月,借唐顺之取选无缺的机会,才得以告归⑤。

---

　　① 关于《医闾先生集》的朝鲜本,参见拙作《论朝鲜本〈医闾先生集〉的价值》(韩国忠州大学东亚研究所2010年第2回研究所间国际交流学术大会"古文献研究及其国际协力方案探索"论文,2010年6月23日)。
　　② 郑晓于《明史》卷一百九十九有传。字窒甫,海盐人。嘉靖二年进士,曾任职方主事、吏部考功郎中、文选、和州同知、兵部右侍郎兼副都御史、刑部尚书等职。其子郑履淳著《郑端简公年谱》。
　　③ 郑晓撰《吾学编》,《续修四库全书》,上海古籍出版社2002年版,第424—425册。
　　④ 郑晓撰《吾学编》卷四十《皇明名臣记》第十九卷"给事中贺公"条,《续修四库全书》,第424册,第540页。按:嘉靖九年刻本《医闾先生集》为九卷,郑晓误记。
　　⑤ 郑履淳撰《郑端简公年谱》卷一:"戊子……至京补武选主事。……己丑……时张文忠公刚毅,断绝苞苴,收揽贤俊,惟欲识面树桃李。公奉封君教,谨避之。然亦荐公改翰林,公不应。又取改科道,亦不应,遂不悦。乡人欲此者,从而搆之,祸几不测。公三疏乞养病,皆格不行,亦不出部。"此为郑晓得罪张璁之缘由。同卷又记郑晓告归之机缘:"八月,唐荆川取选无缺,考功王鹤山公激调护许,上疏得归。"(《四库全书存目丛书》,齐鲁书社1997年版,史部第八三册,第513—516页)

第五章　唐顺之校录《医闾先生集》的文学思想史意义

由此可以推测,郑晓参定《医闾先生集》是在嘉靖八年夏至是年八月之间,唐顺之则是从嘉靖八年八月开始接替郑晓任校书事宜。从郑晓《吾学编》"武进唐顺之稍加校录"一说来看,唐顺之的校录事宜可能所费时日不多。

二、校录《医闾先生集》与汲取白沙思想

重校《医闾先生集》的学术经历,之所以能够成为唐顺之接受白沙之学的重要契机,其实有着多方面的原因。这不仅因为《医闾先生集》的作者贺钦是白沙弟子,还由于李承勋等人将校刻《医闾先生集》作为体认白沙思想的机缘。此外,唐顺之与李承勋的学术联系也值得注意。

关于贺钦与白沙学的渊源,李承勋《医闾先生集序》和郑晓《吾学编》卷四十《皇明名臣记》第十九卷"给事中贺公"条都有陈述。前者称贺钦笃信白沙的"为己端默之旨",后者则记载了贺钦服膺白沙的若干细节:比如,贺钦在户科给事中任上,一听白沙论学,当天就上疏解官,以弟子礼事白沙;又如贺钦在家中悬挂白沙的画像,礼敬备至[1]。从《医闾先生集》来看,贺钦推崇白沙的"许定山得天理之真乐"、"疑者,进道之萌芽"[2]等说,其中"静坐"说最为重要:"白沙之教,惟以静坐为先。其意谓吾人今日病在扰扰,必多用静,然后放心可收,次第可用功矣。"[3]静坐说能够救治"扰扰"这一当代学术的主要弊端,因而修身工夫以静坐为先。不可否认的是,贺钦对白沙之学并非亦步亦趋,他不赞成白沙的"吾能握其机,何必窥陈编"之说,认为其不足在于"不免有过高之意";贺钦亦致憾于"白沙读《泰誓》,抑扬之间,亦有太过之意"[4]。尽管如此,贺钦仍是公认的白沙忠实门徒。

---

[1]　《吾学编》卷四十《皇明名臣记》第十九卷"给事中贺公"条,第 424 册,第 541 页。
[2]　贺钦著,武玉梅校注《医闾先生集》卷五《简同年会元章翰林》、《简同年郑克修御史一》、《寄韩良弼公子》,辽宁人民出版社 2011 年版,第 63、64、74 页。
[3]　《医闾先生集》卷五,第 64 页。
[4]　《医闾先生集》卷二,第 17 页。

明代文人经学与文学思想的关系

对于李承勋等人来说,校刻《医闾先生集》的意义不仅是为了弘扬贺钦的学行,而且有助于体认陈白沙有关自得和涵养的思想。如前所述,主持校刻的李承勋受族兄李世卿影响而崇尚白沙之学。由陈献章《送李世卿还嘉鱼序》可知,嘉鱼李承恩和李承箕(字世卿)都与陈白沙有过从,其中李承箕曾于弘治元年(1488)由家乡前往南海白沙,承教于陈献章七月余,与白沙诗文往还甚密①。对于这一崇尚白沙学的门风,李承勋多有濡染。正因如此,围绕《医闾先生集》的校刻,李承勋及其学友王廷相(1474—1544)提出了对白沙之学的认识。李承勋《医闾先生集序》先是引用李承箕之说云:"白沙之学,以自得为宗,吃紧工夫全在涵养。"然后,李承勋又指出贺钦之学与白沙之学的不同:"白沙资质高明而虚静所得为多,故所见高妙。……先生性本笃实,循循然自下学始。"他还特别指出,白沙的高妙是通过早年修身工夫达到的境界,如果误以为是先天现成而放弃修养工夫,就有流于放荡的危险:"学之者见其暮年气象之可亲,而不考其早岁自治之甚力,惮深造而欲立致自然,怠克治而欲妄效和易,其不流为放荡者几希。"②王廷相在《与李逊庵司马》中表示赞同李承勋的看法:"读《医闾先生集序》,则知白沙之学,以自得为宗。……若夫惮深远而欲立致自然,怠克治而欲妄效和易,正今日学白沙者之大病。恐白沙涵养培植之深,用力之苦,不若是之易致也。"③概言之,在李承勋和王廷相看来,白沙之学的核心一是以自得为宗,二是重视涵养工夫。

对于上述有关白沙学之自得和涵养的体认,唐顺之无疑是有所了解的。这不仅因为他在校录《医闾先生集》时一定细读过附录的李承勋序,而且他与李承勋之间,不仅是兵部尚书与兵部主事之间的上下属关系,还有着校录之外的学术联系,理由是他们都与魏校(1483—1543)有较多的学术交流。据《明史·儒林传》,魏校字子才,学者称庄渠先生,昆山人。弘治十八年(1505)进士,曾任南京刑部主事、兵部郎中、广东提学副使、江西兵备副使、国子祭酒、太常卿等职。《明儒学案》卷三列其于《崇

---

① 陈献章著,孙通海点校《陈献章集》卷一,中华书局1987年版,第15—16页。
② 《医闾先生集》卷首。
③ 《王氏家藏集》卷二十七,《王廷相集》,第二册,第483—484页。

仁学案三》，称魏校私淑于胡居仁，其宗旨为天根之学①。李承勋与魏校是关系密切的道友，他与胡世宁、魏校、余祐合称"南都四君子"②。《庄渠遗书》卷三、卷十三收有魏校与李承勋的多封书信③。如前所述，唐顺之与魏校也有多年切磋学术的道谊。李、唐二人分别与魏校有着密切的学术交游这一事实，提示了唐顺之与李承勋的学术关系当不限于校刻《医间先生集》。

概言之，《医间先生集》的作者贺钦是陈白沙的忠实弟子，李承勋等人在校刻《医间先生集》的过程中，进一步领悟到白沙学以自得为宗和重涵养工夫的特征；李承勋和唐顺之都与魏校有着密切的学术交往，因而李、唐二人可能都关注白沙之学，唐顺之重校《医间先生集》就是这一学缘的体现。上述诸种因素使得校录《医间先生集》成为唐顺之接受白沙之学的重要契机。

三、白沙之学对唐顺之文学思想的影响

既然唐顺之在二十三岁校录《医间先生集》时已经濡染了陈献章之学，那么白沙学当对唐氏的文学思想产生了深远影响。唐顺之在著作中确实多次引用白沙之说④，关于白沙之学与唐顺之文学思想的关系，以往的研究已经注意到唐顺之对陈庄体的推崇⑤、唐顺之"天机"论引用了陈献章之说⑥，本节拟剖析唐顺之"天机"、"本色"等论与白沙思想的逻辑关系。

---

① 《明儒学案》卷三，《黄宗羲全集》，第七册，第41页。
② 《明史》卷一九九《胡世宁传》，第5259页。
③ 魏校撰《庄渠遗书》卷三、卷十三，《景印文渊阁四库全书》，台湾商务印书馆，第1267册，第721—722页、726—727页、736页、743页、748页，卷十三第924页。
④ 《荆川先生文集》明确征引白沙之说者五处，分别见《答吕沃州》、《答任孙一麟》、《与聂双江司马》(《荆川先生文集》卷六，《唐顺之集》，第247、263—264、278页)、《与王遵岩参政》、《与万思节主事》(卷七，第300、316页)。
⑤ 参见陈书录《明代诗文的演变》第四章，江苏教育出版社1996年版，第265—266页。
⑥ 参见宋克夫《论唐顺之的天机说》，《湖北大学学报(哲学社会科学版)》2004年第2期。

唐顺之在心性本体上提倡"天机"自然,不容人力,而"洗尽欲根"则是实现天机自然的根本途径;陈白沙之学以"自得"为宗,其主要命题是提倡"莫非在我"①的主体性,其实质在于是内而非外、是天而非人。唐顺之"天机"说、"本色"论与陈献章的"自得"说有着深刻的渊源关系。

1. "天机"论与白沙学的关系

首先,唐氏在论述"天机"的自然不容人力时,引用了陈献章"自得"说中的"色色信他本来"一语。唐顺之对"天机"最深入的阐述,见于其《与聂双江司马》。其说云:"盖尝验得此心,天机活物,其寂与感,自寂自感,不容人力。吾与之寂与之感,只自顺此天机而已,不障此天机而已。"②这是强调天机自然而然,自寂自感,不容人为做作,只须顺应天机。此说在阐述其天机自然之主张的同时,对聂豹的"归寂"说提出了不同看法。

为了论证这一主张,唐顺之援引了白沙之说:"天机即天命也。天命者,天之所使也,故曰天命之谓性。立命在人,人只是立此天之所命者而已。白沙先生'色色信他本来'一语,最是形容天机好处。"白沙此说出自《与林郡博七》:"终日乾乾,只是收拾此而已。此理干涉至大,无内外,无终始,无一处不到,无一息不运。会此则天地我立,万化我出,而宇宙在我矣。得此霸柄入手,更有何事? 往古来今,四方上下,都一齐穿纽,一齐收拾,随时随处,无不是这个充塞。色色信他本来,何用尔脚劳手攘?"③这段论述没有采用"自得"或"自然"的表述,但集中体现了白沙"自得"说的主要理论层面,其中最突出的是"我立"、"我出"、"在我"的主体性观念。值得注意的是,陈献章以"何用尔脚劳手攘"来说明"色色信他本来",可见,唐顺之引用白沙这一说法,主要是为了佐证天机自然、不容人力,同时也蕴涵了天机作为宇宙万物主宰的主体性观念。实际上,最

---

① 《论前辈言铢视轩冕尘视金玉中》(《陈献章集》卷一,第55页)。又《论前辈言铢视轩冕尘视金玉上》有"天下之物尽在我而不足以增损我"(《陈献章集》卷一,第55页),《送张进士廷实还京序》有"无非在我之极"(《陈献章集》卷一,第12页)等类似说法。
② 《荆川先生文集》卷六,《唐顺之集》,第278页。
③ 《陈献章集》卷二,第217页。

第五章　唐顺之校录《医闾先生集》的文学思想史意义

能证明唐顺之"天机"说源自白沙学的,是陈氏的"说到鸢飞鱼跃处,绝无人力有天机"①,此说以"鸢飞鱼跃"象征天机乃自然、乃活物,以"绝无人力"阐明天机不容人力、不待安排。

其次,唐顺之"天机"说的核心内涵是扫除欲障方能见天机,此说也受惠于陈献章之嗜欲为天机障的观念。天机自然并不意味着无须涵养工夫,因为天机被私欲障隔,须用实功扫除欲障,天机才能自运。仍是在《与聂双江司马》中,唐顺之提出了"障天机者莫如欲,若使欲根洗尽,则机不握而自运"②的主张。此说以明代中期、特别是东南地区士风的奢靡为背景,唐顺之不止一次地痛斥当世的势利之风③,正因如此,他反复申说无欲,如"欲根销尽"、"欲障起灭,未能痛与扫除"、"洗空欲障"。他甚至把无欲立为修身工夫的唯一目标:"大率此学,只论有欲无欲,不论宁静扰动。"④

陈献章也多次论及消除人欲的主张,比如,"人欲日消,天理日明",又如"以嗜欲为伐性之斧斤"。尤其值得注意的是,在其题为《随笔》的诗歌中,他明确地提出了嗜欲为天机之障的说法:"断除嗜欲想,永撤天机障。身居万物中,心在万物上。"⑤在此,除欲被视为"心在万物上"的前提⑥,而后者正是白沙最为重视、反复强调的主体性观念。可见,断除嗜

---

① 《陈献章集》卷六《赠周成》,第 566 页。
② 《荆川先生文集》卷六,《唐顺之集》,第 278 页。
③ "今之学者,种种欲障绝未摆脱。世间熏天塞地,无非欲海;学者举心动念,悉是欲根。"(《荆川先生文集》卷六《与聂双江司马》,《唐顺之集》,第 279 页)又如:"东南势利之习,薰塞宇宙,腥秽人心,盖末世气习尽然,而东南靡利之乡则为尤矣。"(《荆川先生文集》卷六《与张本静》,《唐顺之集》,第 249 页)
④ 《荆川先生文集》卷五《答张甬川尚书》,第 182 页;《荆川先生文集》卷五《答周约庵中丞》,第 219 页;《荆川先生文集》卷六《与张本静二》,第 251 页;《荆川先生文集》卷六《答吕沃州》,第 247 页。
⑤ 《陈献章集》卷一《东晓序》,第 7 页;《陈献章集》卷一《题余别驾中流砥柱图后》,第 72 页;《陈献章集》卷五《随笔》,第 517 页。
⑥ 湛若水解此诗曰:"谓之天机者,言天理流行不息如机然。天理本自完全,俱为嗜欲蔽障之耳。想,谓一念之萌,人欲之生,皆起于妄想。若断除此想,则天理流行无所障碍而超出于万物之上矣。"(《白沙子古诗教解》卷之下,《陈献章集·附录一》,第 785 页)此解揭示了除欲与"心在万物上"之间的逻辑联系,惜未能充分凸显主体之"心"的意义。

欲是白沙自得说的有机组成部分。

必须承认的是，在修身工夫的动静问题上，唐顺之与陈献章的显著区别是前者反对一味的静坐。众所周知，陈献章崇尚"为学须从静坐中养出个端倪来"①，唐顺之亦曾服膺主静说②，但是通过修身实践，他逐渐体会到，只有在应事接物的过程中，才能真正扫除欲根，"乃知濂洛主静与教人静坐之说，亦在后人善学，不然尽能误人，非特攘闹汩没中能误人也"③。因此，他对陈献章的静养说进行了反思："白沙先生尝言静中养出端倪，此语须是活看。盖世人病痛，多缘随波逐浪，迷失真源，故发此耳。若识得无欲种子，则意真源波浪本来无二，正不必厌此而求彼也。"④他认为修身的宗旨在于无欲，而工夫是不分动静的。

概言之，唐顺之的"天机"论以无欲为关键，而陈献章的自得说以"在我"为核心，因而两者的侧重点有所不同，但是，两说都主张天机不容人力、把去除嗜欲作为顺应天机的前提，其渊源关系是不言而喻的。

从具体表述来看，陈献章在论述心性本体时，除了使用"天机"一说之外，"此心通塞往来之机"、"一生生之机"、"鸢飞鱼跃之机"⑤等等，其实就是自然不容人力的天机。因此，唐顺之的"天机"说在具体表述上也有承接白沙之处。

2. "本色"论与白沙学的渊源

再就"本色"论的渊源来说，众所周知，唐顺之作为文学思想命题的"本色"论，实际上是作为心性本体的"天机"论在文学上的投射。这一"本色"论与陈白沙的自得说也有相通之处。如前所述，唐顺之"本色"论的内涵非常丰富⑥，其核心是相对于文章的绳墨布置、规矩法度来说，文

---

① 《陈献章集》卷二《与贺克恭黄门》，第133页。
② 《荆川先生文集》卷五《寄刘南坦》，《唐顺之集》，第185页。
③ 《荆川先生文集》卷五《答周七泉通判》，《唐顺之集》，第220页。
④ 《荆川先生文集》卷六《答吕沃州》，第247页。
⑤ 《陈献章集》卷一《送李世卿还嘉鱼序》，第16页；《陈献章集》卷一《古蒙州学记》，第27页；《陈献章集》卷一《夕惕斋诗集后序》，第12页。
⑥ 参见左东岭《从本色论到童心说——明代性灵文学思想的流变》，《社会科学战线》2000年第6期。

第五章 唐顺之校录《医闾先生集》的文学思想史意义

章内容更加重要。在此,文章内容上的"真精神与千古不可磨灭之见",是相对于"婆子舌头语"而言的。唐顺之又进一步阐述其"本色"的含义云:

> 唐宋而下,文人莫不语性命,谈治道,满纸炫然,一切自托于儒家。然非其涵养畜聚之素,非真有一段千古不可磨灭之见,而影响剿说,盖头窃尾,如贫人借富人之衣,庄农作大贾之饰,极力装做,丑态尽露,是以精光枵焉,而其言遂不久湮废①。

可见,"本色"论的要点是反对依傍他人、剿袭成说,提倡由个体涵养蓄聚而来的独特创见。个性化和创新性当是唐顺之所谓"真精神与千古不可磨灭之见"的主要特征。

陈白沙的"自得"说也推崇学术个性和独特见地。如前所述,"自得"说最突出的层面是张扬"在我"的主体,由强调主体延伸到推崇个性,本是顺理成章的。"是故道也者,自我得之,自我言之,可也"一说中,已包含了独树一帜的意味;又陈氏指出,"今之学者各标榜门墙,不求自得,诵说虽多,影响而已"②,此说明确指出了依傍他人、缺乏创见的学术,其实质是不求"自得"。值得一提的是,唐顺之曾引用陈献章的"以我而观书"一说③,陈氏以此说来阐述"学者苟不但求之书而求诸吾心,察于动静有无之机,致养其在我者,而勿以闻见乱之,去耳目支离之用,全虚圆不测之神,一开卷尽得之矣。非得之书也,得自我者也"④的主张,其中正蕴涵着自出机杼的意味,可见唐顺之直接吸收了陈献章有关学术个性和创新的观点。

从具体表述来看,唐顺之在论述其"本色"论时所用的语词,与白沙

---

① 《唐顺之集》卷七《答茅鹿门知县二》,第 295 页。
② 《陈献章集》卷二《复张东白内翰》,第 131 页;《陈献章集》卷二《与湛民泽九》,第 193 页。
③ 《答侄孙一麟》:"白沙先生'以我观书,以书博我'之说,甚可理会。以我观书,则意常闲闲,自不欲速,以生燥火。"(《荆川先生文集》卷六,《唐顺之集》,第 263—264 页)
④ 《陈献章集》卷一《道学传序》,第 20 页。

说何其相似乃尔：

> 至送鹿园文字，虽傍理路，终似蹈袭，与自得处颇无交涉。盖文章稍不自胸中流出，虽若不用别人一字一句，只是别人字句，差处只是别人的差，是处只是别人的是也。若皆自胸中流出，则炉锤在我，金铁尽镕，虽用他人字句，亦是自己字句①。

这段论述虽未拈出"本色"一词，但其实是再次申说了前引"本色"论。其中的"自得"、"炉锤在我"等说，几乎令人误以为出自白沙笔下。又唐顺之总结自己的学术追求是"大要以反求自得，一不蹈袭，独操欛柄为说"②，其中的"自得"、"独操欛柄"等语，也明显地受到了陈献章之说的影响。

四、结语

现存的贺钦《医闾先生集》嘉靖九年本、朝鲜本卷首标题和郑晓《吾学编》等史料表明，嘉靖八年（1529）八月，时任兵部主事的唐顺之曾校录《医闾先生集》。主持此事的兵部尚书李承勋等人与白沙学有着深厚渊源，刊刻《医闾先生集》其实也是他们吸收、反思白沙学的过程。这一学术经历为唐顺之吸收陈献章之学提供了重要契机。

唐顺之在著述中多次援引白沙学说，其"天机"论和"本色"论在思想内涵和具体表述上都与陈献章的"自得"说有渊源关系。其一，唐顺之的"天机"论引用了白沙"色色信他本来"一语，在天机不容人力、断除嗜欲等层面与陈氏"自得"说相通。在具体表述上，唐顺之的"天机"说，与陈献章的"天机"、"此心通塞往来之机"、"一生生之机"、"鸢飞鱼跃之机"等说，可谓一脉相承。其二，唐顺之的本色论认为文章的内容具有"真精神

---

① 《荆川先生文集》卷七《与洪方洲书》，《唐顺之集》，第297—298页。
② 《荆川先生文集》卷十六《万古斋公传》，《唐顺之集》，第734页。

第五章 唐顺之校录《医闾先生集》的文学思想史意义

与千古不可磨灭之见",比文章的规矩法度更为重要,因而反对内容上的蹈袭成说、人云亦云。这一追求创新和个性的学术精神也是陈献章"自得"说的重要内容。在这方面,唐顺之不仅直接引用了陈献章的"以我而观书",其使用的"自得"、"炉锤在我"、"独操櫽栝"等语词,也与陈氏如出一辙。

关于唐顺之"天机"说、"本色"论的来源,以往的研究比较关注其所受阳明学的影响。实际上,唐顺之涉猎广博,其学术和文学思想的理论动力也必然是多元的。唐顺之校录《医闾先生集》的经历及其对陈献章学说的多次引用,都提示了其思想与白沙学的深刻联系。

第六章　论焦竑的文学思想与东坡易学的渊源

明代中期以降，由于七子派"文必秦汉、诗必盛唐"的论调充塞于文坛，反对模拟古人、提倡文学个性的呼声遂日益高涨，晚明文学理论变革的大幕便由此揭开。关于明代中后期反模拟文风的理论背景，以往的研究多强调阳明心学与禅学的影响。实际上，从文学思想史发展的内在脉络来看，北宋欧阳修、苏轼等人的学术和文学思想有着不可忽视的先导之功。尤其是明代中后期归有光、唐顺之、焦竑等人继承和发展欧苏一派的文人经学，从中汲取重要的思想资源，以倡导文学的变化和个性。本章拟分析焦竑的文学思想与东坡易学的内在联系。

一、焦竑的反模拟文风与提倡"神"和"情"

与明代中后期的许多著名文人一样，焦竑的文学思想主要聚焦于反对效摹古人和重视文学性灵。焦竑的批驳七子派模拟文风与提倡文学"神情"是互为表里的。其所谓"神情"的内涵，可从以下几方面加以把握：

其一，"神情"是在词句之外、与"法"相对的东西。他不止一次地驳斥当世七子派的模拟文风，认为其弊端在于缺乏"神"或"情"：

> 窃惟元季以来，词学纤靡，迨弘、德间，李、何辈出力振古风，学

第六章　论焦竑的文学思想与东坡易学的渊源

> 士大夫非马《记》杜诗不以谈。第传同耳食,作匪神解。……余观岭南自五先生而下,言人人殊,而尔雅有则,温和甚美,诚艺苑之先鞭,词林之正轨也。
>
> 余观弘、正一二作者,类遗其情,而模古之词句;迨其下也,又模模之者之词句①。

在此,他驳斥七子派文学一味模拟词句而遗落了"神解"、"情"。其所谓"神解"或曰"情",是指文学词句之外的本质特征。由以下说法可知,"神"是与法相对的"所以法":

> 古之摛词者,不在形体结构,在未有形体之先,其见于言者,托耳。若索诸裁文匠笔,声应律合,即尽叶于古,皆法之迹也,安知其所以法哉!……以为不得其神,未可论其法;不知其人,未有能得其神者也②。

在形体结构之外、在"法之迹"之上,这些说法都是以否定句式,对"神"或曰"情"超越法度的特点加以描述。

其二,焦竑也试图以肯定句式,对"神"或曰"情"加以阐释。一方面,"情"是作者有所感触而生发的深情,也可以称为"性灵":

> 诗非他,人之性灵之所寄也。苟其感不至,则情不深;情不深,则无以惊心而动魄,垂世而行远。吾观尼父所删,非无显融腯厚者厕乎其间,而讽之令人低徊而不能去,必于变《风》、《雅》归焉,则诗道可知也③。

---

① 《澹园集》卷十六《苏叔大集序》,第171页;《澹园集》卷二十二《题谢康乐集后》,第275页。
② 《澹园集》卷二十二《题词林人物考》,第284页。
③ 《澹园集》卷十五《雅娱阁集序》,第155页。

137

明代文人经学与文学思想的关系

焦竑认为惊心动魄、垂世行远的文学作品是作者性灵的表现,可见其对于文学特质的看法,已经突破了温柔敦厚的儒家诗教说。不过,焦竑虽多次论及文学主体意义上的性灵,但仅有此处强调了受到触发而产生的、令人惊心动魄的深情,其他几处的"性灵"都是含义比较宽泛、与"情志"相接近。比如:"昔人有言,在心为志,发言为诗。声成文谓之音。然则发乎性灵,形于篇咏,远则明天下政途,阐兹王化;近则抒一时感激,美于国风,其亦有不容自已者乎!"①这里的"性灵"便关乎王化而不仅仅是深情。

与此处的"性灵"相近的是"其中之所欲云":"古者贤士之咏叹,思妇之悲吟,莫不为诗情动于中,而言以导之,所谓'诗言志'也。……余观汉魏,以逮六朝,作者蝟起,能道其中之所欲言者……"②此外,焦竑亦常用"胸臆"一词来称赏诗文的富含情感且不事雕饰。比如,他赞美刘元定"每有篇章,直取胸臆"③。

另一方面,"神"或曰"情"是创作主体不受束缚、自然灵动的神气或曰天机的投射。如前所述,焦竑在论述谢灵运的文学创作时,曾指出"神情"在文学创作中的妙用:"然殷生言:'文有神来,气来,情来。摹画于步骤者神踬,雕刻于体句者气局,组缀于藻丽者情涸。'康乐雕刻组缀并擅,工奇而不蹈三敝者,神情足以运之耳。何者?以兴致为敷叙点缀之词,则敷叙点缀皆兴致也;以格调寄俳章偶句之用,则俳章偶句皆格调也。"④这是说,文有"神情",便能避免模拟雕琢的弊端。那么,这种化腐朽为神奇的"神情"究竟意味着什么呢?焦氏又论艺之道曰:"古之艺,一道也。神定者天驰,气全者调逸,致一于中,而化形自出,此天机所开,不可得而留也。勃勃乎乘云雾而迅起,踔厉风辉,惊雷激电,披拂霍靡,倏忽万变,

---

① 《澹园集》卷十八《孙太公荣寿诗序》,第 221 页。
② 《澹园集》卷十六《陶靖节先生集序》,第 169 页。
③ 《澹园集》卷十六《刘元定诗集序》,第 173 页。类似说法还有"故能剔抉浮华,直取胸臆"(《澹园集》卷十六《苏叔大集序》,第 171 页),"为文敏给疏畅,直写胸臆"(《澹园集》卷二十八《荣禄大夫南京中军都督府都督同知前提督漕运镇守淮安总兵官鹿园万公墓志铭》,第 427 页),"李君持论不无过激,要其胸臆间语,故自足存"(《澹园续集》卷五《答许绳斋》,第 857—858 页)。
④ 《澹园集》卷二十二《题谢康乐集后》,第 275 页。

则放乎前者皆诗也,岂尝有见于豪素哉!"①艺道的奥妙在于,神定气全的主体之精神专注凝聚,从而创造出浑然天成、无迹可求的诗篇。焦竑多次阐述作者的精神灵动与文章高妙之间的联系:"其言语文章非不工且博也,然械用中存,神者不受,以眠夫妙解投机,精潜应感者,当异日谈矣。"②又曰:"一技所得,虽以艺自列,然必妙解投机,精潜应感,则械用不存,而神者受之,讵可以辙迹求哉。"③以上两说大同小异,都是主张创作主体"妙解投机,精潜应感"即精神不受桎梏而自由驰骋,文学、书法才可能高妙。在此,他再次强调了文艺的得失高下是超越于"言语文章"或曰"辙迹"之上的。

综上所述,焦竑以"神"或曰"情"来概括文学的本质,推崇惊心动魄的深情,主张"神"或曰"情"超越于文学的声律结构等形式要素之上,折射了创作主体不受羁绊的天机。这一"神情"论的内涵反映了明代中后期文学思想的普遍趋势,唐顺之的"本色"论、李贽"童心说"、汤显祖"神情合至"论、袁宏道"性灵"说等等,都与其说相呼应。

二、焦竑"物相杂曰文"与苏轼易学思想的关系

在明代中后期文坛上,焦竑文学思想的独特之处在于引用《系辞下》"物相杂,故曰文"以论证其反模拟的主张,这与北宋苏轼《东坡易传》"文生于相错"说是一脉相承的。

1. 焦竑以"物相杂曰文"说纠模拟之弊

为了矫正模拟文风的弊端,焦竑援引周易《系辞》来论证文学的多样化:

> 孔子曰:"夫言岂一端而已。"言者心之变,而文其精者也。文而

---

① 《澹园集》卷十六《刘元定诗集序》,第173页。
② 《澹园集》卷十四《刻苏长公集序》,第142页。
③ 《澹园集》卷二十二《书葛万悦制义》,第280页。

明代文人经学与文学思想的关系

> 一端,则鼓舞不足以尽神①,而言将有时而穷。易有之:"物相杂曰文。"相杂则错之综之,而不穷之用出焉。宋王介甫守其一家之说,群天下而宗之,子瞻讥为黄茅白苇,弥望如一,斯亦不足贵已。近代李氏倡为古文,学者靡然从之,不得其意,而第以剽略相高,非是族也,摈为非文。噫,何其狭也!②

这段文字从文学典范多样化的角度论述了矫模拟之弊的方法。北宋苏轼不满于王安石令天下守其一家之说的做法,焦竑亦斥责七子派的模拟文风过于狭隘。他认为,只有树立多样的文学典范,诗文才能错综变化,才有所谓"不穷之用";才能臻于高妙,达到鼓舞足以尽神之境。如前所述,焦竑常以"神"来阐述文学超越于法度之上的高妙,因此,"物相杂曰文"实际上说明了追求文学之"神"的途径。

在此,焦竑指出文学博而归约的依据是《易传》"物相杂故曰文"。此说出自《系辞下》:"易之为书也,广大悉备,有天道焉,有人道焉,有地道焉。……道有变动,故曰爻,爻有等,故曰物。物相杂,故曰文。文不当,故吉凶生焉。"对于此说的本意,韩康伯注曰:"刚柔交错,玄黄错杂。"孔颖达疏曰:"言万物递相错杂,若玄黄相间,故谓之文也。"③万物相互交错,正如天玄与地黄的相间。焦竑将此说引申为文学典范应当多样,在逻辑上颇为顺理成章。

概言之,焦竑引用《系辞传》"物相杂故曰文"来驳斥模拟文风,其中值得注意的要素有三:一是将"物相杂"理解为"相杂则错之综之",即文学典范的多样化有助于文学的富于变化;二是以"物相杂"为实现文学之"神"的途径;三是援引了苏轼对王安石一家之学的批判,由此可见焦竑的反模拟文风与苏轼文论的联系。

---

① 《系辞上》:"子曰:圣人立象以尽意,设卦以尽情伪,系辞焉以尽其言,变而通之以尽利,鼓之舞之以尽神。"孔颖达疏曰:"'鼓之舞之以尽神'者,此一句总结立象尽意、系辞尽言之美。"
② 《澹园续集》卷二《文坛列俎序》,第781页。
③ 李学勤主编《十三经注疏·周易正义》卷八,北京大学出版社1999年版,第319页。

2. 焦竑"物相杂曰文"与东坡"文生于相错"的逻辑联系

焦竑不止一次地援引苏轼父子之说来批驳当世的模拟文风。焦竑在《与友人论文》中曾引用苏洵之说来批驳文学的字摹句拟:"夫词非文之急也,而古之词又不以相袭为美。……苏子云:'锦绣绮縠,服之美者也,然尺寸而割之,错杂而纽之,则绨缯之不若。'今之敝何以异此!"①此说出自苏洵《史论下》:"今夫绣绘锦縠,衣服之穷美者也,尺寸而割之,错而纫之以为服,则绨缯之不若。"②这使我们注意到,焦竑借用《系辞传》"物相杂故曰文"来论述文学典范的多样化时,当吸收了苏洵父子的思想资源,其中就包括《东坡易传》"文生于相错"的观念。

东坡"文生于相错"是对《坤》卦六五爻象"文在中也"的解释:"夫文生于相错,若阴阳之专一,岂有文哉?六五以阴而有阳德,故曰文在中也。"③显然,所谓"文生于相错"的实质是强调阴阳相错才能形成文,单阴或单阳都不能成文。此说虽然与《系辞》下"物相杂故曰文"的含义不完全一致,但两者的渊源关系是不言而喻的,都是主张文生于多样化事物的相互结合。又《东坡易传》解释"物相杂故曰文"时,援引《孟子·滕文公上》"物之不齐,物之情也"④,则是突出了其中的重视事物多样化个性的层面。

《东坡易传》非常重视阴阳相错,以至于将《系辞》上"圣人有以见天下之赜"的"赜"解释为"喧错":

> 赜,喧错也,古作"啧"。……《春秋传》曰:"啧有烦言",象卦也。物错之际难言也。圣人有以见之,拟诸其形容,象其物宜,而画以为卦。刚柔相交,上下相错,而六爻进退屈信于其间。其进退屈信不可必,其顺之则吉,逆之则凶者,可必也。可必者,其会通之处也,见

---

① 《澹园集》卷十二,第93—94页。
② 苏洵著,曾枣庄、金成礼笺注《嘉祐集校注》卷九,上海古籍出版社1993年版,第238页。
③ 《东坡易传》卷一,《景印文渊阁四库全书》,台湾商务印书馆1986年版,第9册,第9页。
④ 此说出自《孟子·滕文公上》。

其会通之处，则典礼可行矣。故卦者至错也，爻者至变也。至错之中有循理焉，不可恶也；至变之中有常守焉，不可乱也①。

这段论述中，苏轼将"赜"理解为刚与柔、上与下的相交相错，并得出了"卦者至错也"的结论。至错是卦的本质特征，正如至变是爻的本质特征。由此可见，在《东坡易传》的易学思想体系中，"相错"是易的核心特征之一。在这个意义上，可以说，"卦者至错也"是《东坡易传》的核心思想。

"文生于相错"是"卦者至错也"这一观点的重要组成部分，是苏轼从卦爻的刚柔、上下交错，引申出相错在文之形成中的重要意义，因而是《东坡易传》的重要观点。

"文生于相错"说在东坡文学思想体系中具有重要地位。首先，此说与东坡反对王安石一家之学、一家之文有着内在联系。前文所引苏轼有关"文生于相错"的阐述中，"若阴阳之专一，岂有文哉"、"物之不齐，物之情也"等说值得注意。这里所反对的"专一"、所主张的"不齐"的具体内涵，可从苏轼《答张文潜县丞书》中窥见其端倪。其说云："王氏之文，未必不善也，而患在于好使人同己。……地之美者，同于生物，不同于所生。惟荒瘠斥卤之地，弥望皆黄茅白苇，此则王氏之同也。"②显然，王安石以一家之文、一家之学笼罩天下的文化主张，正是违反了"物之不齐"的自然规律，而使文学陷于单一雷同的境地。

其次，为了充分理解"文生于相错"的内涵，有必要进一步探究"相错"与文之"神"的内在联系。《东坡易传》曾论及文之神："易曰：云从龙，风从虎。虎，有文而能神者也；豹，有文而不能神者也。故大人为虎，君子为豹。"③可见文有能神与不能神的区别。如何获得"神"呢？对于《大畜》卦之象"大畜刚健笃实，辉光日新其德"，苏轼的理解是："刚健者，乾

---

① 《东坡易传》卷七，第 9 册，第 127 页。
② 孔凡礼点校《苏轼文集》卷四十九，中华书局 1986 年版，第 1427 页。
③ 《东坡易传》卷五，第 9 册，第 92 页。

也;笃实者,艮也。辉光者,二物之相磨而神明见也。"①"相磨"就是相错,由此说可以推测,"文生于相错"一说,还包含了相错则神明见的观点。如果将此说与"光者,物之神也,盖出于形器之表"②相联系,可以进一步发现,相错则使得文具有了神明,具有了出于形器之表的妙处。

再次,《东坡易传》虽然没有直接阐述所谓"神明"与创作主体之神定气全之间的关系,但《东坡易传》卷八有"道之大全"③一说,又苏轼推崇主体的"岂独不见人,嗒然遗其身,其身与竹化,无穷出清新"④即凝神不分的境界,故而《东坡易传》的"神明"说中也隐含了主体神定气全的意味。

概言之,"文生于相错"是《东坡易传》的核心观点之一,与东坡反一家之文的文学主张相呼应,其中包含了文是多样事物的结合、相错则文之神明见、文之神出于形器之表等层面。

将焦竑借用《易传》"物相杂故曰文"所论述的文学主张与东坡"文生于相错"说加以比较,可以发现两者之间的逻辑内涵非常接近:其一,与批评文学的单调雷同相关。其二,重视多样化事物的结合。其三,推崇超越于规矩法度之上的文学之"神",强调创作主体浑然天成的精神的折射。

三、焦竑对东坡易学的吸收

众所周知,焦竑对苏轼之文学和易学都推崇备至,作有《刻苏长公集序》、《刻两苏经解序》和《刻苏长公外集序》⑤,他弱冠时就从唐顺之处获见"子瞻《易》、《书》二解"⑥,《东坡易传》最早的刻本成于焦竑之手,由此

---

① 《东坡易传》卷三,第9册,第48页。
② 《东坡易传》卷三,第9册,第48页。
③ 《东坡易传》卷八,第9册,第140页。
④ 王文诰辑注,孔凡礼点校《苏轼诗集》卷二十九《书晁补之所藏与可画竹三首》,中华书局1982年版,第1522页。
⑤ 《澹园集》卷十四,第142页;《澹园续集》卷一,第750—751页;《澹园续集》卷一,第751页。
⑥ 《澹园续集》卷一《刻两苏经解序》,第750页。

明代文人经学与文学思想的关系

可以想见焦竑于东坡易学浸淫之深。

就焦竑《易筌》对《东坡易传》的引用而论，《易筌》主要吸收了东坡易学中援引老子思想和重视各爻关系的内容。一方面，《易筌》约有八处引用《东坡易传》和《苏轼文集》，其中一半以上是借用《老子》的"损有余以补不足"、"无名"、"不执"等观念来诠释《周易》。现分别列举如下：

一、《老子》戒盈的倾向。《易筌》卷二《坎》卦九五爻注引用了《东坡易传》卷三："子瞻曰：九五可谓大矣。在坎而不敢自大，故不盈也，不盈所以纳四也。夫盈者人去之，不盈者人输之，故不盈适所以使之既平也。"①此处的"夫盈者人去之"②云云，体现出对盈满的戒备，既受惠于《老子》有关防止盈满的主张，又光大《谦》卦《象》的崇谦而抑盈的观念。众所周知，《老子》反对盈满，第十五章申论"保此道者不欲盈，夫唯不盈，故能蔽不新成"，第七十七章阐述"天之道，损有余而补不足"。与《老子》的主张相类似，《谦》卦《象》提出尚谦而亏盈的观点："天道下济而光明，地道卑而上行；天道亏盈而益谦，地道变盈而流谦；鬼神害盈而福谦，人道恶盈而好谦。"显然，焦竑援引苏轼推崇"不盈"之说，折射了其对《老子》和《易传》戒盈思想的弘扬。

二、《老子》"善结无绳约而不可解"。《易筌》卷二引用《东坡易传》卷三对《坎》卦六四爻辞的解读："樽酒簋贰用缶，薄礼也；纳约自牖，简陋之至也。夫同利者不交而欢，同患者不约而信。"③这段文字强调共同的利

---

① 《续修四库全书》，经部第 11 册，第 190 页。四库全书本《东坡易传》卷三文字小异："九五可谓大矣。有敌而不敢自大，故不盈也，不盈所以纳四也。盈者人去之，不盈者人输之，故不盈适所以使之既平也。"（第 9 册，第 48 页）"有敌"，《易筌》作"在坎"；"盈者人去之"之前，《易筌》多"夫"字。

② 清钱澄之撰，吴怀祺校点，吴孟复审订《田间易学》卷二（黄山书社 1998 年版，第 372 页）、民国马其昶《周易费氏学》（民国七年抱润轩刻本）卷一亦引用东坡此说。

③ 《易筌》卷二，《续修四库全书》，经部第 11 册，第 66 页；《东坡易传》卷三，第 9 册，第 55 页。按：元李简《学易记》（《景印文渊阁四库全书》本）卷三、明何楷《古周易订诂》（《景印文渊阁四库全书》本）卷三、李贽《九正易因》（张建业主编《李贽文集》第七卷，社会科学文献出版社 2000 年版）、潘士藻《读易述》（《景印文渊阁四库全书》本）卷五、钱士升《周易揆》（明末赐余堂刻本）卷四、张次仲《周易玩辞困学记》（《景印文渊阁四库全书》本）、清陈廷敬《午亭文编》（《景印文渊阁四库全书》本）卷二十六、沈起元《周易孔义集说》（《景印文渊阁四库全书》本）卷八亦引用此条。

第六章 论焦竑的文学思想与东坡易学的渊源

害关系在人际信用中的决定作用,与《老子》第十九章"绝巧弃利"的倾向有所不同,但"不约而信"的思维方式,却颇接近于《老子》第二十七章"善结无绳约而不可解"。

三,老子的"抱一"和"无执"。《易筌》卷五释《系辞上》"圣人设卦观象"一段,引用了"子瞻曰:夫刚柔相推而变化生,变化生而吉凶之理无定。不知变化而一之,以为无定而两之,此二者皆过也。天下之理未尝不一,而一不可执;知其未尝不一而莫之执,则几矣。……圣人以进退观变化,以昼夜观刚柔,二观立,无往而不一也。"[1]此说出自《东坡易传》卷七[2]。其中的核心观点是"天下之理未尝不一,而一不可执",此说的来源比较复杂,但无疑受到了《老子》的影响。对于宇宙的依据和本原,《老子》反复致意,第四十二章"道生一,一生二,二生三,三生万物",是非常脍炙人口的宇宙生成论;第十章"载营魄抱一,能无离乎"和第二十二章"圣人抱一为天下式",包含了崇尚本源的意味;而第三十九章论"得一"曰:"昔之得一者,天得一以清,地得一以宁,神得一以灵,谷得一以盈,万物得一以生,侯王得一以为天下贞。"此处的"一"兼有事物本体和本原的含义。与此同时,《老子》也重视"无执":"为者败之,执者失之。"(第二十九章)"为者败之,执者失之。是以圣人无为故无败,无执故无失。"(第六十四章)将老子的"抱一"和"无执"结合起来,就构成了东坡所谓"天下之理未尝不一,而一不可执"。

不可否认的是,东坡此说与《老子》有渊源关系,但其基本思维方式则是来自佛教。"天下之理未尝不一,而一不可执"一说,兼论万物的本体和生成,揭示了一与多、有与无的微妙关系,在思维方式上接近于《华严经》的"一多相即"。该经云:"知一即是多,多即是一。"又卷二十九云:"观缘起法,于一法中,解众多法;众多法中,解了一法。"[3]对于《华严经》

---

[1] 《易筌》卷五,《续修四库全书》,经部第 11 册,第 137 页。
[2] 《东坡易传》卷七,第 9 册第 122 页。按:明曹学佺《周易可说》(明崇祯刻本)卷五、何楷《古周易订诂》卷十一、潘士藻《读易述》卷一、清钱澄之《田间易学》卷七皆引此说。
[3] 东晋天竺三藏佛驮跋陀罗译《大方广佛华严经》卷八、卷二十八,《大正新修大藏经》,第 9 册,第 446、580 页。

的一多相即，苏轼多次致意，其《众妙堂记》云："其徒有诵《老子》者曰：'玄之又玄，众妙之门。'予曰：'妙一而已，容有众乎？'道士笑曰：'一已陋矣，何妙之有。若审妙也，虽众可也。'"①在此，妙一而非众、亦一亦众的观点，与《东坡易传》"未尝不一，而一不可执"之说相呼应。

焦竑对于东坡此说非常重视，除了《易筌》引用"一不可执"一段外，《焦氏笔乘续集》卷一还引用《众妙堂记》的上述文字，并加以如下述评："孔言一贯，老言得一。学者以一为至矣，不知实无所谓一。盖因万有一，万废一亡。……子瞻殆性与道会者也。"②对于苏轼这一融会了三教思想的"道"论，焦竑推崇备至，以至于誉苏轼如圣人一般"性与道会"。

四，《老子》的道不可名。众所周知，《老子》以道为不可名。上篇第一章就有"道可道，非常道；名可名，非常名"之说，第二十五章又云："有物混成，先天地生。……吾不知其名，字之曰道，强为之名曰大。"这一思想为《东坡易传》所汲取，焦竑对此颇为关注。其《易筌》卷五释《系辞》下"易者象也，象也者像也"，援引《东坡易传》卷八，其中值得注意的是以下一段："象者像也，像之言似也。其实有不容言者，故以其似者告也。"③苏轼的这段阐述将"象也者像也"理解为"似"，并指出"似"的实质是"其实有不容言者"，这实际上是取资于《老子》道不可名的观点。

值得一提的是，道不可言是《东坡易传》反复申说的重要观点。除了"其实有不容言者"一说外，《东坡易传》卷七亦云："圣人非不欲正言也，以为有不可胜言者，惟象为能尽之。"④正因如此，朱熹《杂学辨》攻击东坡易学的理由之一，就是此类理不可言的说法："故每为不可言不可见之说，以先后之；务为闪倏滉漾、不可捕捉之形，使读者茫然。……殊不知性命之理甚明，而其为说至简。"⑤

此外，《东坡易传》重视各爻相互关系的特色，也颇为《易筌》所重视。

---

① 《苏轼文集》卷一，第361—362页。
② 李剑雄点校《焦氏笔乘续集》卷一，中华书局2008年版，第253页。
③ 《东坡易传》卷八，第9册，第137页；《易筌》卷五，《续修四库全书》，经部第11册第155—156页。
④ 《东坡易传》卷七，第9册，第133页。
⑤ 《景印文渊阁四库全书》，第699册，第490页。

四库馆臣赞《东坡易传》"推阐理势,言简意明"①,其中的"推阐理势"便包含了重视各爻之间关系的意味。《易筌》至少有三处引用了《东坡易传》的此类论述。比如,《坎》卦六四爻和九五爻的解释都引用了《东坡易传》,两者都涉及各爻之间的相互关系。前者云:"四非五无与为主,五非四无与为蔽。"揭示了五为四主、四为五蔽的相互依存关系;后者认为九五爻"不盈所以纳四也"②。又如《易筌》卷三《大壮》上六爻引《东坡易传》曰:"羊九三也,藩上六也。自三言之,三不应触其藩;自上言之,上不应羸其角。二者皆不计其后而果于发者。三之触我,我既已罔之矣,方其前不得遂而退不得释也,岂独羊之患,虽我则何病如之。且未有羊羸角而藩不坏者也,故无攸利,均之为不利也。"③在此,苏轼分析九三爻与上六爻的关系,指出二者本是存亡与共,本应和平相处,而不计后果地相互攻击,其后果只能是两败俱伤。《易筌》对《东坡易传》这三条注释的引用,表明焦竑抓住了东坡易学"推阐理势"的重要特征。

必须说明的是,从具体的表述来说,焦竑对东坡"文生于相错"之说并没有直接引用,但是他的易学无疑吸收了这一观点。《易筌》释《姤》卦九五爻辞"含章"曰:"包即含,瓜即章。物相杂曰文,以阳包阴,故曰含章。"④焦氏援引《系辞》下"物相杂故曰文"来解释"含章",并且把"物相杂"理解为"以阳包阴",这就很接近于东坡的"若阴阳之专一,岂有文哉",可见焦竑在引用"物相杂曰文"来论述反模拟、重变化的文学主张时,是以东坡"文生于相错"为重要依据的。

四、东坡"文生于相错"说与焦竑文学思想的独特性

焦竑援引《系辞》"物相杂故曰文"来阐述其文学主张,这与苏轼《东

---

① 清永瑢等撰,《四库全书总目》卷二经部易类二,中华书局1965版,第6页。
② 《东坡易传》卷三,第9册,第55页;《易筌》卷二,《续修四库全书》,经部第11册第66、67页。
③ 《东坡易传》卷四,第9册,第64—65页;《易筌》卷三,《续修四库全书》,经部第11册第77页。
④ 《易筌》卷三,《续修四库全书》,经部第11册,第96页。

明代文人经学与文学思想的关系

坡易传》的"文生于相错"说一脉相承。那么,"文生于相错"说对焦竑文学思想产生了怎样的影响呢? 换言之,通过借用苏轼的这一思想资源,焦竑文学思想具有了怎样的特色? 焦竑的"物相杂曰文"又在哪些层面发展了东坡文论?

首先,在"文生于相错"说的影响下,焦竑提出了矫模拟之弊的独特途径。众所周知,矫正字模句拟的文风,是明代中后期文学革新的主要目的之一,但诸家实现这一目标的具体途径稍有差别。比如,唐顺之的"本色"论崇尚文学的"真精神与千古不可磨灭之见"[1];归有光的"诗者出于情"等命题,主张文学表现亲情和仁民爱物之情。两者的相通之处在于重视文学内容的独特;李贽《童心说》推崇绝假纯真的童心[2],公安派袁宏道《叙小修诗》崇尚性灵,提倡文字从胸臆流出,甚至其疵处亦十分可贵[3]。他们的理论焦点在于崇尚文学主体的自然真诚。

焦竑借用《系辞》"物相杂故曰文"来阐述的文学主张,则是侧重于树立多样化的文学典范。由前引《文坛列俎序》可知,焦竑认为"近代李氏"等模拟文风的弊端,不仅在于以剽略相高,而且在于文学典范单一所导致的文学风格单一。如前所述,东坡的"文生于相错"说隐隐指向王安石的一家之文、一家之学,而焦竑在《文坛列俎序》中,直接将"物相杂曰文"与苏轼的反一家之学相联系。这一阐述的意义在于,一方面表明了其"物相杂曰文"与东坡"文生于相错"的渊源关系,另一方面进一步凸显了这两个命题中蕴涵的文学典范多样化的含义。

不仅如此,焦竑还建立了树立多样化的文学典范、超越文学法度、重视创作主体的天机和强调文学的错综变化等因素之间的内在联系。如前所述,苏轼"文生于相错"说还包含了相错则神明见的意味,这实际上是揭示了文学典范多样化与文学"神明"的内在联系。同样,焦竑在阐述"物相杂故曰文"时,也以否定的形式论及了相杂则鼓舞足以尽神,因而其说也提示了文学典范多样与文学之"神"的逻辑联系。如前所述,焦竑

---

[1] 《唐顺之集》卷七《答茅鹿门知县二》,第295页。
[2] 李贽《焚书》卷三,《李贽文集》,第七卷,第91页。
[3] 袁宏道著,钱伯城笺校《袁宏道集笺校》卷四,上海古籍出版社2008年版,第187页。

第六章　论焦竑的文学思想与东坡易学的渊源

所谓"神"是超越文学的声律结构并折射主体之天机的。因此,通过"物相杂曰文"这一命题,焦氏将文学风格的多样化视为超越规矩法度、张扬主体之天机的重要途径。

此外,焦竑还对苏轼"文生于相错"说加以发展,指出了文学典范的多样与文学变化之间的内在联系。所谓"相杂则错之综之,而不穷之用出焉",是指文学风格多姿多彩则变化万千。在苏轼的"文生于相错"说中,文学的富于变化这一层面是隐而未显的。焦竑很可能是受《东坡易传》"故卦者至错也,爻者至变也"①一说的启发,领悟到相杂与变化之间的内在联系;同时,东坡创作的"变幻百出"②,也是焦竑提倡文学错综变化的重要依据。

五、余论

焦竑借用《系辞》"物相杂故曰文"来阐述的文学思想,与《东坡易传》"文生于相错"之间有着不可忽视的渊源关系。这一现象折射了苏轼文学和学术在明代中后期文学乃至儒释道思想变革中的重要意义。先是王阳明的文学、心学多取资于苏轼;继而在阳明心学风行之后,"顷学者崇尚苏学,梓行寖多"③。苏学和阳明学共同推动了明代中后期文学理论的革新,自无可疑。学界的既有研究比较重视心学、禅学对文学思想的影响,而欧阳修、苏轼一派的文学和学术的推动作用,尚有待进一步考察。笔者拟逐一分析唐顺之、归有光、焦竑、钱谦益等人与欧苏学术的渊源关系,从而揭示明代中后期文学与儒释道思想的互动,特别是文学思想对明代新兴思潮的先导之功④。

焦竑和明代中后期的许多文人一样,试图矫正模拟文风的弊端,其

---

① 《东坡易传》卷七,第9册,第127页。
② 《澹园集》续集卷一《刻两苏经解序》,第751页。
③ 《澹园集》续集卷一《刻苏长公外集序》,第751页。
④ 参见第二章《归有光的文学思想与欧阳修经学的关系》、第四章《唐顺之的"道器不二"论与欧阳修思想的渊源》。

独特之处在于通过树立多样化的文学典范来追求文学革新。这实际上是中国古代文学思想的一个重要特色,类似的观念在不同历史时期都曾出现过。从西晋陆机《文赋》的"咏世德之骏烈,诵先人之清芬。游文章之林府,嘉丽藻之彬彬"[1],到唐代杜甫《戏为六绝句其六》的"别裁伪体清风雅,转益多师是汝师"[2],都着眼于广泛地学习前人以求得创新。与同时期的其他反模拟理论相比,特别是与李贽、公安派等人强调独出心裁、轻视文学继承的论调相比,焦竑的文论有折衷的倾向。

---

[1] 萧统编,李善注《文选》卷一七,上海古籍出版社1986版,第762—763页。
[2] 杜甫著,仇兆鳌注《杜诗详注》卷一一,中华书局1979版,第901页。

第七章　焦竑《易筌》对吴澄易学的沿革及其学术史意义

如前所述,明代焦竑所著《易筌》一直以来被视为以佛道解《易》之作,四库馆臣称"是书大旨,欲以二氏通于易,每杂引《列子》、《黄庭内景经》、《抱朴子》诸书以释经"。这可能是由于焦竑于万历壬子(1612)所作《易筌序》主张儒道合一,声称"是编出,学者知二氏所长,乃易之所有;而离类绝伦、不可为国家者,则易之所无也"。实际上,《易筌》的学术倾向中还有不为人知的一面,那就是弘扬汉易学、讲求文字音韵训诂且推崇汉代文献,为汉学兴起过程中的重要一环。本章拟通过考察《易筌》对元代吴澄(1249—1333)易学的沿革,来揭示其开启易学考据的学术史意义。

一、焦竑吸收吴澄易学与推崇汉易学

焦竑《易筌》多次明白援引或暗中袭用吴澄《易纂言》,体现了焦竑对包括象数学和文字音韵训诂之学在内的汉学的重视。

在唐顺之的影响下,焦竑十分关注吴澄等元人的经学。其说云:"闻荆川先生言,元人经解佳者甚多。"[1]其中就包括吴澄《易纂言》。又焦竑《答乐礼部》云:"吴草庐《纂言》、石涧《易说》,与近日熊南沙《象旨决录》、

---

[1] 《澹园集》卷十三《与王方翁》,第115页。

明代文人经学与文学思想的关系

皆不可不看。"①可见，在焦竑看来，《易纂言》是与宋元之际俞琰《石涧易说》和明代熊过（1506—1580）《周易象旨决录》并称的三大易学著作之一。焦竑还藏有《易纂言》的旧本，后来其友朋校雠、刊刻此书，焦氏作《易纂言序》述其原委云："余藏是本数十年，考功陈、苏、张三君以通经学古为心，梓之以传。而余复属友人黄应登氏校雠至再，其于是役勤矣。因并著之。"②焦竑于数十年间一直关注《易纂言》且与友人共同研读此书的情形，由此可窥一斑。

正因为如此，《易筌》多有引用、化用《易纂言》之处。《易筌》标明引用吴澄之说者，不过8条③，但暗袭《易纂言》者有17条之多（参见附录二《焦竑〈易筌〉化用吴澄〈易纂言〉一览》）。从这25条的引用来看，焦氏最重视吴澄易学中的讲求文字音韵训诂、论述卦象和卦主等层面。其中，论及错简、误字、字训等训诂问题者8条④，分析卦象者5条⑤，指出一卦之主爻者3条⑥。这三方面正是吴澄易学的主要旨趣所在，也是其易学为后世所称道的重要层面。在《易纂言外翼序》中，吴澄将其《易纂言》的义例概括为卦统、卦对、卦变、卦主、变卦、互卦、象例、占例、辞例、变例、易原、易流等十二项，其中的卦主和象例正是焦竑引用得较多的两类。值得注意的是，四库馆臣也对《易纂言》的校勘、训诂予以嘉许："澄于诸经好臆为点窜，惟此书所改，则有根据者为多。"焦竑《易筌》所引用的吴澄易说，后来易学著作也多有引用。（参见附录二的按语）可见焦竑十分

---

① 《澹园集》卷十三，第123页。
② 《澹园续集》卷三，第811—812页。按：关于焦竑与黄应登的交谊，由焦竑《江西饶州府通判龙冈黄公墓志铭》（《澹园集》卷三十）和《别驾龙冈黄公元配孺人徐氏墓志铭》（《澹园集》卷三十二）可知，黄应登的父亲黄尚质与焦竑的哥哥焦瑞交好，应登的弟弟娶焦瑞的女儿为妻，焦竑自称"余于黄氏腑之戚"（《澹园集》卷三十二《别驾龙冈黄公元配孺人徐氏墓志铭》，第511页）。
③ 分别见《易筌》卷一释《乾》卦《象》，第3页；卷一释《师》卦卦辞，第23页；卷二释《大过》卦上六爻辞，第65页；卷三释《晋》卦六二爻辞，第78页；卷四释《艮》卦六四爻辞，第112—113页；卷五《系辞下传》"易曰憧憧往来"，第156页；卷六《说卦传》"巽为木"，第174页；卷六《序卦传》"《大过》，颠也"，第186页。
④ 分别见附录二第1、4、5、8、11条。
⑤ 分别见附录二第3、13、14条。
⑥ 分别见附录二第6、7条。

第七章　焦竑《易筌》对吴澄易学的沿革及其学术史意义

准确地把握了吴澄在易学史上的独特贡献。

从焦竑《易筌》和吴澄《易纂言》均多引宋项安世（1129—1208）《周易玩辞》，也可看出在二者讲求易象和文字音韵训诂方面的共同之处①。焦竑《易筌》所引项安世《周易玩辞》，与吴澄《易纂言》所引者，虽仅一条重合②，但都呈现出重视易象和文字音韵训诂的特点。吴澄《易纂言》及《易纂言外翼》引项氏100余条，其中关乎文字音韵者5条③，其余几乎皆涉及易象；又，《易筌》明引《玩辞》24条④，其中3条论字训⑤，余者亦多阐发易象。

焦竑之吸收吴澄易学，与其推崇汉易学相表里。从《易筌》对汉代易说的引用来看，该书引京房4条、郑众4条、许慎4条、郑玄10条、虞翻5条。一方面，焦竑对汉代的象数易学极为推崇。他不止一次地引用南齐陆澄之说，以象数学为易学之本源："商瞿受《易》孔子，五传而至田何，虽有异家，一以象数为宗。……盖尝譬之：象数者，水之源、木之本也。"⑥在《易纂言序》中，他指出了吴澄易学与汉代郑玄等人的易说之间的渊源："易者，象也。昔圣人赜天下之故，穷造化之隐，而其妙有难以言示者。于是拟诸形容，若身与物，皆取而寓之于象，象立而易斯见矣。……郑康成《易传》九卷，一主于象。王氏之说盛行，而郑学始绌。……吴幼清氏

---

① 张国洪《谈项安世易学对吴澄的影响》（《周易研究》2006年第2期）对吴澄与项安世易学的异同有深入分析，但未论及两者的训诂之学。
② 《易筌》卷二《临》卦六三爻（第46页）、《易纂言》卷一（第433页）所引《周易玩辞》卷四"六三以甘媚临而无攸利"条（《景印文渊阁四库全书》，台湾商务印书馆1986年版，第14册，第284页）。
③ 其中，论音韵者两条（卷二"项氏曰：苋音丸，土羊也"条、卷五"项氏曰：协韵盖用有以音"条，分别见《易纂言》卷二《夬》卦九五爻释，第22册，第466页；卷五《象传上》，第524页）、字训两条（卷五"项氏曰：此从字与从王事从字不同"条、卷六"项氏曰：居443533

居业"皆是。汉人犹言居积"条（分别见《易纂言》卷五，第22册，第515页；卷六，第22册，第532页）、校勘一条（卷四"项氏曰：脱'可'字，羡'吉'字"条，《易纂言》卷四，第22册，第511页）。
④ 其中《易筌》卷五《系辞上传》"《玩辞》云：未占之时如鉴之明"条（第149页）、《易筌》卷五《系辞下传》"《玩辞》：德之薄"条（第158页）不见于今本《玩辞》。
⑤ 《易筌》卷六《序卦传》"《玩辞》：屯不训盈也"（第178页）、"《玩辞》：需不训饮食也"（第178页）、"《玩辞》：临不训大"（第180页）。
⑥ 《经籍志论·经部易》（《澹园续集》卷二十三，第298页）。在《易纂言序》中，他再次引用此说："陆澄有言：'易自商瞿之后，虽有异家，一以象数为宗。'"（《澹园续集》卷三，第812页）。

明代文人经学与文学思想的关系

洞契于斯,作《纂言》一编,总若干万言,而一决之象。"①可以说,焦竑推崇《易纂言》的实质,就是由《易纂言》上溯至汉易,从而追求象数之本源。

与此同时,焦竑对汉儒的文字音韵训诂也格外推崇,甚至奉为圭臬。比如,《易筌》卷二释《观》卦卦辞曰:

盥而不荐。郑康成曰:"诸侯贡士于天子,大夫贡士于其君,以礼宾之。惟主人盥而献宾,宾盥而酢主人,设荐则弟子也。"②康成之说必有所据。观四爻正惬此意,京房易传亦然。盖汉人原作此解,非独康成矣③。

在此,焦竑依据京房易传和郑玄易说,解释《观》卦卦辞"盥而不荐"的含义。"汉人原作此解"一语,透露了焦竑以汉易学为准绳的观念。又焦竑引郑玄论《小畜》卦名曰:

看来畜字不是与阳为敌而力止之,如容民畜众,如以畜其德,只是包容养育之意。此文王所以善处商纣,终其世不为所毒也。及考郑康成解亦曰:畜,养也。知古注疏原是如此④。

焦竑将郑玄的训诂称为"古注疏",这同样显示了他对汉易学的宗奉。此外,在分析《乾》卦九三爻的断句时,焦氏根据《淮南子》、班固《为第五伦荐谢夷吾疏》、张衡《思玄赋》等汉代文献,得出了"夕惕若厉"自为一句的结论,理由是"两汉以前皆作此读矣"⑤,此说同样表达了对汉代句读的尊信。

---

① 《澹园续集》卷三,第811—812页。
② 按:此说出自《仪礼·乡饮酒礼》贾公彦疏引郑注:"是《易·观》'盥而不荐',郑注云:'诸侯贡士于天子,乡大夫贡士于其君,必以礼宾之。唯主人观而献宾,宾盥而酢主人,设荐俎则弟子也。'"(李学勤主编《十三经注疏·仪礼注疏》卷八,北京大学出版社1999年版,第128页)
③ 《易筌》卷二,第47页。
④ 《易筌》卷一,第27页。
⑤ 《易筌》卷一,第3页。

第七章 焦竑《易筌》对吴澄易学的沿革及其学术史意义

值得注意的是,焦竑试图通过探究吴澄易学来复兴汉易学,这实际上是焦氏自身建构的汉易学谱系,吴澄本人主观上对汉易学并不完全认同。如前所述,吴澄虽然对易象、卦变、互卦等汉易学的核心问题十分关注,但他并不一味讲求象数,甚至有"区区象数特糠秕,屑屑推占心愈偏"之说①。从《易纂言》对汉易说的引用来看,《易纂言》引郑玄说 13 条、虞翻说 6 条、《说文》6 条、《荀九家》3 条,其中多有反驳汉易说之处,比如卷一驳虞翻"上为女妻初为老妇"说②、驳《说文》"引突字作方,以为不顺之子"③、驳郑玄"几,郑作机弩牙也"④。

吴澄虽然崇尚易象和文字音韵训诂,但并未尊汉易学为唯一标准。其原因在于他更多地传承了宋代恢复古易的学风,而不是直接传承汉易学。从《易纂言》对前人易说的引用来看,四库馆臣赞誉其多引汉魏古义,"其余亦多依傍胡瑗、程子、朱子诸说"⑤。实际上,《易纂言》所引宋易说,远远多于汉易。其中引用汉代许慎、郑玄、虞翻等人的易说,不过数条而已,而于宋代诸家,引程子近 200 条,引项安世 100 余条,引朱子 70 余条。《易纂言》所引宋易说中,不乏易象、文字音韵训诂等方面的论述。

尤其值得一提的是,宋代曾兴起恢复古周易的风气,旨在否定汉魏以来的易学,将易学上溯到西汉以前。此风由北宋吕大防(1027—1097)发端,在将汉魏以来被混淆的《周易》经和传分开的同时,对文字音韵加以考订,此举得到了晁说之(1059—1129)、朱熹(1130—1200)、吕祖谦(1137—1181)、王应麟(1223—1296)等人的响应和支持,宋代易训诂因此得到了发展⑥。吴澄对此学风多有汲取,除了引用朱熹等人的文字音韵考订外,《易纂言》和《易纂言外翼》引用晁说之的考订有 15 处之多。

---

① 《吴文正集》卷一百《赠术者自言能通皇极经世诀》,《景印文渊阁四库全书》,台湾商务印书馆 1986 年版,第 1197 册,第 920 页。
② 《易纂言》卷一释《大过》九五爻,第 446 页。
③ 《易纂言》卷一释《离》卦九四爻,第 449 页。
④ 《易纂言》卷一释《屯》六三爻,第 414 页。
⑤ 《四库全书总目》卷四经部易类四"易纂言十卷"条,第 22 页。
⑥ 舒大刚《试论宋人恢复古周易的重要意义》,《四川大学学报(哲学社会科学版)》1999 年第 2 期。

155

吴澄引用的数条汉人易说中,有4处转引自晁说之。可见,同是重视文字音韵,焦竑心目中的学术典范与吴澄并不相同。追随宋易学的吴澄,是被焦竑硬拉进了尊奉汉易的队伍中。

此外,吴澄易学有着更明确的创新意识,这从《易纂言》和《易纂言外翼》中80余条"澄案"、"澄谓"等案语中可以见出。即便是对于其十分推崇的宋代复古易学,吴澄也不盲目信从。比如,《易纂言》不止一次地极口称赞项安世的易说,所谓"唯项氏谨之、思之、别之之说得其意"①、"诸家注释唯项氏能究其底蕴焉"②,但吴澄也对项氏之说多有驳斥,如斥项氏"以木之华实为火,则迂僻甚矣"③。

吴澄崇尚宋代的复古易学,且力求创新,而被焦竑援引为复兴汉易的依据。有趣的是,不惟吴澄易学,吴澄所重视的宋代恢复古易之学本身,也成为焦竑提倡汉易学的有力支持。比如,《易筌》引用南宋王应麟的易说8条,其中卷四《艮》卦六四爻引作:"伯厚云:偃身为躬,见躬而不见面。《说文》:躬从吕,从身。吕,背膂也。其说与艮背合。"④在此,焦竑将汉代许慎的《说文》与王应麟的训诂相互佐证,可见其由宋易的文字音韵训诂回归到汉学的旨趣。

二、焦竑反驳吴澄易论与重视汉代文献

从焦竑对吴澄易论的反驳,可以更清楚地看出《易筌》对汉易学的推崇。更重要的是,焦氏以汉代文献为训诂依据的观念,是吴澄所不具备的。

《易筌》明确反驳吴澄易说者计3条⑤,皆与错简、异文等校勘问题有

---

① 《易纂言》卷三《象上传》,第497页。
② 《易纂言》卷八释"是故爱恶相攻而吉凶生",第566页。
③ 《易纂言》卷六《象下传》释鼎象,第535页。
④ 王应麟此说出自《困学纪闻》卷一,原说为:"《艮》,六四'艮其身',《象》以躬解之。偃背为躬,见背而不见面。"(王应麟撰,栾保群、田松青校点《困学纪闻》,上海古籍出版社2015年版,第13页)
⑤ 见《易筌》卷一释乾卦《象》、卷一释师卦、卷五《系辞下传》。

第七章　焦竑《易筌》对吴澄易学的沿革及其学术史意义

关。从这些反驳中可以窥见焦竑易学与吴澄的区别。其一是焦竑对汉代卦气说的推崇。对于吴幼清将上系七爻与下系十一爻相合且序于乾坤《文言》之后的做法，《易筌》卷五《系辞下传》予以反驳，其依据则是汉易的卦气说：

> 上系七爻，起于中孚"鸣鹤在阴"；下系十一爻，起于咸"憧憧往来"。《卦气图》自复至咸，八十八阳九十二阴；自姤至中孚，八十八阴九十二阳。咸至姤凡六日七分，中孚至复亦六日七分，阴阳自然之数也。此即经分上下，阴阳各有定数之旨。吴幼清欲合上系七爻与此十一爻，序于乾坤文言之后，共为十翼之一篇。盖未知此理耳。①

这是从卦气的角度，解释《系辞上》论中孚卦"鸣鹤在阴"等七爻而《系辞下》述咸卦"憧憧往来"等十一爻的原因：《系辞》上下在阴阳爻数、日数两方面都均衡对称。必须说明的是，上系七爻与下系十一爻卦气均衡的说法，出自王应麟《困学纪闻》卷一，焦竑未标明出处②，是其疏漏，自不必讳；但是，利用王应麟此说来反驳吴澄的错简，则不能不说是焦竑的创见了③。焦竑对吴澄校勘的这一批驳，还凸显了焦氏对汉代卦气说的推崇，其主要思想资源则来自同样好尚汉易的宋人王应麟。

其二是焦竑更尊信汉代文献。就汉文献的引用来看，《易筌》和《易纂言》都援引汉代典籍作为考证依据。首先，以《周易》本身的汉代版本而论，《易筌》引郑众本 2 次④、郑玄本 4 次⑤、虞翻本 1 次⑥、《荀九家》1

---

① 《易筌》卷五，第 156 页。
② 焦竑所推崇的熊过《周易象旨决录》卷六亦引此说，且标有"王应麟曰"（第 615 页）。
③ 明何楷《古周易订诂》卷十二引有"焦竑以经分上下，阴阳各有定数。上系七爻起中孚鸣鹤在阴，……阴阳自然之数也"一段（《景印文渊阁四库全书》，台湾商务印书馆 1986 年版，第 36 册，第 341 页），已不辨此说出自王应麟。
④ 卷四《旅》卦六二爻、卷六《说卦传》释"妾为羊"，第 119 页、176 页。
⑤ 分别见卷一释《乾》卦《文言》"利贞者性情也"（第 7 页）、卷一释《讼》卦上九爻（第 23 页）、卷二释《坎》卦六三爻（第 66 页）、卷三释《困》卦九五爻（第 102 页）。
⑥ 《易筌》卷六《说卦传》释"震为雷为龙"，第 173 页。

次①;《易纂言》引郑玄本10次②、虞翻本5次③、《荀爽九家》1次。可见，吴澄引用汉代易的频次不少于《易筌》。其次，汉代其他经史子集亦有援引《周易》者或论及《易》之名物者，对于这类易学之外的汉代典籍，《易筌》引17种33次④，《易纂言》引7种17次⑤，足证吴澄和焦竑一样，对易学著作之外的汉代文献也多有征引，只不过频次稍少而已。

然而，焦竑对汉文献的尊信程度远高于吴澄，有时甚至以汉文献为定夺的基准。比如，焦竑反驳吴澄改师卦卦辞"丈人"为"大人"，其文献依据为汉代扬雄（前53—18）《太玄》和王充（27—97）《论衡》：

> 吴幼清改"丈人"为"大人"，此不必然。"丈人"乃尊老耆硕之称。……《太玄》拟《师》卦曰："丈人摧孥"，足证古易非"大人"字。《论衡》："人形以一丈为正，故名男子为丈夫，尊翁姬为丈人。"⑥

在此，焦竑认为《太玄》保留了古易的原貌，因而当从之。实际上，"丈人"与"大人"之辨，是易学史上的老问题。李鼎祚《周易集解》卷三已引崔憬"《子夏传》作大人"说，以反驳王弼的"丈人严庄之称"⑦。有趣的是，吴澄力主"大人"说时，也提到了扬雄《太玄》："《太玄》'众'首拟《师》卦，其《赞》

---

① 《易筌》卷六《说卦传》，第177页。
② 《易纂言》卷一释《屯》卦六三爻（第414页）、卷一释《讼》卦上九爻（第418页）、卷一释《大畜》九三爻（第444页）、卷二释《晋》卦九四爻（第455页）、卷二释《萃》卦卦辞（第468页）、卷二释《困》卦九五爻（第471页）、卷二释《鼎》卦九四爻（第474页）、卷六《象下传》（第531页）、卷九《文言传》（第571页）、卷十《说卦传》（第585页）。
③ 卷一释《屯》卦六三爻（第414页）、卷一释《小畜》上九爻、卷一释《泰》九二爻、卷二释《萃》卦卦辞、卷七《系辞上传》。
④ 这17种的引用频次分别为经部：《说文》（4）、蔡邕《石经》（2）；史部：《史记》（5）、《汉书》（6）、《汉纪》（1）；子部：《盐铁论》（1）、《说苑》（1）、扬雄《太玄经》（1）、《淮南子》（4）、《风俗通》（1）；集部：张衡《思玄赋》（1）、张衡《西京赋》（1）、《东京赋》（1）、王延寿《鲁灵光殿赋》（1）、蔡邕《协和昏赋》（1）、班固诗（1）、班固《为第五伦荐谢夷吾疏》（1）。
⑤ 这7种的频次分别为：《说文》（6）、《石经》（1）、《史记》（2）、《汉书》（5）、《汉纪》（1）、《太玄》（1）、王延寿《鲁灵光殿赋》（1）。
⑥ 《易筌》卷一，第23页。
⑦ 张文智、汪启明整理《周易集解》卷三，巴蜀书社2004年版，第37—38页。

第七章　焦竑《易筌》对吴澄易学的沿革及其学术史意义

辞》曰'丈人摧挐',盖用易语。则'大'之讹为'丈',在先汉已然矣。"①显然,吴澄并未因《太玄》作"丈人"便遵从之,相反,他以此推测汉时已误"大"为"丈"。此说中包含的文献价值观是:扬雄《太玄》所引《周易》,已非古有的原貌,不能作为校勘文本的决定性依据。吴澄与焦竑对于汉代文献价值的看法判然有别,由此可窥一斑。

如前所述,焦竑对包括象数、训诂在内的汉易极为重视,尊其为易学之本源和典范。由此出发,焦竑甚至对所有汉代文献都非常信从,视之为训诂校雠的决定性依据。吴澄虽重视易象和训诂、引用汉易说和汉文献,但只是选择性地采纳,甚至多次加以反驳。概言之,吴澄并不以汉易学和汉文献为唯一依据。

三、结语

由焦竑《易筌》对吴澄易学的沿革,可以考察明代中后期汉易学发展的思想资源。焦竑《易筌》对吴澄易说多有吸收,是由于他尊汉易为本源和典范,且视吴澄易学为汉易的后继者,试图由吴澄易学上溯到汉易。然而,吴澄易学重视易象和文字音韵训诂,但他对汉易学并不完全认同。他更多地吸取了宋代恢复古易学风,同时力求自出机杼;由尊崇汉易出发,焦氏进而以汉代文献为考证的决定性依据,这一观念也是吴澄所不具备的。

从本书的附录二可见,焦竑所吸收的吴澄易说在明代还得到了其他学者的响应。《易筌》之前的季本《易学四同》、熊过《周易象旨决录》,之后的明潘士藻撰《读易述》、张次仲《周易玩辞困学记》、何楷《古周易订诂》皆不止一次地援引这些易说,足见崇尚易象和文字音韵训诂的学术倾向在明代中后期易学界已蔚为风气,焦竑是其中最为突出的一位。

焦竑和吴澄对宋易学的吸收,说明了宋代恢复古易学风在汉学复兴中的作用;朱熹等人对恢复古易的重视,则反映了宋理学家亦有功于汉易学的复苏。凡此都揭示了易汉学和宋学之间的复杂关系。

---

① 《易纂言》卷一,第418页。

第八章　钱谦益之诗文"茁长于学问"与欧阳修经史之学的关系

在明代文人经学与文学思想互动的历史进程中,钱谦益是不可忽视的一环。本章拟从"文人经学"与文学思想之关系的角度,考察钱谦益文学思想的内涵和来源。关于钱谦益文学理论的特征,以往的研究都揭示了钱氏文学思想体系是"灵心"、"世运"和"学问"的结合,其中"灵心"比"学问"更重要[①]。本章则试图论证钱谦益文学理论的核心是诗文之道"茁长于学问",并揭示其与欧阳修经史之学的渊源关系。

一、诗文"茁长于学问"是钱氏文学思想的核心

在《题杜苍略自评诗文》中,钱谦益把诗文之道理解为"灵心"、"世运"和"学问"的参合:"夫诗文之道,萌折于灵心,蛰启于世运,而茁长于学问。三者相值,如灯之有炷、有油、有火,而焰发焉。"[②]其中,钱氏最为重视的是"茁长于学问"这一层面,其理由主要有二:

其一,在灵心与学问的关系上,钱氏所谓"灵心"也是由学问熏习而

[①] 参见王英志《钱谦益"诗有本"说诗例一则——简析〈后秋兴之十三〉其二》(《名作欣赏》1987年第5期)、孙之梅《灵心、世运、学问——钱谦益的诗学纲领》(《山东大学学报(哲学社会科学版)》1996年第2期)、罗时进《钱谦益文学观转变及其批评的意义》(《宁波大学学报(人文科学版)》2001年第4期)、丁功谊《灵心、学问、世运、性情——论钱谦益的诗学思想》(《江西社会科学》2008年第5期)等。

[②] 《牧斋有学集》卷四十九,《钱牧斋全集》,第陆册,第1594页。

第八章 钱谦益之诗文"茁长于学问"与欧阳修经史之学的关系

成的。以往的研究都注意到了钱氏"灵心"说推崇天分的意味,实际上天分不是"灵心"的主要内容。钱谦益《胡致果诗序》云:"学殖以深其根,养气以充其志。发皇乎忠孝恻怛之心,陶冶乎温柔敦厚之教。其征兆在性情,在学问,而其根柢则在乎天地运世、阴阳剥复之几微。"[①]此说重申了前引"灵心"、"世运"和"学问"参合而成的观点,可见,"灵心"就是此说中的"性情"。了解钱氏"灵心"说的内涵,必须结合其有关"性情"的论述,而不能仅以同时代其他士人的"灵心"说为参照。不可否认,钱氏的"灵心"说有推崇文学天分的意味。比如,钱氏《梅村先生诗集序》指出,他晚年领悟到诗歌创作有天工和人事两方面,因而有不学而能、可学而能、学而愈能与学而不能、可学而不可能、学而愈不能的区别[②]。但是,钱氏诗文理论的重心,却是如何通过后天的陶冶来充实作家的情志和提升作品的规矩神理。

在说明钱氏的"灵心"(或"性情")与"学问"的关系之前,有必要先分析一下"性情"的内涵。钱氏所谓"性情",很少是就自然人性而论,而是基本遵循了"诗言志,歌咏言"的儒家诗教话语。以往的研究多强调钱氏的"真情"论、"深情"说,诚为有见。然而,必须指出的是,这些真挚、深厚的情感,是关乎君臣父子夫妇的道德情感,是不悖儒教的情感。钱氏的"真情论"在《季沧苇诗序》里有最集中的表述:

> 太史公曰:"《国风》好色而不淫,《小雅》怨诽而不乱。"此千古论诗之祖。刘彦和盖深知之,故其论诗曰:"轩翥诗人之后,奋飞词家之先。"三百篇变而为《骚》,《骚》变为汉、魏古诗,根柢性情,笼挫物态,高天深渊,穷工极变,而不能出于太史公之两言。所谓两言者,好色也,怨诽也。士相媚,女相说,以至于风月婵娟,花鸟繁会,皆好色也。春女哀,秋士悲,以至于白驹刺作,角弓怨张,皆怨诽也。好色者,情之橐籥也。怨诽者,情之渊府也。好色不比于淫,怨诽不比

---

① 《牧斋有学集》卷十八,《钱牧斋全集》,第伍册,第801页。
② 《有学集》卷十七,《钱牧斋全集》,第伍册,第756页。

于乱,所谓发乎情、止乎义理者也。人之情真,人交斯伪。有真好色,有真怨诽,而天下始有真诗。①

在这段论述中,"好色不比于淫,怨诽不比于乱,所谓发乎情、止乎义理者也"一说,揭示了钱氏的"真情"也是以儒家温柔敦厚的诗教为准绳的。同样,历来的论家都激赏"古之为诗者,必有深情畜积于内"②之说,其实,由"古之君子,笃于诗教者,其深情感荡,必著见于君臣朋友之间"③可知,这里的"深情"也是符合儒家伦理的情感。

钱氏的"性情"论不越儒家"诗言志"的藩篱,由此可以推测其"性情"是由后天教化、读书问学陶铸而成的,是接受儒家文化教育的结果。

明乎此,就不难理解钱氏对民间之诗与文人学士之诗、民间诗歌之性情与文人学士之性情的区别了。对此,钱谦益在《尊拙斋诗集序》和《淮上诗选序》中都有所论及,后者曰:

夫诗之为道,性情之与学问,参会而成者也。性情者,学问之精神也。学问者,性情之孚尹也。春女哀,秋士悲,任道而言,冲口而出,如春蚕之吐丝,夏虫之蚀木,此田夫红女民间之诗也。诗言志,歌永言,为赓歌,为赋颂,为变风变雅,极其兴会,可以役使百灵,感动帝鬼。其深文绮合,藻辨连环,若帝珠之宝网,云汉之文章,此文人学士之文也。执性情而舍学问,采风谣而遗著作,舆呼巷春,皆被管弦;《挂枝》、《打枣》,咸播乐府。胥天下不悦学而以用妄相师也,必自此言始④。

在此,钱氏驳斥"真诗在民间"之说,提倡性情与学问的结合,认为两者结合而成的文人学士之诗,胜过"执性情而舍学问"的民间之诗。寻绎文义可知,这段文字还暗示了文人学士之"性情"不同于民间之诗的"性情"。

---

① 《牧斋有学集》卷十七,《钱牧斋全集》,第伍册,第 758—759 页。
② 《牧斋初学集》卷三十二《虞山诗约序》,《钱牧斋全集》,第贰册,第 923 页。
③ 《牧斋有学集》卷十九《陆敕先诗稿序》,《钱牧斋全集》第伍册,第 824 页。
④ 《牧斋外集》卷四《淮上诗选序》,《钱牧斋全集》,第捌册,第 659 页。

第八章　钱谦益之诗文"茁长于学问"与欧阳修经史之学的关系

后者是"诗言志,歌永言",前者是"春女哀,秋士悲"。将此说与前引《季沧苇诗序》之"真好色"论相比较可知,文人学士之"性情"与民间之诗的"性情"的不同之处,正在于是否不比于淫、不比于乱而止乎义理,概言之,在于是否遵循儒家诗教。

由钱氏"养根"说,可以进一步窥见其以读书陶冶性情、以性情成就诗文的主张。如前所述,钱氏偶尔会用"根柢"来指代世运或性情,但在绝大多数情况下,其所谓"根柢"就是学问。钱氏养根说主要胎息于唐韩愈等人的养根说。与"养根"相类似,钱氏还主张"诗文之道,势变多端,不越乎释典所谓熏习而已"①,认为"世间之熏习"就是韩愈所说的"无望其速成,无诱于势利,养其根而俟其实,加其膏而希其光",可见,"熏习"是养根说的另一种表述。

概言之,在"灵心"、"世运"和"学问"这三种文学要素中,"灵心"也是由"学问"陶冶、铸造而成的。那么,"学问"在钱氏文学纲领中无疑占据了最重要的地位。

其二,从钱氏诗文理论的救弊意图而论,"学问"是救治七子派的言之无物和竟陵派之不学无术的对症良药。

众所周知,钱谦益以救治当代文风的弊端为使命,他认为其时文坛上存在着模拟和非古这两种必须纠正的文学倾向。其《袁祈年字田祖说》云:"今之为文者,有两人焉,其一人曰:必秦必汉必唐,舍是无祖也。是以人之祖祢而祭于己之寝也。其一人曰:何必秦?何必汉与唐?自我作古。是被发而祭于野也。此两人者,其持论不同,皆可谓不识其祖者也。"②这是明确指出了文学模拟因袭和自我作古的时弊。钱氏认为相对于模拟来说,非古可说是愈变而愈下:"文章之坏也,始于饾饤掇拾,剽贼古昔;极于骄傊昌披,俪背规矩。"③又《刘咸仲雪庵初稿序》④、《嘉定四君

---

① 《牧斋有学集》卷十六《高念祖怀寓堂诗序》,《钱牧斋全集》,第伍册,第751页。
② 《牧斋初学集》卷二十六,《钱牧斋全集》,第贰册,第826页。
③ 《牧斋有学集》卷十七《赖古堂文选序》,《钱牧斋全集》,第伍册,第769页。
④ 其说云:"诗文之缪,佣耳而剽目也,俪花而斗叶也。其转缪则蝇声而蚓窍也,牛鸣而蛮语也。"(《牧斋初学集》卷三十一,《钱牧斋全集》,第贰册,第909页)

明代文人经学与文学思想的关系

集序》①、《书李文正公手书东祀录略卷后》②等文中都有类似说法。

钱谦益还尖锐地指出这两种文弊的实质,一是言之无物,一是不学无术。一方面,他多次嘲讽模拟文学的言之无物:"今之人,耳佣目僦,降而剽贼,如弇州《四部》之书,充栋宇而汗牛马,即而视之,枵然无所有也。则谓之无物而已矣。"③因为拟古派过于讲求模拟古人之字句,导致文学缺乏充实的情志:"不养气,不尚志,剪刻花叶,俪斗虫鱼,徒足以佣耳借目,鼠言空,鸟言即,循而求之,皆无所有,是岂可以言文哉!"④另一方面,以钟惺、谭元春为代表的竟陵派自我作古的文风,被钱谦益讥为"以一言蔽其病曰:不学而已"⑤。

诗文"茁长于学问"之说对竟陵派的不学无术有补偏救弊的意义,可说是不言自明。同时,学问也是矫正模拟文学空洞无物的良方:第一,如前所述,学问是陶铸作家情志的熔炉,是实现作品情志充实的重要途径。第二,钱氏多次赞誉植根于学问的文学,正因其华实兼备,所谓"窃观古人之文章,衔华佩实,画然不朽。或源或委,咸有根底"⑥。由下文"韩、柳所读之书"可知,"根底"是指文人的读书问学。又,"研经史以咀其实,追韩、柳以摛其华"⑦一说,也点明了华实兼备的诗文从经史和韩柳文学中获得了重要养分。概言之,诗文"茁长于学问"则华实合一,是对模拟派一味追求形似、枵然无物的有力反拨。

"学问"对于纠正模拟和非古文风之弊端的意义,也说明了其在钱氏

---

① 其说曰:"向者剽贼窜窃之病,人皆知訾笑之。而学者之冥趋倒行,则愈变而愈下。譬诸惩涂车刍灵之伪,而遂真为罔两鬼魅也,其又可乎?"(《牧斋初学集》卷三十二,《钱牧斋全集》,第贰册,第922页)
② 其说云:"若近代訾謷空同者,魈吟鬼啸,其云雾尤甚于空同而不自知也,又乌足以知西涯哉!"(《初学集》卷八十三,《钱牧斋全集》,第叁册,第1759页)
③ 《牧斋初学集》卷三十一《汤义仍先生文集序》,《钱牧斋全集》,第贰册,第906页。
④ 《牧斋有学集》卷十九《周孝逸文稿序》,《钱牧斋全集》,第伍册,第826页。《黄孝翼蟫窠集序》亦指出:"今之为诗文者,剽于耳,佣于目,赁于口,不知其枵然无有也。"(《牧斋初学集》卷三十二,《钱牧斋全集》,第贰册,第933页)
⑤ 钱谦益《列朝诗集小传》丁集中"谭解元元春",上海古籍出版社2008年版,第572页。
⑥ 《牧斋有学集》卷三十八《复徐巨源书》,《钱牧斋全集》,第陆册,第1323页。
⑦ 《牧斋有学集》卷四十六《跋高丽板柳文》,《钱牧斋全集》,第陆册,第1528页。

第八章　钱谦益之诗文"茁长于学问"与欧阳修经史之学的关系

文学纲领中的核心地位。

二、"学问"的内涵："经经纬史"与推尊"史中之经"

　　主张诗文"茁长于学问"，实际上是钱谦益"通经汲古"的虞山之学的一个有机组成部分。正如钱氏在《答山阴徐伯调书》中所指出的，此说源自归有光"通经学古"[①]等前贤思想，而钱氏则是第一次从经、史、文、诗等不同层面、全方位地阐述了通经汲古、反经正学的学术取向。对此，学界已有深入研究[②]，兹不赘述。本节拟分析钱氏"经经纬史"说推尊史书的内涵及其与欧阳修、宋濂经史论的渊源。

　　如前所述，钱氏推崇文人通经学古、文章有根底，常以"经经纬史"立论。钱氏的"经经纬史"说以六经为本且推尊"史中之经"，其近源是宋濂的"群经为本根，迁、固二史为波澜"之说。钱谦益并未直接引用宋濂此说，但他特别推崇宋濂的读书法。这一读书法的核心，正是群经与迁、固的主次结合。钱氏多次称赏前贤的读书法，如唐代韩愈《进学解》、柳宗元《答韦中立论师道书》[③]、元代程端礼《四明程氏家塾读书分年日程》[④]、宋濂《大明故中顺大夫礼部侍郎曾公神道碑铭》[⑤]等篇所论读书法，其中钱氏最为看重的是宋濂读书法，他在《复徐巨源书》、《李贯之先生存余稿序》、《答杜苍略论文书》中明确提到宋氏读书法，又《颐志堂记》称"古之学者，自童卯之始，《十三经》之文，画以岁月，期于默记。又推之于迁、固、范晔之书，基本既立，而后遍观历代之史，参于秦、汉以来之子书，古

[①]《震川先生集》卷二《史论序》，第35页。

[②] 参见孙之梅《钱谦益与明末清初文学》(增订版)第三章第一节《通经汲古的虞山之学》，第126—141页。

[③]《颐志堂记》论及"《进学解》，韩退之所读之书也。《答韦中立书》，柳子厚所读之书也。"(钱谦益《牧斋初学集》卷四十三，《钱牧斋全集》，上海古籍出版社2003年版，第贰册，第1115页)。

[④] 钱谦益《复徐巨源书》云"宋人传考亭、西山读书分年之法"，概指元代延祐年间四明程端礼著《四明程氏家塾读书分年日程》三卷，卷首《纲领》有《白鹿洞书院教条》、《程董二先生学则》、《西山真先生教子斋规》、《朱子读书法》、《古圣人读书法》等内容。

[⑤] 宋濂：《宋学士文集·銮坡后集》卷七，《宋濂全集》，第二册，第696页。

165

明代文人经学与文学思想的关系

今撰定之集录"①云云,这实际上也是援引宋濂的读书法。对于这一读书法,钱氏不仅多次征引,而且毫无保留地肯定,甚至尊崇到"宋学士之志曾鲁者,如金科玉条,不可更易"②的程度。

究其原因,在诸家读书法中,宋濂之法亦以六经为本且重视史中之经,最接近于"经经纬史"的观念。如前所述,韩愈等人的读书法虽然都兼论经史,但并没有明确的经经纬史的观念,尤其是没有充分肯定《史记》等史书的地位。韩、柳的读书法均将应读的典籍分为两个层次:六经居于本原、主干的地位,而史书则与子、集同处于参照、辅助的层面。比如,韩愈《进学解》之读书法,分为"上规"、"下逮"两个层次,上层为《尚书》、《春秋》、《左传》、《易》、《诗》等儒家经典,下层为《庄子》、《楚辞》、《史记》、扬雄和司马相如的赋。同样,柳宗元将取法的对象分为"本之"、"参之"两个层级:《书》、《诗》、《礼》、《春秋》、《易》为"所以取道之原",《穀梁》、《孟子》、《荀子》、《庄子》、《老子》、《国语》、《离骚》、《史记》为"所以旁推交通而以为之文"。显然,韩、柳虽然都推崇《史记》,但只是将其与子、集等量齐观而已。

宋濂的读书法则设立了经、史、子集三层面:

> 盖自童卯之始,十四经之文,画以岁月,期于默记,又推之于迁、固、范晔诸书,岂直览之?其默记亦如经。基本既正,而后遍观历代之史,察其得失,稽其异同,会其纲纪,知识益且至矣。而又参于秦汉以来之子书,古今撰定之集录,探幽索微,使无遁情。于是道德性命之奥,以至天文、地理、礼乐、兵刑、封建、郊祀、职官、选举、学校、财用、贡赋、户口、征役之属,无所不诣其极③。

这一读书法对前引钱谦益《颐志堂记》的先导之功,可说是不言而喻。在

---

① 《牧斋初学集》卷四十三,《钱牧斋全集》,第贰册,第 1115 页。
② 《牧斋有学集》卷十八《李贯之先生存余稿序》,《钱牧斋全集》,第伍册,第 784 页。
③ 宋濂:《銮坡后集》卷七《大明故中顺大夫、礼部侍郎曾公神道碑铭》,《宋濂全集》,第二册,第 696—697 页。

第八章　钱谦益之诗文"茁长于学问"与欧阳修经史之学的关系

宋濂所设的三个层面中,首先是"十四经之文",其次是"又推之于迁、固、范晔诸书,……而后遍观历代之史",最后是"而又参于秦汉以来之子书,古今撰定之集录"。这一读书法中,有两点颇值得玩味:一是将诸史与子、集分离,置于六经之下、子集之上的独立层面,其中包含了推重史书的意味,自不待言。二是要求将《史记》、《汉书》、《后汉书》与十四经一样默记。宋濂将这三部史书推尊到与儒家经典并重的程度,这一说法颇为耐人寻味。钱谦益不仅对宋濂此说全盘接受,而且,应当是在这一读书法的启发下,钱氏提出了"史中之经"的说法。钱谦益如此重视宋濂读书法的缘由,由此可窥一斑。

概言之,作为诗文"茁长"之养分的学问,以"经经纬史"为核心,其实质是以六经为本且推尊"史中之经"。钱氏"经经纬史"说胎息于宋濂的"群经为本根,迁、固二史为波澜"之说,且与宋濂在《大明故中顺大夫、礼部侍郎曾公神道碑铭》中提出的读书法一脉相承。

三、"经经纬史"与欧阳修经史之学的关系

"经经纬史"是钱谦益博采各家之长、融会贯通而形成的思想,如前所述,此说与宋濂的经史观有着不可忽视的继承关系。实际上,此说的渊源还可以上溯到欧阳修的经史之学。在钱谦益看来,欧阳修的思想学术中也包含了六经为文章之最根本的取法对象,《史》、《汉》的史法也是文法的重要来源这两个层面。

1. 钱氏对欧阳修经史之学的继承和变革

钱谦益从多方面吸收了欧阳修的学术思想。钱氏推崇欧阳修《新五代史》诸传,以其为经史谱系之"继祢之小宗"。与此同时,钱谦益推崇汉学,因而欧阳修肯定章句之学、重视金石考证的观念,都被钱谦益发扬光大了。不过,对于欧阳修的舍《春秋》三传而从经、怀疑《系辞》,钱氏都不太赞成。

就欧阳修之史学而论,钱谦益自云"仆初学为古文,好欧阳公《五代

明代文人经学与文学思想的关系

史记》,以为真得太史公血脉"①。更值得注意的是,在《天启元年浙江乡试程录·第三问》和《再答苍略书》中,钱氏两次论述六经为史之祖,并勾勒六经以降的史家谱系。前者云:

> 六经,史之祖也。左氏、太史公,继别之宗也。欧阳氏,继祢之小宗也。等而上之,先河后海,则以六经为原;等而下之,旁搜远绍,则以欧阳氏为止。此亦作史者之表识,而论史者之质的也。②

在这段论述中,欧阳修《新五代史》在经史谱系中的地位极高。继"六经,史之祖"和"左氏、太史公,继别之宗"之后,《新五代史》赫然成为"继祢之小宗"。换言之,《新五代史》甚至取代《汉书》,被推崇到了继《史记》而起的独此一家的程度。《再答苍略书》则曰:

> 六经,史之宗统也。……六经降而为二史,班、马其史中之经乎?……五代史记之文,直欲祧班而祢马。……欧阳玄《金史》诸传、虞集《大典》诸序论,其亦读欧阳子之文而兴起者乎?③

与《天启元年浙江乡试程录·第三问》有所不同,这一谱系略去了《左传》而加上了《汉书》,欧阳修《新五代史》的地位是承续班、马而开启欧阳玄、虞集。可见,在天启元年(1621),钱谦益对欧阳修《新五代史》格外推崇,到了写作《再答苍略书》的己丑(顺治六年,1649)年,这种对于《新五代史》的狂热才有所消退,这与《答山阴徐伯调书》之自述对史书的认识"与时而进"④,恰相吻合。

---

① 《牧斋有学集》卷三十九《答山阴徐伯调书》,《钱牧斋全集》,第陆册,第 1348 页。
② 《牧斋初学集》卷九十,《钱牧斋全集》第叁册,第 1871 页。
③ 《牧斋有学集》卷三十八,《钱牧斋全集》,第陆册,第 1310 页。
④ 《牧斋有学集》卷三十九,《钱牧斋全集》,第伍册,第 1348 页。

第八章　钱谦益之诗文"茁长于学问"与欧阳修经史之学的关系

其二,钱谦益于经学,强调"学者之治经也,必以汉人为宗主"[①],于是他竭力发挥欧阳修学说中肯定汉学的成分。如前所述,欧阳修在《新唐书·艺文志》中论述汉唐章句注疏之学,既肯定其阐明经典,又对其过于烦琐有微辞。对于此说,钱谦益略去了其有所批评的后半截,而仅仅引用加以肯定的前半截,以此作为弘扬《十三经注疏》的理论依据;又如,欧阳修收集古代金石,撰《集古录》,本出于嗜古之好,以其为"怪奇伟丽、工妙可喜之物",至多也不过是"可与史传正其阙谬"而已[②],而钱谦益却强调其中的印文与六经、小学相关,认为印文本于六书之学,而六书之学要求学者窥六经、穷小学,这就凸显了欧阳修《集古录》在经学的章句训诂方面的意义。

如前所述,钱氏对欧阳修的经学也有不满之处。一是反驳其《春秋》学的舍传而从经。钱谦益《跋季氏春秋私考》认为正是因为舍传从经的学风之流弊所及,才导致了季本《春秋私考》这样凿空杜撰的学术风气。二是在反对凿空杜撰之学风的前提下,对于欧阳修怀疑《系辞》非孔子所作的主张,钱谦益虽然肯定其才识不凡,但也忧虑其轻易疑经的负面影响。

2. 欧阳修的学术对钱氏"经经纬史"的影响

钱谦益以"经经纬史"论文学修养,其实质是强调文学的取法对象以六经为本且推重班、马,这一观点亦可从欧阳修的学术中找到依据。

欧阳修在学风和文风两方面都推崇六经。苏轼《六一居士集叙》"自欧阳子出,天下争自濯磨,以通经学古为高"[③]一说,言简意赅地总结了欧阳修的学术倾向及其影响。欧阳修本人亦称赏当时学风的好转曰:"今

[①] 《牧斋初学集》卷七十九《与卓去病论经学书》,《钱牧斋全集》,第叁册,第 1706 页。按:钱氏《跋春秋繁露》亦云:"余每劝学者通经,先汉而后唐、宋"(《牧斋有学集》卷四十六,《钱牧斋全集》,第陆册,第 1516 页)。又,《隐湖毛君墓志铭》云:"意谓经术之学,原本汉、唐,儒者远祖新安,近考余姚,不复知古人先河后海之义。"(《牧斋有学集》卷三十一,《钱牧斋全集》,第陆册,第 1141 页)

[②] 《居士集》卷第四十一《集古录目序》,《欧阳修诗文集校笺》,第 1061 页。

[③] 《苏轼文集》卷十,第 316 页。

明代文人经学与文学思想的关系

之士皆学古通经,稍知自重矣。"①类似说法在《欧阳修全集》中多次出现②。其《读徂徕集》也赞誉石介"宦学三十年,六经老研摩"③。

在文学的宗经方面,欧阳修有"师经"说:"夫世无师矣,学者当师经。师经必先求其意,意得则心定,心定则道纯,道纯则充于中者实,中充实则发为文者辉光,施于世者果敢。"④显然,这是在师经以求道、道纯则文至的意义上讲宗经,与其"圣人之文虽不可及,然大抵道胜者,文不难而自至也"⑤之说相呼应。欧阳修宗经论中最值得重视的观点是《春秋》"简而有法"一说。欧阳修撰《尹师鲁墓志铭》,赞"师鲁为文章,简而有法"⑥,孰料尹洙的家人认为赞语过于简略,于是欧阳修又于《论尹师鲁墓志》申论此赞誉的分量:"述其文,则曰简而有法。此一句,在孔子《六经》惟春秋可当之,其他经非孔子自作文章,故虽有法而不简也。"⑦原来,文章"简而有法"一说,是称赞长于《春秋》的尹师鲁,其文章亦得孔子《春秋》的精髓。欧阳修主张《六经》仅《春秋》为孔子亲自撰写、仅《春秋》堪称"简而有法",那么这一赞誉意味着尹洙之文取法的是《六经》中的最高典范。由此可见,欧阳修对尹师鲁文章的推崇,可说是无以复加;由此也可见,欧阳修主张文章取法《六经》,以《春秋》"简而有法"为文章的最高典范。

钱谦益对欧阳修"简而有法"说颇为重视,在其著作中加以引用⑧,并

---

① 《居士集》卷四十八《问进士策四首》,《欧阳修诗文集校笺》,第1201页。
② 比如:"臣伏见国家自兴建学校以来,天下学者日盛,务通经术,多作古文。"(《奏议》卷第十五《条约举人怀挟文字劄子》,《欧阳修全集》,第1677页)又:"往时自国家下诏书戒时文,讽励学者以近古,盖自天圣迄今二十余年,通经学古、履忠守道之士,所得不可胜数。"(《奏议》卷第十六《荐布衣苏洵状嘉祐五年》,《欧阳修全集》,第1698页)还有:"教学之意在乎敦本,而修其实事,给以糇粮,多陈经籍,选士之良者,以通经有道之士为之师,而举察其有过无行者黜去之,则在学之人皆善士也。"(《奏议》卷第十四《议学状嘉祐元年》,《欧阳修全集》,第1674页)
③ 《居士集》卷三,《欧阳修诗文集校笺》,第69页。
④ 《居士外集》卷十八《答祖择之书》,《欧阳修诗文集校笺》,第1821页。
⑤ 《居士集》卷四十七《答吴充秀才书》,《欧阳修诗文集校笺》,第1177页。
⑥ 《居士集》卷二十八,《欧阳修诗文集校笺》,第767页。
⑦ 《居士外集》卷第二十三,《欧阳修诗文集校笺》,第1916页。
⑧ 《列朝诗集小传》丁集上《汪侍郎道昆》引王世贞《艺苑卮言》曰:"文繁而有法者,于鳞;文简而有法者,伯玉。"(第441页)此说虽与欧阳修无关,但钱氏笔下引用此说时,心中当有对于欧阳修原说的联想。

170

第八章　钱谦益之诗文"茁长于学问"与欧阳修经史之学的关系

给予深入诠释:"尹师鲁纵横论难,极谈兵事利害,而欧阳子称其文简而有体。"①此说认为尹师鲁论兵事之文,横说竖说,反复论难,似乎并不简洁,却获得"简而有体"的赞誉。钱氏其实是试图对欧阳修"简而有法"说加以深入开掘,揭示其实质不仅仅是指文章篇幅语句的简略,而更意味着文章的理精事核,无靡词溢气,虽详而不害其简②。由钱谦益对欧阳修"简而有法"说的重视,可以推测其"经经"说从欧阳修思想中汲取了重要资源。

值得注意的是,欧阳修《新五代史》吸收了班、马的史法,这对钱谦益的推崇"史中之经"有启发之功。钱氏赞叹"《唐六臣》、《伶人》、《宦者》诸传,淋漓感叹,绰有太史公之风"③。但这并非《新五代史》的最高价值所在。钱谦益《天启元年浙江乡试程录·第三问》全面阐述了欧阳修《新五代史》的成就:首先是史法精善,与迁、固颇为契合;其次才是文章纵横奔放,得《史记》之神韵。其说云:

> 奋乎百世之下,断然以古人为法,而后世有所准绳,则无如欧阳氏矣。欧阳氏之作《五代史记》也,上下五十余年,贯穿八姓十国,事各有首尾,人各有本末,而其经纬错综,了然于指掌之间,则史家之法备焉。……以欧阳氏之史法,考之迁、固,若合符节。而其文章之横发旁肆,与太史公掉鞅下上,则又其余事焉矣④。

钱氏对欧阳修"史法"的推崇,由此可见一斑。这段论述当与钱氏对班、马史法的分析参看:"读班、马之书,辨论其同异,当知其大段落、大关键,来龙何处,结局何处,手中有手,眼中有眼,一字一句,龙脉历然。……由

---

① 《牧斋有学集》卷四十九《读宋玉叔文集题辞》,《钱牧斋全集》,第陆册,第1589页。
② 金之俊《金文通公集》卷一《读尹河南文集序》云:"其文朴直紧严,果有当于简。即碑铭书疏,或详至数千百言之多,皆精于理,核于事,而无靡词,无溢气,虽详而仍不害其为简也。"(清康熙二十五年怀天堂刻本)
③ 《牧斋有学集》卷三十八,《钱牧斋全集》,第陆册,第1310页。
④ 《牧斋初学集》卷九十,《钱牧斋全集》,第叁册,第1870—1871页。

二史而求之,千古之史法在焉,千古之文法在焉。"①可见钱氏于《史》、《汉》二书,最为看重的是其结构章法的首尾贯穿、错综有致,而欧阳修《新五代史》的主要成就也在于深得谋篇布局的史法之妙。

实际上,钱氏对史法和文法的追求,也受到了欧阳修尚规矩法度的艺术思想的影响。如前所述,钱氏推崇班、马、欧阳修史法的背后,是史法与文法合一的观念,所谓"由二史而求之,千古之史法在焉,千古之文法在焉"。这一崇尚"法"的主张,也与欧阳修思想有着千丝万缕的联系,理由是《天启元年浙江乡试程录·第三问》论史法曰:"问:史以事辞胜,亦兼道与法而有之。夫断木为棋,挽革为鞠,亦皆有法焉,而史其可以无法欤?"②"断木为棋"云云,出自扬雄《法言·吾子》,钱氏这段论述其实是源自欧阳修有关书法之法则的观点:"然至于书,则不可无法。……扬子曰:'断木为棋,挽革为鞠,亦皆有法焉',而况书乎?"③值得注意的是,唐顺之《文编序》亦引用了欧阳修这段论述:"欧阳子述扬子云之言曰:'断木为棋,挽革为鞠,莫不有法,而况于书乎?'然则又况于文乎?"④可见,受唐顺之等前贤的影响,钱谦益也以欧阳修的法度论作为提倡史法和文法的理论依据。

四、结语

钱谦益"萌折于灵心,蛰启于世运,而苗长于学问"的文学纲领中,"学问"是核心环节。在"灵心"与"学问"的关系中,"灵心"固然有文学天分的意味,但主要是由学问熏陶而成的。由于钱氏文学思想以救治七子派的模拟和竟陵派的非古为基本宗旨,而"学问"正是纠正模拟文风的言之无物和非古文风之不学无术的良方。

---

① 《牧斋有学集》卷三十八《再答苍略书》,《钱牧斋全集》,第陆册,第 1310 页。
② 《牧斋初学集》卷九十《天启元年浙江乡试程录·第三问》,《钱牧斋全集》第叁册,第 1869 页。
③ 《居士外集》卷十八《与石推官第二书》,《欧阳修全集》,第 993 页。
④ 《荆川先生文集》卷十,《唐顺之集》,第 450 页。

第八章　钱谦益之诗文"茁长于学问"与欧阳修经史之学的关系

作为文学修养的"学问",以"通经汲古"、"经经纬史"为口号,其内涵是以六经为本且推崇"史中之经"。钱氏"经经纬史"说源自宋濂的"群经为本根,迁、固二史为波澜"和《大明故中顺大夫、礼部侍郎曾公神道碑铭》,正因如此,钱谦益于前人读书法中,最看重宋濂读书法。宋濂在承袭前人宗经说的基础上,突出了《史记》、《汉书》、《后汉书》等史书的地位,钱氏"经经纬史"说与之最为接近。

钱谦益"经经纬史"论从欧阳修的学术思想中吸取了重要资源。钱氏极为推崇欧阳修《新五代史》,甚至尊为经史谱系中"继祢之小宗";在经学方面,钱氏着力发掘欧阳修学说中肯定汉代章句之学的成分,对其《春秋》学舍传从经、《易》学黜《系辞》,则持保留态度。钱氏对欧阳修"简而有法"说的诠释,揭示了其文学宗经思想与欧阳修的渊源;钱氏推崇"史中之经",则与《新五代史》追摹《史记》、《汉书》的"史法"有关,又得到了欧阳修尚规矩法度的书法观的启迪。

钱谦益对欧阳修学术思想的吸收,与唐顺之、归有光、焦竑等人对欧苏学术的推崇相呼应,揭示了明代中后期文学思想变革的理论动力,不仅来自一般所认为的阳明心学,而且受惠于源自北宋欧阳修、苏轼等人的文人经学。

在考察欧苏学术对明代古文思想的影响时,"文人经学"的视角之所以有意义,不仅仅由于这一学脉和文脉尤其重视经学与文学的关系,而且因为"文人经学"集中体现了欧苏学术的异端色彩、创新精神和博观约取等基本特征,这也正是明中后期文学思想革新所需要的思想资源。以上对钱谦益"经经纬史"的内涵和源流的分析表明,"经经纬史"说体现了文人经学融经学、史学与文学为一体的倾向,为钱谦益的诗文"茁长于学问"提供了理论动力。

第九章 "根本六经"与"通释教"
——钱谦益论"经经纬史"与苏轼文学的取法对象

在钱谦益著名的"灵心"、"世运"和"学问"[①]相结合的文学纲领中,诗文"茁长于学问"的层面最值得重视。这一层面表现在文学取法对象上,就是"经经纬史"。关于此说的内涵,以往的研究已经揭示出了尚志养气与学习前人文学传统[②]、复古思想与性灵思想的整合[③]等层面。本章试图通过考察钱谦益对苏轼文学取法对象的认识,剖析其"经经纬史"说包含的矩度与神理合一等文学观念,揭示"经经纬史"说由苏轼到宋濂、再到钱谦益的历史脉络及其文学思想史意义。

一、"经经纬史":文学取法于经史和子集

钱氏以"经经纬史"来概括作为作家修养和文学取法对象的"学问",其主干是经史,即六经为本和推崇"史中之经",而其枝叶则延伸到了子书和集部。其说见于钱氏有关读书法的论述中。如前所述,《颐志堂记》

[①] 《牧斋有学集》卷四十九《题杜苍略自评诗文》,《钱牧斋全集》,第陆册,第1594页。
[②] 参见王英志《钱谦益"诗有本"说诗例一则——简析〈后秋兴之十三〉其二》《名作欣赏》1987年第5期、孙之梅《灵心、世运、学问——钱谦益的诗学纲领》,《山东大学学报(哲学社会科学版)》1996年第2期。
[③] 参见丁功谊《灵心、学问、世运、性情——论钱谦益的诗学思想》《江西社会科学》2008年第5期。

第九章 "根本六经"与"通释教"——钱谦益论"经经纬史"与苏轼文学的取法对象

先是提出正确的读书法："古之学者，自童卯之始，《十三经》之文，画以岁月，期于默记。又推之于迁、固、范晔之书，基本既立，而后遍观历代之史，参于秦、汉以来之子书，古今撰定之集录。"然后又感叹"今之学者，陈腐于理学，肤陋于应举，汩没锢蔽于近代之汉文唐诗。当古学三变之后，茫然不知经经纬史之学，何处下手"[①]，可见这一读书法正体现了钱氏"经经纬史"的内涵。此说在推崇六经和史书的基础上，明确提出"参于"子书和集录的观点。

上一章已经指出，钱氏推崇文人通经学古、文章有根底，常以"经经纬史"立论。"经经纬史"最值得注意的层面有二：一是在承袭前人的六经为本的基础上，肯定《史记》、《汉书》的重要价值。钱谦益在《汲古阁毛氏新刻十七史序》[②]、《再答苍略书》[③]等文中，详细阐述了"经经纬史"一说中的经史关系：先经而后史、经为权度而史为轻重长短、六经为史之宗统而班、马为史中之经。概言之，一方面，经为史之本原、准则，另一方面，经史又相互渗透。其中最具创新性的观点，是提出了"史中之经"说，从史法与文法合一的角度，赞誉《史记》、《汉书》与六经一样，为千古文章树立了典范，堪称"史中之经"。

二是将文学取法对象由经史延伸到子集，这就为文学吸收佛教资源提供了可能性。关于钱谦益的佛教思想与其文学理论的关系，以往的研究已多有论述[④]。本章着重考察其有关华严法界的论述。钱氏之好尚华严，当与其师憨山德清的影响有关。钱氏《憨山大师梦游全集序》推尊其学曰："我大师广智深慧，真参实悟，惟心识智，梦授于慈氏；华严法界，悟彻于清凉。"[⑤]憨山兼研唯识和华严之学，于华严则尤重唐代澄观一系的法界说。澄观华严学的特点是在法藏法界说的基础上，归纳出四法界

---

① 《牧斋初学集》卷四十三，《钱牧斋全集》，第贰册，第1115—1116页。
② 《牧斋有学集》卷十四，《钱牧斋全集》，第伍册，第679—682页。
③ 《牧斋有学集》卷三十八，《钱牧斋全集》，第陆册，第1310页。
④ 参见连瑞枝《钱谦益的佛教生涯与理念》(《中华佛学学报》1994年第7期)，孙之梅、王琳《钱谦益的佛学思想》(《佛学研究》1996年第5期)，师雅惠《佛境文心——试论佛学对钱谦益文学思想的影响》(《中国社会科学院研究生院学报》，2009年第2期)。
⑤ 《牧斋有学集》卷二十一，《钱牧斋全集》，第伍册，第870页。

说:"事法界,理法界,理事无碍法界,事事无碍法界。"①由于得憨山佛学的沾溉,钱谦益亦好谈华严法界说②,其要点有二:一为圆融无碍,如《华山雪浪大师塔铭》所谓"华严法界圆融无碍之旨"③;二为无所不包,如《固如法师塔铭》所谓"我佛尘沙法门,包罗华严法界,至矣尽矣。华严法界外,岂别有三玄三要。十玄门三法界已了,三玄三要安有未了"④。钱氏这一华严法界说,为其阐述文学之神明与法度的关系提供了思想资源(说详下)。

二、"根本六经"与苏文之有为而作、收敛

钱谦益对苏轼文学之取法对象的认识,正是在"经经纬史"的框架下进行的。钱氏并没有直接以"经经纬史"说来评价苏轼,但是,与"经经纬史"说涵盖了经史和子集相适应,钱氏对于苏轼文学修养的论述也包含了"六经"、"诸史"和"释教"两端。既有"眉山之学,实根本六经,又贯穿两汉诸史"⑤之说,又有"北宋已后,文之通释教者,以子瞻为极则"之论⑥。"根本六经"与"通释教"本身无疑有相通之处,但在钱谦益的语境中,两者分别影响了苏轼文学创作和理论的不同层面。

"根本六经,又贯穿两汉诸史",意在说明苏轼从经史著作中汲取了养分。梳理钱氏有关苏轼经史之学与文学关系的论述可知,六经为苏轼的"有为而作"提供了典范,《春秋》的简约启发了苏轼有关"收敛"的文论,《史记》雄浑激射的文风亦为苏轼所继承。

---

① 参见魏道儒《中国华严宗通史》,江苏古籍出版社2001年版,第197页。
② 《华严忏法序》(《牧斋初学集》卷二十八,《钱牧斋全集》,第贰册,第863页)、《憨山大师庐山五乳峰塔铭》(《牧斋初学集》卷六十八,《钱牧斋全集》,第叁册,第1560页)、《华山雪浪大师塔铭》(《牧斋初学集》卷六十九,《钱牧斋全集》,第叁册,第1572页)、《固如法师塔铭》(《牧斋有学集》卷三十六,《钱牧斋全集》,第陆册,第1270页)、《读苏长公文》(《牧斋初学集》卷八十三,第叁册,第1756页)皆论及。
③ 《初学集》卷六十九,《钱牧斋全集》,第叁册,第1572页。
④ 钱谦益:《牧斋有学集》卷三十六,《钱牧斋全集》,第陆册,第1270页。
⑤ 《牧斋有学集》卷三十九《复遵王书》,《钱牧斋全集》,第陆册,第1359页。
⑥ 《牧斋初学集》卷八十三《读苏长公文》,《钱牧斋全集》,第叁册,第1756页。

第九章 "根本六经"与"通释教"——钱谦益论"经经纬史"与苏轼文学的取法对象

钱谦益没有直接论述苏轼的"根本六经"与其文学的具体关系,但从相关论述中,可以推测到以下三点:

其一,苏轼之文在内容上的"有为而作"是受惠于六经的。钱谦益曾赞誉苏辙《三宗汉昭帝论》乃"有为而作"①,这一评价也适用于苏轼之文。钱谦益多次推崇苏轼的经世之作,比如,他曾引用苏轼《司马温公行状》"非天下所以治乱安危者,皆不载"一说②,又不止一次地叹赏东坡元丰元年《徐州上皇帝书》,认为其论徐州的"形险安危为最切"③。而钱谦益《陕西按察司副使赠太仆寺卿顾公墓志铭》记顾大章有经世之作、因而"识者以为今之子瞻也"④,这一记载也折射了钱谦益对苏文经世致用的追慕。

苏文的"有为而作"与"根本六经"有着密不可分的关系。与欧阳修一样⑤,苏轼曾论述六经与经世致用的关系:"故知礼乐者可与言化,通《春秋》者长于治人。盖三代之所常行,于六经可以备见。"⑥由此可以推测,苏文内容上的长于经世,当从六经中获取了很多思想资源。钱谦益对欧阳修、苏轼的这一观念加以发扬光大,提出了"繇经术以达于世务"⑦的命题,与此相类似,又有"经术"与"经济"并举的说法,如《卓去病先生

---

① 《牧斋初学集》卷八十五《书黄宫允石斋所作刘招后》,《钱牧斋全集》,第叁册,第 1793 页。
② 《牧斋初学集》卷四十七《特进光禄大夫左柱国少师兼太子太师兵部尚书中极殿大学士孙公行状》,《钱牧斋全集》,第贰册,第 1238 页。按:此说出自《苏轼文集》卷十六,中华书局 1986 年版,第 492 页。
③ 《徐州建保我亭记》(《牧斋初学集》卷四十一《钱牧斋全集》,第贰册,第 1099 页),类似的说法又见于《书寇徐记事后》(《牧斋初学集》卷八十四,《钱牧斋全集》,第叁册,第 1776 页)。
④ 《牧斋初学集》卷五十《陕西按察司副使赠太仆寺卿顾公墓志铭》,《钱牧斋全集》,第贰册,第 1287 页。
⑤ 欧阳修《答李诩第二书》反对空言性命的学风,强调六经以致用为主:"六经之所载,皆人事之切于世者,是以言之甚详。至于性也,百不一二言之,或因言而及焉,非为性而言也,故虽言而不究。"(《居士集》卷四十七,《欧阳修诗文集校笺》,第 1169 页)。
⑥ 《苏轼文集》卷四十六《谢秋赋试官启》,第 1334 页。
⑦ 《牧斋初学集》卷四十三《常熟县教谕武进白君遗爱记》,《钱牧斋全集》,第贰册,第 1120 页。又,《福建道监察御史周宗建授文林郎》有"博通经术,贯穿世务"(《牧斋初学集》卷九十四,《钱牧斋全集》,第叁册,第 1966 页)之说。

墓志铭》赞其"以通经术、讲经济为能事"①。钱著中类似说法俯拾即是，足见以六经致用的主张在钱氏学术体系中的重要性。

此外，钱谦益将苏轼经世之学的渊源上溯到贾谊、陆贽，也是间接地承认了东坡之学根本六经的特点。其说云：

> 吾尝观王氏之学，高谈先王，援据《周官》，其称名甚高。而文忠则深叹贾谊、陆贽之学不传于世，老病且死，独欲以教其子弟而已。……是故为周公而伪，不若为贾谊、陆贽而真也。真贾、陆足以救世，而伪周公足以祸世。此眉山、金陵异同之大端也②。

此说认为苏轼与王安石的学术有真贾陆与伪周公之别，东坡之学足以救世。苏轼叹贾、陆之说见于其《与王庠书》③。在苏轼看来，贾、陆学术是以六经为本的。就贾谊而论，苏洵赞赏贾谊兼具圣人之经与权："常以为董生得圣人之经，其失也流而为迂；晁错得圣人之权，其失也流而为诈。有二子之才而不流者，其惟贾生乎！"④又苏轼曾感叹"太史公曰：'盖公言黄老，贾谊、晁错明申韩。'错不足道也，而谊亦为之，余以是知邪说之移人，虽豪杰之士有不免者，况众人乎！"⑤他惋惜贾谊这样的豪杰之士亦不免沾染申韩邪说，由此可以推测，苏轼与其父亲一样，也肯定了贾谊的"得圣人之经"；关于陆贽，东坡《乞校正陆贽奏议上进札子》极赞其"论深切于事情，言不离于道德"⑥，可见其议论也是本于六经且切于事情的。钱氏认为苏学源自贾谊、陆贽，其中也暗含了苏轼根本六经之意。

其二，苏轼"收敛"说与《春秋》简而有法相关。钱谦益曾援引苏轼的

---

① 《牧斋有学集》卷三十二，《钱牧斋全集》，第陆册，第1150页。又如，《大中大夫两淮都转运盐使司运使李君墓志铭》云"长而淹经术，负经济"（《牧斋初学集》卷五十四，《钱牧斋全集》，第贰册，第1357页）。
② 《牧斋初学集》卷二十九《苏门六君子文粹序》，《钱牧斋全集》，第贰册，第869—870页。
③ 《苏轼文集》卷四十九，第四册，第1422页。
④ 《嘉祐集笺注》卷十一《上田枢密书》，上海古籍出版社1993年版，第319页。
⑤ 《苏轼文集》卷十《六一居士集叙》，第316页。
⑥ 《苏轼文集》卷三十六，第1012页。

第九章 "根本六经"与"通释教"——钱谦益论"经经纬史"与苏轼文学的取法对象

《答李方叔书》来论证文章的归于简质:

> 古人有言:"辞尚体要。"规必圆,矩必方,此天则也,要之必归于简质。……子瞻评李方叔之文"微伤于冗,后当稍收敛之,今未可也。方叔之文,正如川之方增,当极其所至。霜降水落,自见涯涘。然不可不知也"。此言当取以献足下。然所谓"如川方增,当极其所至"者,谓其当爬搔洗濯,日磨月砻,以驯至于霜降水落,物候穷而天根露焉。非谓夫纵放奔轶,骋不介之马于峻坂,任其颠踬而自愉快也[①]。

在此,钱谦益劝诲徐祯起纠正其文章的烦冗之弊,提出文必归于简质,其依据之一就是苏轼亦曾认为李方叔文微嫌烦冗、当稍加收敛[②]。

关于文章的繁简,如前所述,欧阳修的《春秋》"简而有法"说颇为著名。苏轼在劝告李方叔"收敛"其文时,并未提及《春秋》和欧阳修此说,但以苏轼对欧阳修学术的了解,《春秋》"简而有法"当已成为其知识背景的一部分。如前所述,钱谦益对欧阳修"简而有法"说颇为重视,在其著作中加以引用并给予深入诠释。换言之,钱谦益对欧阳修"简而有法"说和苏轼"收敛"论皆加以吸收,以论证其文"必归于简质"之说,由此可以推测,他认为苏轼的"收敛"说也与《春秋》文法有着不可忽视的联系。

其三,关于苏轼的"贯穿两汉诸史",钱谦益指出苏文的"雄浑激射"是上承《史记》的:"古今之文,雄浑激射,累千百言如一气回复者,太史公之后,唯苏子瞻耳。"[③]此说当是赞誉苏文结构浑成,颇得《史记》的神韵。

概言之,对于苏轼的"根本六经,又贯穿两汉诸史"与文学的关系,钱谦益主要强调苏文内容上的有为而作、文法上的重视"收敛"和结构浑成等方面。

[①] 《牧斋有学集》卷三十九《答徐祯起书》,《钱牧斋全集》,第陆册,第1354—1355页。
[②] 《苏轼文集》卷四十九《答李方叔书》,第1430—1431页。
[③] 《牧斋有学集》卷三十九《答徐祯起书》,《钱牧斋全集》,第陆册,第1354—1355页。

三、"通释教"与"吾为文如万斛涌泉"、"不能不为之为工"

钱谦益推崇苏轼文学的通于佛教,认为其魅力在于形式上超越法度、浑然天成而内容上充实丰富。钱氏赞叹苏文的"有得于华严"曰:

> 吾读子瞻《司马温公行状》、《富郑公神道碑》之类,平铺直序,如万斛水银,随地涌出,以为古今未有此体,茫然莫得其涯涘也。晚读《华严经》,称性而谈,浩如烟海,无所不有,无所不尽,乃喟然而叹曰:"子瞻之文,其有得于此乎?"文而有得于《华严》,则事理法界,开遮涌现,无门庭,无墙壁,无差择,无拟议。世谛文字,固已荡无纤尘,又何自而窥其浅深,议其工拙乎?……中唐已前,文之本儒学者,以退之为极则。北宋已后,文之通释教者,以子瞻为极则[①]。

这段文字指出了文有得于《华严》,则形式上不拘法度而内容上言之有物。一方面,钱氏论苏文有得于华严的妙处,先是用了"平铺直序,如万斛水银"的比喻,然后又连用"无门庭"等四个"无"字句,由此可以推测,其妙处是浑然天成,不拘法度。从"世谛文字,固已荡无纤尘,又何自而窥其浅深,议其工拙乎"之说,也可以体会到其重点是超越之美。另一方面,《华严经》"无所不有,无所不尽"的说法,则揭示了内容上的充实丰富与形式上的不拘一格之间的内在联系。再以钱氏所举的《司马温公行状》、《富郑公神道碑》等例文来看,两文在内容上都关乎治乱安危,而文法上则自然成文,超越于法度之上。

如前所述,钱氏之论华严法界,侧重于圆融无碍和无所不包两方面。由钱氏对苏文的上述分析可知,华严法界的圆融无碍为钱氏文论的超越

[①] 《牧斋初学集》卷八十三《读苏长公文》,《钱牧斋全集》,第叁册,第1756页。

第九章 "根本六经"与"通释教"——钱谦益论"经经纬史"与苏轼文学的取法对象

规矩法度提供了资源,而华严法界的无所不有则成为古文言之有物的典范。

钱谦益认为"通释教"使得苏文不拘法度且内容充实,这实际上是以苏轼自己的文论来衡量苏文。众所周知,苏轼亦好《华严》,对于《华严》与文学的关系,他已指出僧思聪"能如水镜以一含万,则书与诗当益奇"①,即华严的圆融无碍之境有助于书法和诗歌。钱氏在此说的基础上,以苏轼本人的文学理论为依据,进一步揭示了华严法界与文学的法度、内容等要素之间的关系。钱氏所谓苏文得之于《华严》的两重妙处,可与苏轼的"吾为文如万斛涌泉"和"不能不为之为工"两说参看。其一,钱氏的"如万斛水银,随地涌出"之喻,使人联想起苏轼《自评文》:"吾文如万斛泉源,不择地皆可出,……常行于所当行,常止于不可不止。"②苏轼以万斛泉源比喻其文,意在说明其自然成文、不为法度所拘的特征。这与华严法界的"无门庭,无墙壁,无差择,无拟议"之间的相通之处,是不言而喻的。

其二,钱谦益曾引用的苏轼"不能不为之为工"说,也有助于了解上述文有得于《华严》的内涵。苏轼《南行前集叙》云:"夫昔之为文者,非能为之为工,乃不能不为之为工也。山川之有云雾,草木之有华实,充满勃郁,而见于外,夫虽欲无有,其可得耶! 自少闻家君之论文,以为古之圣人有所不能自已而作者。"③苏轼此说的本意,是以山川草木由内而外的光华,来比喻"古之圣人有所不能自已而作者",换言之,在旅途中,作者的心灵与外境相接,情志蓄于中而自然发于外。钱谦益曾引用此说来申论其文学主张:

> 苏子瞻叙《南行集》曰:昔之为文者,非能为之为工,乃不能不为之为工也。古之人,其胸中无所不有,天地之高下,古今之往来,政

---

① 《苏轼文集》卷十《送钱塘僧思聪归孤山叙》,第 326 页。参见孙昌武《苏轼与佛教》(《文学遗产》1994 年第 1 期)。
② 《苏轼文集》卷六十六《自评文》,第 2069 页。
③ 苏轼《苏轼文集》卷十《南行前集叙》,第 323 页。

治之污隆,道术之醇驳,苞罗旁魄,如数一二。及其境会相感,情伪相逼,郁陶骀荡,无意于文,而文生焉,此所谓不能不为者也。……如其不然,而以能为之为工,则为剽贼,为涂抹,为捃拾补缀①。

与苏轼原说相比,钱氏的解释更强调了作者的学养。值得注意的是,钱谦益用黄庭坚"无意于文"②说,来解读"不能不为之为工",并指出其反面是剽贼涂抹、捃拾补缀,即内容上空洞无物而形式上模拟因袭。所谓"不能不为之为工",是指作者一方面"胸中无所不有"即学养深厚、识见超群,另一方面"境会相感,情伪相逼,郁陶骀荡"即情感激荡,在理性与感性的两方面都充实丰盈。换言之,由于作者情志饱满,文章自然超拔不凡。这里值得注意的是"古之人,其胸中无所不有"一说,正与前引"晚读《华严经》,称性而谈,浩如烟海,无所不有,无所不尽"相呼应,提示了文法上的自然成文与内容上的充实饱满相表里。

以往的研究已经注意到钱谦益文有得于《华严》与苏轼"吾为文如万斛涌泉"之间的联系③,实际上,钱氏此说的特点在于将苏轼的"吾为文如万斛涌泉"和"不能不为之为工"相结合,指出了不拘法度与言之有物的逻辑联系。

四、矩度与神理合一

钱氏对苏文"根本六经"与"通释教"之意义的论述,看似分散零碎,实际上贯穿了钱氏提倡神理与矩度合一的观念。

---

① 《牧斋初学集》卷三十三《瑞芝山房初集序》,《钱牧斋全集》,第贰册,第 959 页。
② 黄氏《大雅堂记》:"子美诗妙处,乃在无意于文,夫无意而已至。"(《宋黄文节公全集·正集》卷十六,黄庭坚著,刘琳、李勇先、王蓉贵校点《黄庭坚全集》,四川大学出版社 2001 年版,第 437 页)此说源自苏轼"书初无意于佳,乃佳尔"(《评草书》,《苏轼文集》卷六十九,第 2183 页)、苏洵"无意乎相求,不期而相遭,而文生焉。……二物者非能为文,而不能不为文也"(《嘉祐集笺注》卷十五《仲兄字文甫说》,第 412—413 页)。
③ 师雅惠《佛境文心——试论佛学对钱谦益文学思想的影响》,《中国社会科学院研究生院学报》2009 年第 2 期。

第九章 "根本六经"与"通释教"——钱谦益论"经经纬史"与苏轼文学的取法对象

钱谦益曾以"矩度"与"神理"论文。比如,钱氏《家塾论举业杂说》批评"举子之文之伪体",指出其弊端是使得"先民之矩度与其神理渐灭不可复问矣"①,此处的"矩度"与"神理"当分别指文章的法度和超越于法度之外的神理。钱氏重视法度,但也欣赏无法而法的境界。一方面,他不止一次地痛斥七子派的违背文章法度:"其于文,卑靡冗杂,无一篇不倒背古人矩度。"②另一方面,钱氏也引用袁小修之说,推崇"琐言长语,取次点墨,无意为文,而神情兴会,多所标举"③的文风,这是讲超越法度而标举神理。

由钱氏对苏文"经经纬史"的阐述,可以窥见钱氏兼重神理与矩度的观念,以及推崇神理与言之有物的关联。就重视法度而论,与苏文"根本六经"相关的重视"收敛"和结构浑成等特征,都侧重于文法层面,可见"根本六经"的意义侧重于矩度层面。就推崇神理来说,与苏文"根本六经"相关的"有为而作"、与"通释教"相关的不拘法度且言之有物,都侧重于矩度之外的"神理"层面。

此外,钱谦益在崇尚"无意于文"的同时强调言之有物,由此可以推测,钱氏所谓"神理"与内容上的充实密切相关。钱氏对于"古之为诗者有本焉"再三致意④,并指出其对立面是"今之为诗,本之则无,徒以词章声病,比量于尺幅之间"⑤,也就是说,"诗有本"的反面是徒重矩度。此说也揭示了诗有本与诗之神理之间的联系,换言之,钱氏所强调的"神理"的内涵之一就是言之有物,钱氏以内容的充实为追求文学变化的途径。

必须说明的是,钱氏神理与矩度合一的观念本身,也与苏轼思想有

---

① 《牧斋有学集》卷四十五,《钱牧斋全集》,第陆册,第1508页。
② 《牧斋初学集》卷七十九《答唐训导汝谔论文书》,《钱牧斋全集》,第叁册,第1702页。按:《赖古堂文选序》(《牧斋有学集》卷十七)、《复徐巨源书》(《牧斋有学集》卷三十八)、《读宋玉叔文集题辞》(《牧斋有学集》卷四十九)中都有类似说法。
③ 《牧斋有学集》卷四十九《题南溪杂记》,《钱牧斋全集》,第陆册,第1610页。
④ 《牧斋有学集》卷十七《周元亮赖古堂合刻序》,《钱牧斋全集》,第伍册,第767页。《陈确庵集序》(《牧斋有学集》卷二十,《钱牧斋全集》,第伍册,第848页)中有类似说法。
⑤ 《牧斋有学集》卷十七《周元亮赖古堂合刻序》,《钱牧斋全集》,第伍册,第767页。

着不可忽视的联系。在这一问题上,苏轼"出新意于法度之中,寄妙理于豪放之外"①一说可谓脍炙人口,实际上,关于书画的法度与神理的合一,苏轼还有很多类似的阐述,比如,"荆公书得无法之法"②强调了王安石书法超越法度的一面,但"无法之法"一说本身就体现了法与无法相结合的思维方式;又如,苏轼《跋叶致远所藏永禅师千文》评永禅师书法"故举用旧法,非不能出新意求变态也,然其意已逸于绳墨之外矣"③,其着眼点是书法用旧法而出新意④。不过,钱谦益的法度论与苏轼多有不同之处:一,苏轼的法度论侧重于书画艺术的继承和创新之间的关系,而钱谦益之矩度与神理合一的思想,既关乎文学的继承和创新,又涉及内容与形式的关系。二,苏轼在书画方面多谈论法度,而在诗文上却很少直接阐述法度。

五、苏轼—宋濂—钱谦益:"经经纬史"说的文学思想史意义

钱谦益以"经经纬史"的框架分析苏轼文学的取法对象,这就意味着钱氏以苏轼文论为"经经纬史"的源头之一。实际上,以往的研究所不曾注意到的是,从苏轼到钱谦益,"经经纬史"说还经历了宋濂这一中间环节。从苏轼到钱谦益,人们对文学之法度的重视程度有所提高,对文学超越法度的认识也越来越清晰,从而对文学创新与内容新变的关系有了更明确的认识。

1. 文学宗法经史

在文学与经史的关系方面,苏轼并未有系统的论述,但他曾分别论及文学与经学、文学与史学的关系。前者可以其《六一居士集叙》"自欧阳子出,天下争自濯磨,以通经学古为高"⑤一说为证。众所周知,欧阳修

---

① 《苏轼文集》卷七十《书吴道子画后》,第2210—2211页。
② 《苏轼文集》卷六十九《跋王荆公书》,第2179页。
③ 《苏轼文集》卷六十九,第2176页。
④ 参见陈中浙《苏轼书画艺术与佛教》,商务印书馆2004年版,第217—226页。
⑤ 《苏轼文集》卷十,第316页。

第九章 "根本六经"与"通释教"——钱谦益论"经经纬史"与苏轼文学的取法对象

认为通经术与作古文是密不可分的①,由此可以推测,苏轼也充分肯定了古文取法经书的主张。在史学方面,苏轼也有"然亦须多读史,务令文字华实相副,期于适用乃佳"②一说,指出了读史与文字华实相副的关系,可见,苏轼是从文学内容充实而不仅仅是文法的角度强调取法史书的。

迄于宋濂,他提出了以六经为根本,迁、固二史为波澜的师法对象,明确论述了文学所取法的经史之间的主次关系,揭示了六经对文法的影响,剖析了迁、固二史与文学的本原和变化之间的关系。其一,如前所述,就六经与史汉的关系而论,其主导倾向是以群经为根本而迁、固二史为波澜。其二,宋濂认为五经与文法的关系,不是一经备一类文法,而是"五经各备文之众法"③。其三,关于文学取法经史的不同意义,宋濂引用了其师黄溍之说,指出群经与迁、固相结合的意义,在于使得文章既能"造道之原",又能"尽事之变",换言之,此说的实质在于强调文学既有本有原又波澜变化。

钱氏"经经纬史"说与宋濂的区别有二。一是宋濂看重迁、固的推陈出新与风格多样,而钱氏则重视史法,即班、马结构上的首尾贯穿、起承转合。二是,"经经纬史"、"史中之经"等说法,显示出钱氏进一步淡化了六经与二史的主次关系,更加推崇二史作为文学典范的意义。由此也可以推测钱氏在肯定文学有本的同时,比宋濂更崇尚文学的变化。

2. 文学取法佛经

如前所述,对于文学取法佛经的意义,苏轼最明确的阐述是"聪能如水镜以一含万,则书与诗当益奇"。吸收华严法界的思想精髓,则书法与诗歌都能超出凡俗。此说已暗含了超越法度的文学主张。

宋濂之论文学与佛经,其值得注意者有二:一是多次提到苏轼弘扬《楞伽经》之功。其《〈楞伽阿跋多罗宝经集注〉题辞》(《銮坡后集》卷五)、《新刻〈楞伽经〉序》都提及此事,其中,《新刻〈楞伽经〉序》有"《楞伽》为达

---

① 欧阳修《条约举人怀挟文字札子》曰:"臣伏见国家自兴建学校以来,天下学者日盛,务通经术,多作古文"(《奏议》卷第十五,《欧阳修全集》,第 1677 页)。
② 《苏轼文集》卷六十《与侄孙元老四首》(二),第 1842 页。
③ 《銮坡前集》卷八《〈白云稿〉序》,《宋濂全集》,第一册,第 494 页。

摩氏印心之经"①一说,显然受到了东坡《书〈楞伽经〉后》的影响②。

二是宋濂常论"以文辞为佛事"③,且强调佛经内容上无所不包、文体上兼备众体:

> 昔我三界大师金口所宣诸经,所谓长行即序事之类,所谓偈颂即比赋之属,汪洋盛大,反复开演,天地日月、山川草木、城邑人物、飞仙鬼趣、羽毛鳞甲,莫不摄入,故后世尊之,号曰"文佛"。如此而能文,吾惟恐其不能文也④。

所谓"莫不摄入",正说明了佛经内容的无所不有。此说认为"长行"相当于"序事"之文体,"偈颂"在文体上属于比赋,这一说法与其"五经各备文之众法"相呼应,是将南朝萧梁刘勰《文心雕龙·宗经》有关五经开创各种文体的观点延伸到佛经,揭示佛经文体作为文体范式的意义。

显然,钱谦益的文学与佛学关系论是接着苏轼、宋濂讲的。一方面,钱谦益也有"以文章为佛事"⑤之说。其晚年所撰《楞严蒙钞》更是多次援引紫柏真可"释迦文佛以文设教"⑥一说。尤其值得注意的是,前引文有得于《华严》则无所不有的说法,显然与宋濂"莫不摄入"说一脉相承。另一方面,钱谦益申论文有得于《华严》则"无门庭,无墙壁,无差择,无拟议",主张超越法度,显然是从苏轼"华严法界"中引申出来的。

---

① 《芝园前集》卷五,《宋濂全集》,第二册,第1239页。
② 苏轼云:"《楞伽阿跋多罗宝经》,先佛所说,微妙第一,真实了义,故谓之佛语心品。祖师达磨以付二祖曰:'吾观震旦所有经教,惟《楞伽》四卷可以印心,祖祖相受,以为心法。'"(《苏轼文集》卷六十六,第2085—2086页)按:《楞伽经》卷一为《一切佛语心品之一》,《苏轼文集》中华书局1986年版断句在"佛语"后,误。
③ 《四明佛陇禅寺兴修记》(《銮坡前集》卷十,《宋濂全集》,第一册,第537页)、《阿育王山广利禅寺大千禅师照公石坟碑文》(《翰苑续集》卷六,《宋濂全集》,第二册,第880页)、《净慈禅师竹庵渭公白塔碑铭》(《芝园后集》卷七,《宋濂全集》,第三册,第1435页)、《杭州天龙寺石佛记》(《芝园续集》卷九,《宋濂全集》,第三册,第1598页)。
④ 《銮坡前集》卷八《〈水云亭小稿〉序》,《宋濂全集》,第一册,第502页。
⑤ 《牧斋有学集》卷二十《二王子今体诗引》,《钱牧斋全集》,第伍册,第859页。
⑥ 钱谦益《楞严蒙钞》卷一,《卍续藏经》,新文丰出版公司1983年版,第21册,第111页;卷末《佛顶通录第四》"紫柏可大师楞严解七条",第21册,第798页。

第九章 "根本六经"与"通释教"——钱谦益论"经经纬史"与苏轼文学的取法对象

概言之,从苏轼、经宋濂到钱谦益,文学与佛学的关系论主要围绕着内容的充实丰富和超越法度两方面展开,其基本趋势也是越来越明确地强调内容充实和超越法度。

六、结语

就文学的取法对象来说,钱谦益"经经纬史"说主要包含了两方面:一是以六经为本,并且推崇作为"史中之经"的《史记》和《汉书》。二是将文学师法对象由经史延伸到子集,为文学取法佛经提供了可能性。

钱谦益论苏轼文学的取法对象,正是在"经经纬史"的框架下进行的。苏文"根本六经,又贯穿两汉诸史",使得其内容上有为而作、文法上重视"收敛"和结构浑成;苏文"通释教",则使得内容充实且超越法度。钱氏有关苏文取法对象的认识看似零碎分散,实际上贯穿了钱氏矩度与神理合一的观念,其实质是既重视文学的法度又强调超越法度,以内容的充实为文学变化的途径。

从苏轼到宋濂,再到钱谦益,文学取法于经史和佛经之说背后的文学观念的发展趋势是,在坚持文学的内容充实的同时,越来越推崇文学的法度,也越来越重视文学的超越法度和富于变化。

结　语

　　本书通过一篇总论和八篇个案来考察明代文人经学与文学思想变革的关系。总论侧重于讨论宋濂、归有光、唐顺之、焦竑、钱谦益等文人经学诸家在经学、文论等方面的共同倾向,而个案则揭示了明代文人经学与文学思想互动的具体形态。上述宏观考察和微观研究相结合之下,明代文人经学的来源、特征以及与文学思想关系等诸层面的复杂性便有所呈现:

　　其一,明代文人经学的理论动力是多元的。其基本特征是继承和发展了欧阳修、苏轼的经学,其核心是以下四个层面:一,欧阳修的舍传从经之学和苏轼《东坡易传》的"文生于相错"说。二,欧阳修的推崇普遍人情和苏轼的主张"从众"。三,欧阳修强调"天性之亲"即亲子关系中基于血缘的亲情,以及苏轼小宗论对礼制的变通。四,欧阳修经学上的道器合一。

　　然而,值得注意的是,在欧苏经学这一主干之外,宋代文献考据学、明代白沙学、阳明学的影响也不可忽视。比如,通过分析焦竑《易筌》对前人易说的吸收,可以发现宋代恢复古易的学风也推动了明代形声文字训诂之学的兴起。又如,唐顺之春秋学通过"愚夫愚妇之心"来求"圣人之心",这一主张显然受惠于欧阳修的"圣人之言,在人情不远",同时也吸收了阳明学有关"良知"普遍性的观点。再如,唐顺之校录《医间先生集》的学术经历,揭示了唐顺之本色论与白沙学也有着不可忽视的渊源关系。

其二，明代文人经学家对文学典范的认识，是一个以经学为主干，延伸到史学和子集二部的学术结合体。比如，钱谦益在"经经纬史"的框架下分析苏轼文学的取法对象，主张苏轼既"根本六经"，又"通释教"，这一论述近承宋濂之"群经为本根，迁、固二史为波澜"和"以文辞为佛事"的说法，其源头则是欧苏通经学古和苏文有得于《华严》的传统。换言之，不仅经史之学与文学的关系是文人经学的题中应有之义，佛境与文论的逻辑联系也是明代文人经学视野下的重要论题。

其三，明代文人经学与文学思想关系的四个层面，其实质是建立文学的新变与宗经、新变与载道、新变与矩度、文学的真情与儒家名教之间的新型关系，适度地扬弃宗经载道传统、文学法度和礼制等层面，来实现文学的创新。值得注意的是，宋濂等人是明代最杰出的文章家，其文学思想的折衷性，体现了古代文学理论以折衷求新变的特质。

本书在宋明思想史的框架下考察明代文人经学，其宗旨是揭示明代文人经学如何继承和发展欧苏思想资源，为明代文学思想的变革提供理论动力。实际上，这一视角也意味着从明代文人经学的角度重新审视欧苏思想，因而本研究也注意到了欧苏思想中一些尚未得到足够重视的层面。比如，在道器关系上，欧阳修的心性论重器用而轻道体，其诗乐论却主张道重于器，欧阳修思想中的这一内在矛盾在其思想体系中是偶然现象还是必然因素呢？又如，苏轼《东坡易传》"文生于相错"说是其反对王安石一家之学的重要依据，与之相联系的易学观点是"卦者至错"（《东坡易传》卷七）。如果说"文生于相错"联系着苏轼最重要的文学思想，那么"卦者至错"说作为苏轼易学与文学思想关系中的重要命题，理应得到更多的关注。

课题的结项并不意味着研究的结束。与本书相关，刘勰《文心雕龙》如何开创了文人经学的道路，元代以降文人经学如何融经史、佛学于一炉等问题，将是本人今后努力的方向。

附录一:明代文人经学著述一览

类别	作者	书名、版本(或篇名、出处)
《诗经》	唐顺之	《书秦风蒹葭三章后》(《荆川先生文集》卷十七,《唐顺之集》,第760页)
	焦竑	《毛诗古音考序》(《澹园集》卷十四,《澹园集》,上册,第128—129页)
		《经籍志论·经部·诗》(《澹园集》卷二十三,《澹园集》,上册,第299页)
		《驺虞》(《焦氏笔乘》卷一,第4—6页)
		《朋当在东押》(《焦氏笔乘》卷一,第14页)
		《士衡诗误》(《焦氏笔乘》卷一,第15页)
		《绿竹》(《焦氏笔乘》卷一,第26—27页)
		《柏舟》(《焦氏笔乘》卷一,第30页)
		《采葛》(《焦氏笔乘》卷一,第31页)
		《月出》(《焦氏笔乘》卷一,第35页)
		《黍离降为国风》(《焦氏笔乘》卷二,第58页)
		《鄂不》(《焦氏笔乘》卷二,第75页)
		《古诗无叶音》(《焦氏笔乘》卷三,第109—110页)
		《韩诗外传》(《焦氏笔乘续集》卷三,第327页)
		《提耳》(《焦氏笔乘续集》卷三,第329—330页)
		《关雎棠棣》(《焦氏笔乘续集》卷三,第341页)
		《逸诗》(《焦氏笔乘续集》卷四,第369—372页)
		《木瓜》(《焦氏笔乘续集》卷四,第388—389页)
		《关雎》(《焦氏笔乘续集》卷四,第389页)
	归有光	《浙江乡试录后序》(《震川先生集》卷二,第41—43页)
		《送王汝康会试序》(《震川先生集》卷九,第191—192页)
		《送昆山县令朱侯序》(《震川先生集》卷十一,第254—255页)
		《赠张别驾序》(《震川先生集》卷十一,第257—258页)

续表

类别	作者	书名、版本（或篇名、出处）
《诗经》	归有光	《御史大夫潘公夫人曹氏六十寿序》(《震川先生集》卷十二,第291—292页)
		《顾夫人杨氏七十寿序》(《震川先生集》卷十二,第292—293页)
		《清梦轩记》(《震川先生集》卷十五,第383—384页)
		《南陔草堂记》(《震川先生集》卷十五,第394—395页)
		《太学生陈君妻郭孺人墓志铭》(《震川先生集》卷二十一,第498—499页)
		《赠文林郎邵武府推官吴君墓碣》(《震川先生集》卷二十四,第567—568页)
《尚书》	归有光	《洪范传》(《震川先生集》卷一,第7—15页)
		《尚书叙录》(《震川先生集》卷一,第16—17页)
		《考定武成》(《震川先生集》卷一,第17—18页)
		《草庭诗序》(《震川先生集》卷二,第31页)
		《太仆寺志序》(《震川先生集》卷二,第43—44页)
		《水利书序》,(《震川先生集》卷二,第50页)
		《尚书别解序》,(《震川先生集》卷二,第50—51页)
		《水利论》、《水利后论》(《震川先生集》卷三,第60—65页)
		《三江图叙说》(《震川先生集》卷三,第75—76页)
		《淞江下三江图叙说》(《震川先生集》卷三,第76—77页)
		《二石说》(《震川先生集》卷三,第77—78页)
		《陈伯生字说》(《震川先生集》卷三,第79页)
		《跋禹贡论后》(《震川先生集》卷五,第107页)
		《上高阁老书》(《震川先生集》卷六,第132—135页)
		《上方参政书》(《震川先生集》卷七,第142页)
		《与林侍郎书》(《震川先生集》卷七,第156—157页)
		《奉熊分司水利集并论今年水灾事宜书》(《震川先生集》卷八,第159—162页)

明代文人经学与文学思想的关系

续表

类别	作者	书名、版本(或篇名、出处)
《尚书》	归有光	《寄王太守书》(《震川先生集》卷八,第162—164页)
		《送同年孟与时之任成都序》(《震川先生集》卷十,第221—222页)
		《送福建按察司王知事序》(《震川先生集》卷十,第239—240页)
		《赠石川先生序》(《震川先生集》卷十,第242—243页)
		《少傅陈公六十寿诗序》(《震川先生集》卷十二,第288—289页)
		《太仓州守孙侯母太夫人寿诗序》(《震川先生集》卷十二,第304页)
		《晋其大六十寿序》(《震川先生集》卷十三,第321—322页)
		《遂初堂记》(《震川先生集》卷十五,第373—374页)
		《光禄署丞孟君浚河记》(《震川先生集》卷十六,第420—421页)
		《松江新建行省颂》(《震川先生集》卷二十九,第654—655页)
		《士立朝以正直忠厚为本》(《震川先生别集》卷一,第687—690页)
		《嘉靖庚子科乡试对策五道》(《震川先生别集》卷二,第727—742页)
		《送恤刑会审狱囚文册揭帖》(《震川先生别集》卷九,第923—924页)
		《南旺》(《震川先生别集》卷十,第942—943页)
	焦竑	《经籍志论·经部·书》(《澹园集》卷二十三,《澹园集》,上册,第298页)
		《尚书古文》(《焦氏笔乘》卷一,第6页)
		《纳言》(《焦氏笔乘》卷一,第7—8页)
		《禽兽可互名》(《焦氏笔乘》卷一,第14页)
		《咎繇锺繇二繇同音》(《焦氏笔乘》卷一,第15页)
		《敖误为教》(《焦氏笔乘》卷一,第16页)
		《太誓总德》(《焦氏笔乘》卷一,第19页)
		《召康公》(《焦氏笔乘》卷一,第38页)
		《禹贡菏误作河》(《焦氏笔乘续集》卷三,第328—329页)
		《尚书古文》(《焦氏笔乘续集》卷三,第352页)

续表

类别	作者	书名、版本(或篇名、出处)
《尚书》	焦竑	《君陈》(《焦氏笔乘续集》卷四,第395页)
	钱谦益	《题何平子禹贡解》(《牧斋初学集》卷八十三,《钱牧斋全集》,第叁册,第1754页)
《礼》	宋濂	《金华张氏先祠记》(《銮坡前集》卷之十,《宋濂全集》,第一册,第535页)
		《题〈友怡堂铭〉后》(《銮坡前集》卷之十,《宋濂全集》,第一册,第552页)
		《莆田林氏重建先祠记》(《翰苑续集》卷之四,《宋濂全集》,第二册,第853页)
		《王氏义祠记》(《芝园前集》卷第六,《宋濂全集》,第二册,第1279页)
		《叶氏先祠记》(《芝园前集》卷第九,《宋濂全集》,第二册,第1330页)
		《平阳林氏祠学记》(《朝京稿》卷三,《宋濂全集》,第三册,第1691页)
		《采苓符第一》(《龙门子凝道记》卷上,《宋濂全集》,第三册,第1754页)
		《蔚迟枢第八》(《龙门子凝道记》卷中,《宋濂全集》,第三册,第1784页)
		《王子充字序》(《潜溪先生集辑补》,明天顺元年黄溥刻本,《宋濂全集》,第三册,第1982页)
	唐顺之	《答徽州汪子问继祖母之丧》(《荆川先生文集》卷七,《唐顺之集》,第286—287页)
	归有光	《草庭诗序》(《震川先生集》卷二,第31页)
		《平和李氏家规序》(《震川先生集》卷二,第38—39页)
		《天子诸侯无冠礼论》(《震川先生集》卷三,第55—56页)
		《公子有宗道论》(《震川先生集》卷三,56—58页)
		《贞女论》(《震川先生集》卷三,第58—59页)
		《谱例论》(《震川先生集》卷三,第60页)
		《书冢庐巢燕卷后》(《震川先生集》卷五,第118页)
		《题立嗣辨后》(《震川先生集》卷五,第121页)

续表

类别	作者	书名、版本(或篇名、出处)
《礼》	归有光	《本庵记》(《震川先生集》卷十五,第398—399页)
		《张氏女贞节记》(《震川先生集》卷十五,第417—419页)
		《亡儿翻孙圹志》(《震川先生集》卷二十二,第535页)
		《从叔父府君坟前石表辞》(《震川先生集》卷二十三,第541—543页)
		《何氏先茔碑》(《震川先生集》卷二十四,第558页)
	焦竑	《经籍志论·经部·礼》(《澹园集》卷二十三,《澹园集》,上册,第300页)
		《八蜡》(《焦氏笔乘》卷一,第32页)
		《宗庙廒库》(《焦氏笔乘》卷一,第42页)
		《孔氏不丧出母》(《焦氏笔乘》卷一,第43—45页)
		《师不制服》(《焦氏笔乘》卷一,第46页)
		《地中》(《焦氏笔乘》卷三,第115—117页)
		《笏制》(《焦氏笔乘》卷三,第117页)
		《奠雁》(《焦氏笔乘》卷三,第118页)
		《冠礼》(《焦氏笔乘续集》卷三,第345页)
		《易簀》(《焦氏笔乘续集》卷四,第381—382页)
		《周礼注》(《焦氏笔乘续集》卷五,第398页)
		《月令》(《焦氏笔乘续集》卷五,第398—399页)
		《三商》(《焦氏笔乘续集》卷五,第401页)
		《礼不下庶人》(《焦氏笔乘续集》卷五,第401页)
		《明堂位》(《焦氏笔乘续集》卷五,第401—402页)
		《肉孔》(《焦氏笔乘续集》卷五,第403页)
		《牺鐏》(《焦氏笔乘续集》卷五,第414页)
		《穀璧》(《焦氏笔乘续集》卷五,第414页)
		《齫戾》(《焦氏笔乘续集》卷五,第415页)
		《内则》(《焦氏笔乘续集》卷五,第415页)
		《祭法》(《焦氏笔乘续集》卷五,第416页)

续表

类别	作者	书名、版本(或篇名、出处)
《周易》	宋濂	《河图洛书说》(《潜溪前集》卷之四,《宋濂全集》,第一册,第42—44页)
		《题〈甘节卷〉后》(《翰苑别集》卷第三,《宋濂全集》,第二册,第1010页)
		《河图枢第七》(《龙门子凝道记》卷中,《宋濂全集》,第三册,第1781—1782页)
		《〈笔记〉序》(《宋学士先生文集辑补》,明天顺五年黄誉刊本,《宋濂全集》,第四册,第2022页)
	唐顺之	《书河图洛书》(《荆川先生文集》卷十七,《唐顺之集》,第758—759页)
	归有光	《易图论上》、《易图论下》和《易图论后》(《震川先生集》卷一,第1—6页)
		《大衍解》(《震川先生集》卷一,第6—7页)
		《庄氏二子字说》(《震川先生集》卷三,第84—85页)
		《性不移说》(《震川先生集》卷四,第101—102页)
		《上高阁老书》(《震川先生集》卷六,第133—135页)
		《答顾伯刚书》(《震川先生集》卷七,第148—149页)
		《示徐生书》(《震川先生集》卷七,第150—151页)
		《与赵子举书》(《震川先生集》卷七,第153页)
		《山斋先生六十寿序》(《震川先生集》卷十二,第280页)
		《顾夫人八十寿序》(《震川先生集》卷十二,第289—291页)
		《梦鼎堂记》(《震川先生集》卷十二,第432—433页)
		《太极在先天范围之内》(《震川先生别集》卷一,第691—694页)
		《易经渊旨》(《四库存目丛书》,经部第7册)
	焦竑	《易筌》(《续修四库全书》,经部第11册)
		《经籍志论·经部·易》(《澹园集》卷二十三,《澹园集》,上册,第297—298页)
		《周易举正》(《焦氏笔乘》卷一,第8—9页)
		《子夏易说》(《焦氏笔乘》卷一,第10页)

明代文人经学与文学思想的关系

续表

类别	作者	书名、版本（或篇名、出处）
《周易》	焦竑	《飞遁》(《焦氏笔乘》卷一,第 11 页)
		《家食》(《焦氏笔乘》卷一,第 11 页)
		《不事王侯》(《焦氏笔乘》卷一,第 12 页)
		《希夷易说》(《焦氏笔乘》卷一,第 12—13 页)
		《佛典解易》(《焦氏笔乘》卷一,第 13 页)
		《神农黄帝皆作易》(《焦氏笔乘》卷二,第 77 页)
		《太极》(《焦氏笔乘》卷二,第 78 页)
		《顾篆论易》(《焦氏笔乘续集》卷三,第 354—355 页)
		《古易》(《焦氏笔乘续集》卷三,第 359 页)
		《龟山不轻解易》(《焦氏笔乘续集》卷五,第 409 页)
		《师卦》(《焦氏笔乘续集》卷五,第 416 页)
《春秋》	宋濂	《〈春秋属辞〉序》(《宋学士文粹辑补》,明洪武十年郑济刊本,《宋濂全集》,第三册,第 1892—1893 页)
	唐顺之	《答佴孙一麟》(《荆川先生文集》卷七,《唐顺之集》,第 284—285 页)
		《季彭山春秋私考序》(《荆川先生文集》卷十,《唐顺之集》,第 436—438 页)
		《读春秋》(《荆川先生文集》卷十七,《唐顺之集》,第 749—758 页)
	归有光	《顾夫人杨氏七十寿序》(《震川先生集》卷十二,第 292—293 页)
	焦竑	《春秋左翼序》(《澹园集》卷十四,上册,第 129 页)
		《经籍志论·经部·春秋》(《澹园集》卷二十三,上册,第 299 页)
		《属负兹》(《焦氏笔乘》卷三,第 114—115 页)
		《左氏论字义》(《焦氏笔乘续集》卷三,第 347 页)
		《瘠生》(《焦氏笔乘续集》卷五,第 417 页)
	钱谦益	《春秋论五首》(《牧斋初学集》卷二十一,《钱牧斋全集》,第贰册,第 745—750 页)

续表

类别	作者	书名、版本(或篇名、出处)
《春秋》	钱谦益	《春秋匡解序》(《牧斋初学集》卷二十九,《钱牧斋全集》,第贰册,第876—878页)
		《左汇序》(《牧斋初学集》卷二十九,《钱牧斋全集》,第贰册,第878—879页)
		《麟旨明微序》(《牧斋初学集》卷二十九,《钱牧斋全集》,第贰册,第889—890页)
		《读左传随笔六则》(《牧斋初学集》卷八十三,《钱牧斋全集》,第叁册,第1747—1749页)
		《跋季氏春秋私考》(《牧斋初学集》卷八十三,《钱牧斋全集》,第叁册,第1753—1754页)
		《跋宋版左传》(《牧斋初学集》卷八十五,《钱牧斋全集》,第叁册,第1780页)
		《与严开正书》(《牧斋有学集》卷三十八,《钱牧斋全集》,第陆册,第1316—1318页)
		《书东坡延州吴季子赞后》(《牧斋有学集》卷五十,《钱牧斋全集》,第陆册,第1641—1642页)
总论	宋濂	《六经论》(《潜溪前集》卷六,《宋濂全集》,第一册,第72—73页)
		《龙门子凝道记》卷下《士有微第七》,《宋濂全集》,第三册,第1801页)
	归有光	《孝经叙录》(《震川先生集》卷一,第18—20页)
		《经序录序》(《震川先生集》卷二,第33页)
		《与潘子实书》(《震川先生集》卷七,第149—150页)
		《送何氏二子序》(《震川先生集》卷九,第194—195页)
		《送蒋助教序》(《震川先生集》卷九,第214—215页)
	焦竑	《与王方翁》(《澹园集》卷十三,《澹园集》,上册,第115页)
		《刻两苏经解序》(《澹园续集》卷一,《澹园集》,下册,第750—751页)
		《续刻两苏经解序》(《澹园续集》卷二,《澹园集》,下册,第791页)
		《卫包改古文》(《焦氏笔乘》卷四,第145页)
		《群经音辨》(《焦氏笔乘续集》卷三,第313—314页)
		《板本之始》(《焦氏笔乘续集》卷三,第348页)

明代文人经学与文学思想的关系

续表

类别	作者	书名、版本(或篇名、出处)
总论	钱谦益	《新刻十三经注疏序》(《牧斋初学集》卷二十八,《钱牧斋全集》,第贰册,第850—852页)
		《常熟县教谕武进白君遗爱记》(《牧斋初学集》卷四十三,《钱牧斋全集》,第贰册,第1120页)
		《与卓去病论经学书》(《牧斋初学集》卷七十九,《钱牧斋全集》,第叁册,第1705—1707页)
		《答山阴徐伯调书》(《牧斋有学集》卷三十九,《钱牧斋全集》,第陆册,第1347页)

附录二：焦竑《易筌》化用吴澄《易纂言》一览

1. 盘桓是从容不遽动之象，非不动也。居贞如所谓大居正之义，非静处为居也。《春秋传》曰："侯主社稷、临祭祀、奉民人、事鬼神、从会朝，又焉得居？"(《易筌》卷一释《屯》卦初九爻辞，第14—15页。)

按：吴澄原说见《易纂言》卷一："上言居贞，若建而为侯，则不可居矣。《春秋传》云：'侯主社稷、临祭祀、奉民人、事鬼神、从会朝，又焉得居？'然则初之盘桓，非终不动者也。"（第22册，第414页）在《易筌》之前，明熊过撰《周易象旨决录》卷一亦引吴澄说，其后明何楷撰《古周易订诂》卷一引焦竑说。

2. 二刚皆治蒙者。九二刚而得中，其于蒙也，能包之，治之以宽也；上九过刚不中，其于蒙也，乃击之，治之以猛也。(《易筌》卷一释《蒙》卦上九爻辞，第18页)

按：吴澄原说见《易纂言》卷一，文字小异："宽"后多"者"字，"猛"后多有"者"字（第22册，第416页）。清程廷祚撰《大易择言》卷四、清沈起元撰《周易孔义集说》卷二明引此说。

3. 九二，震之下画，有长子象；六三，坎之上画，有弟子象。震为长男，坎为中男也。(《易筌》卷一释《师》卦六五爻，第24页)

按：吴澄原说见《易纂言》卷一，文字、语序稍异，其说云："震为长男，坎为中男。九二，震之下画，长子也；六三，坎之上画，弟子也。"（第22册，第419页）

4. 《考工记》曰："惟若宁侯，母或若女不宁侯。"古谓诸侯之不朝贡者为不宁。(《易筌》卷一释《比》卦卦辞，第25页。)

按：吴澄原说见《易纂言》卷一，末句稍异："《考工记》曰：'惟若宁侯，母或若女不宁侯。'不宁，盖诸侯之不朝贡者也。"（第22册，第419页）明钱士升撰《周易揆》卷一、明魏浚撰《易义古象通》卷一、明张次仲撰《周易玩辞困学记》卷三亦引此条。

5. 三驱者，因田教战，凡驰骤进趋，以三为节。《周官·大司马》"仲

冬大阅,立三表",是其法也。(《易筌》卷一释《比》卦九五爻,第26—27页)

按:吴澄原说见《易纂言》卷一,文字小异:"田"后多"以"字,"以三为节"前多"皆"字(第22册,第420页)。

6. 上爻总论一卦之义(《易筌》卷一释《小畜》上九爻,第28页)。

按:吴澄原说见《易纂言》卷一:"上九爻辞自此以下,皆取应爻九三及主爻六四而言,亦于卦终总言一卦之义,故不专取上九一爻之义也。"(第22册,第421页)

7. 六五为卦主,四阳在下,无不应之矣。上一阳在上,天之位也,而亦应五,是天之祐五也。(《易筌》卷二释《大有》上九爻,第38页)

按:吴澄原说见《易纂言》卷一:"六五者,一卦之主也。上居卦之终,故于卦终言卦主之盛。四阳在六五之下者,皆应之矣。上九一阳在六五之上,而亦应之。上,天之位也,上一阳之应五,是天之祐五也。"(第22册,第427页)《古周易订诂》卷二、《周易玩辞困学记》卷四亦部分引用。

8. 成如《春秋》求成之成,渝如渝盟之渝。楚辞曰:"初既与予成言兮,后悔遁而有他。"成有渝之谓也。(《易筌》卷二释《豫》卦上六爻,第42页)

按:吴澄原说见《易纂言》卷一:"成谓以和好相结约也,如《春秋传》求成之成。渝谓改变,如渝盟之渝。成有渝者,既成矣,而又有改变也。……楚辞曰:'初既与予成言兮,后悔遁而有他。'成有渝之谓也。"(第22册,第430页)《古周易订诂》卷二、《周易玩辞困学记》卷五、清查慎行撰《周易玩辞集解》卷三亦部分引用。又清钱澄之撰《田间易学》卷三引此说,但误以吴澄此说为《古周易订诂》首发。

9. 无妄之善有三,刚也,当位也,无应也。初、九三者皆全,最善矣。九五、九四有其二,九五刚而中正,九四刚而无应,是其次也。六二、上九有其一,六二中正,上九刚实,又其次也。六三于三者咸无之,而亦得为无妄者,下比中正之六二,上比刚而无私之九四,如人上有严师,下有良友,虽中材可进于善也。(《易筌》卷二释《无妄》上九爻,第58页)

按:吴澄原说见《易纂言》卷一,文字小异:"无妄之善有三,刚也,当位也,无应也。刚者实也,当位者正也,无应者无私累也。诸爻或有其三,或有其二,或有其一。初九三者全,其最善也。九五、九四有其二,九五刚而中正,九四刚而无应,是其次也。六二、上九有其一,六二中正,上九刚实,是又其次也。唯六三于三者咸无焉,而亦得为无妄,何也?下比中正之六二,上比刚实无私之九四,譬如有人,在己虽无一善,而上有严师,下有良友,亲近切磨,夹持熏染,亦不至于为恶,此六三之所以亦得为无妄也。"(第22册,第443页)又明释智旭撰《周易禅解》卷四引吴澄此说。

10. 舆指二,卫指初,九三与二阳同心,日讨国人军实,而为行计也。(《易筌》卷二释《大畜》九三爻,第60页)

按:吴澄原说见《易纂言》卷一,文字小异:"九三变为柔,三四五成坤,为舆,初、二其卫也。言九三当与二阳同心协力,无日不训国人,讨军实,而为行计也。"(第22册,第443页)如前所述,焦竑对熊过《周易象旨决录》极为推崇,焦竑此说当是沿袭《周易象旨决录》对吴澄的化用,《周易象旨决录》卷二云:"舆指二,卫指初,言九三居终日乾乾之地,与二阳同心,日讨国人军实,而为行计也。"(《景印文渊阁四库全书》,台湾商务印书馆1986年版,第31册,第495页)明潘士藻撰《读易述》卷五亦引熊过此说,《周易孔义集说》卷七引吴澄说。

11. "何"音贺,古荷字,即前"何校灭耳"之"何"。《鲁灵光殿赋》引此直作"荷天衢以元亨",可证。《庄子》"背负青天而莫之夭阏",亦此意也。(《易筌》卷二释《大畜》卦上九爻,第60页)

按:吴澄原说见《易纂言》卷一,文字小异:"'何'与《噬嗑》上九'何校'之'何'同。后汉王延寿《鲁灵光殿赋》云'荷天衢以元亨','何'作'荷'。……何天之衢,其辞犹诗言'何天之休'、'何天之龙',其意犹《庄子》言'鹏之背负青天而飞于九万里之上'也。"(第22册,第443页)又熊过《周易象旨决录》卷二亦引吴澄此说而稍异:"何如何校之何,梁武帝音贺,负也。王延寿《鲁灵光殿赋》直云'荷天衢以元亨',郑康成指艮背上、乾首下,为肩荷物处,阳乾爻有天象,艮为径路,天衢也。长宁周尚书引庄生'背负青天而莫夭阏者'证之,是矣。"(第496页)焦竑此说似转引自熊过此条。其后清鲍作雨撰《周易择言》卷二、清程廷祚撰《大易择言》卷十五明引吴澄说。然而，明李贽撰《九正易因》、明逯中立撰《周易札记》卷一上经皆引作焦说，清冯经撰《周易略解》卷三引作"《订诂》曰"，似皆已不辨其出自《易纂言》。

12. "用大牲吉"，承"王假有庙"，言物聚则可以备礼。"利有攸往"，承"利见大人"，言人聚则可以集事。（《易筌》卷三释《萃》卦象，第97页）

按：吴澄原说见《易纂言》卷二，说法小异："物聚而众多，则宜备礼。人聚而众多，则宜出外。"（第22册，第467页）《读易述》卷八、清傅以渐撰《易经通注》卷五引此说，但说法近于《易筌》。《周易玩辞困学记》卷九又有别："大牲乃假庙之事，物聚则礼隆，不宜菲薄。利往乃见大人之事，人聚则立功，不宜近小。"（《景印文渊阁四库全书》，台湾商务印书馆1986年版，第36册，第669页）

13. 泽中有火，消干其水，如海之尾闾；水入其中，如沃焦釜，消干而无余者也。水能息火，而反为泽火所息，非事理之常，故名为革（《易筌》卷三释革卦《象》，第105页）。

按：吴澄原说见《易纂言》卷二、卷六，两处说法皆与《易筌》大同小异，如卷二云："泽为容水之处。泽中有火，以消干其水。盖海之尾闾，名为焦釜之谷。水入其中，如沃焦釜，消干而无复有，是为泽中之火。水，熄火者也，而反为泽中之火所熄，改变其常也，故名为革。"（第22册，第472页）明胡居仁撰《易像钞》卷十一、明季本撰《易学四同》卷四、《古周易订诂》卷五、明乔中和撰《说易》卷二、清潘思矩撰《周易浅释》卷四亦引此说。

14. 初在下而偶，鼎趾象。柔居下，妾象。四阳在上而不中正，妾子象。初上应四，如妾因子之贵而得以上达。（《易筌》卷四释《鼎》卦初六爻，第108页）

按：吴澄原说见《易纂言》卷二，文字小异："初在下而耦，鼎趾之象。……柔居下，贱妾之象。兑为妾。巽者，兑之倒体也，故初柔为妾。九四阳在上而不中正，妾子之象。初上应四，如妾因其子之贵而得以上达。"（第22册，第473—474页）明郝敬撰《周易正解》卷十四、清黄守平撰《易象集解》卷五、清沈起元撰《周易孔义集说》卷十三皆引此说。

15. 明者无疑,暗则多疑。二既阴暗,又往求阴,必得疑疾,故不可往。二若不往,则有三四二阳自来孚,而发其昏暗,如发蒙之发,谓彻其蔀也(《易筌》卷四释《丰》卦六二爻,第118页)

按:吴澄原说见《易纂言》卷二,文字小异:"凡阳者无疑,暗则多疑。……二既昏暗,故不可以往,往则必得心疑之疾也。……二若不往,则有四三之阳自来孚而发其昏暗。发如发蒙之发,谓彻去其蔀也。"(第22册,第481页)《古周易订诂》卷六亦引此条。

16. 初害四曰"以凶",其辞若急。至四曰"无咎"、曰"厉"、曰"勿用",则其辞缓。三害上曰"或戕",其辞若缓,至上曰"离之"、曰"凶"、曰"灾眚",则其辞决,何也?阴过之时,阳刚宜下,四居柔则能下,凶或可免。三居刚则好上,必不免矣。(《易筌》卷四释《小过》上六爻辞,第131页)

按:吴澄原说见《易纂言》卷二,文字小异:"初六之'以凶',其辞若急。至九四曰'无咎'、曰'厉'、曰'勿用',则其辞缓,何也?九三之'或戕',其辞犹疑,至上六曰'离之'、曰'凶'、曰'灾眚',则其辞决,何也?盖阴柔过盛,阳刚但宜下退,不宜上进。四居柔,则能下也。三居刚,则好上也。下则凶或可免,上则凶不可免矣。"(第22册,第489页)明胡广撰《周易大全》卷二十一、清查慎行撰《周易玩辞集解》卷八亦引吴澄此说。

17.《汉纪》引《易》,作"立象成器,以为天下利"。今脱一"象"字。(《易筌》卷五释《系辞上传》,第151页)

按:吴澄原说见《易纂言》卷七,第22册第554页。《易学四同》卷五、《周易象旨决录》卷五、《古周易订诂》卷十一、清毛奇龄撰《仲氏易》卷二十八亦引此说。

参考文献

一、著作类

C

《陈献章集》，[明]陈献章著，孙通海点校，中华书局1987年版。

《程钜夫集》，[元]程钜夫著，张文澍校点，吉林文史出版社2009年版。

《池北偶谈》，[清]王士禛撰，靳斯仁校，中华书局1982年版。

Chiao Hung and Restructuring of Neo-Confucianism in the late Ming，Edward T. Ch'ien（钱新祖），New York：Columbia University Press，1986.

《春秋左传集解》，李梦生整理，凤凰出版社2020年版。

《春秋左传学史稿》，沈玉成、刘宁著，江苏古籍出版社1992年版。

D

《大方广佛华严经》，[东晋]天竺三藏佛驮跋陀罗译，《大正新修大藏经》，第9册。

《澹园集》，[明]焦竑撰，李剑雄点校，中华书局1999年版。

《东坡易传》，[宋]苏轼撰，《景印文渊阁四库全书》，台湾商务印书馆1986年版。

《读易述》，[明]潘士藻撰，《景印文渊阁四库全书》，台湾商务印书馆1986年版。

《杜诗详注》，[唐]杜甫著，[清]仇兆鳌注，中华书局1979年版。

E

《二程外书》,[宋]朱熹编,《景印文渊阁四库全书》,台湾商务印书馆1986年版。

F

《方苞集》,[清]方苞著,刘季高校点,上海古籍出版社1983年版。

《佛教与晚明文学思潮》,黄卓越著,东方出版社1997年版。

G

《改亭存稿》,[明]方凤撰,明崇祯十七年刻本。

《古周易订诂》,[明]何楷撰,《景印文渊阁四库全书》,台湾商务印书馆1986年版。

《顾亭林诗文集》,[清]顾炎武著,中华书局1959年版。

《归有光研究》,贝京著,商务印书馆2008年版。

《归有光与嘉定四先生研究》,黄霖主编,上海世纪出版股份有限公司、上海古籍出版社2007年版。

H

《韩昌黎文集校注》,[唐]韩愈著,马其昶校注,马茂元整理,上海古籍出版社2021年。

《韩诗外传集释》,[汉]韩婴撰,许维遹校释,中华书局1980年版。

《汉书》,[汉]班固撰,[唐]颜师古注,中华书局1962年版。

《衡庐精舍藏稿》,[明]胡直撰,《景印文渊阁四库全书》,台湾商务印书馆1986年版。

《黄庭坚全集》,[宋]黄庭坚著,刘琳、李勇先、王蓉贵校点,四川大学出版社2001年版。

《黄宗羲全集》,[清]黄宗羲著,沈善洪主编,浙江古籍出版社2005年版。

J

《嘉祐集笺注》,[宋]苏洵著,曾枣庄、金成礼笺注,上海世纪出版股份有限公司、上海古籍出版社1993年版。

《焦竑评传》,李剑雄著,南京大学出版社1998年版。

《焦氏笔乘》，[明]焦竑撰，李剑雄点校，中华书局2008年版。
《金文通公集》，[清]金之俊著，清康熙二十五年怀天堂刻本。
《经学、政治和宗族：中华帝国晚期常州今文学派研究》，[美]艾尔曼著，江苏人民出版社1998年版。

K
《困学纪闻》，[明]王应麟撰，栾保群、田松青校点，上海古籍出版社2015年版。

L
《楞严蒙钞》，[清]钱谦益撰，《卍续藏经》，新文丰出版公司1983年版。
《李贽文集》，张建业主编，社会科学文献出版社2000年版。
《列朝诗集小传》，[清]钱谦益著，上海世纪出版股份有限公司、上海古籍出版社2008年版。
《临川先生文集》，[宋]王安石著，中华书局1959年版。
《柳宗元集》，[唐]柳宗元撰，中华书局1979年版。
《论戴震与章学诚》，余英时著，三联书店2000年版。

M
《明代考据学研究》，林庆彰著，台湾学生书局1986年版。
《明代诗文的演变》，陈书录著，江苏教育出版社1996年版。
《明代苏文研究史》，江枰著，江西人民出版社2010年版。
《明代心学与诗学》，左东岭著，学苑出版社2002年版。
《明清之际文人经学与佛学征实风尚的互动研究》，吴正岚著，安徽教育出版社2023年版。
《明史》，[清]张廷玉等撰，中华书局1974年版。
《明唐荆川先生年谱》，唐鼎元编，北京图书馆藏珍本年谱丛刊本。

O
《欧阳修全集》，[宋]欧阳修撰，李逸安点校，中华书局2001年版。
《欧阳修诗文集校笺》，[宋]欧阳修著，洪本健校笺，上海古籍出版社2009年版。

Q

《钱牧斋全集》，[清]钱谦益著，[清]钱曾笺注，钱仲联标校，上海古籍出版社2003年版。

《钱谦益文学思想研究》，丁功谊著，上海世纪出版股份有限公司、上海古籍出版社2006年版。

《钱谦益与明末清初文学》（增订版），孙之梅著，山东大学出版社2010年版。

R

《儒释道与晚明文学思潮》，周群著，世纪出版集团上海书店出版社2000年版。

S

《三经新义辑考汇评》，程元敏著，华东师范大学出版社2011年版。

《诗本义》，[宋]欧阳修撰，《景印文渊阁四库全书》，台湾商务印书馆1986年版。

《十八世纪礼学考证的思想活力——礼教论争与礼秩重省》，张寿安著，北京大学出版社2005年版。

《十三经注疏·礼记正义》，李学勤主编，北京大学出版社1999年版。

《十三经注疏·毛诗正义》，李学勤主编，北京大学出版社1999年版。

《十三经注疏·尚书正义》，李学勤主编，北京大学出版社1999年版。

《十三经注疏·仪礼注疏》，李学勤主编，北京大学出版社1999年版。

《十三经注疏·周易正义》，李学勤主编，北京大学出版社1999年版。

《石镜山房周易说统》，[明]张振渊著，《续修四库全书》经部第12册，上海古籍出版社2002年版。

《书传》，[宋]苏轼撰，《景印文渊阁四库全书》，台湾商务印书馆1986

年版。

《四库全书总目》,[清]永瑢等撰,中华书局1965年版。

《四书章句集注》,[宋]朱熹撰,中华书局1983年版。

《四书或问》,[宋]朱熹撰,《景印文渊阁四库全书》,台湾商务印书馆1986年版。

《四友斋丛说》,[明]何良俊撰,中华书局1959年版。

《宋代の春秋学——宋代士大夫の思考世界》,[日]佐藤仁著,研文出版2007年。

《宋代疑经研究》,杨新勋著,中华书局2007年版。

《宋濂暨"江南第一家"研究》,中共浦江县委宣传部与浙江省文学学会合编,杭州大学出版社1995年版。

《宋明理学与文学》,马积高著,湖南师范大学出版社1989年版。

《苏轼评传》,王水照、朱刚著,南京大学出版社2004年版。

《苏轼诗集》,[清]王文诰辑注,孔凡礼点校,中华书局1982年版。

《苏轼书画艺术与佛教》,陈中浙著,商务印书馆2004年版。

《苏轼文集》,孔凡礼点校,中华书局1986年版。

《宋濂全集》,[明]宋濂著,罗月霞主编,浙江古籍出版社1999年版。

《宋明理学史》,侯外庐、丘汉生、张岂之主编,人民出版社1987年版。

《苏氏易解》,[宋]苏轼撰,日本内阁文库藏明冰玉堂刊本。

《苏氏易解》,[宋]苏轼撰,日本内阁文库藏洼木氏息耕堂本(文政一二[1829])刊)。

T

《唐荆川先生研究》,吴金娥著,台湾文津出版社1986年版。

《唐顺之集》,[明]唐顺之著,马美信、黄毅点校,浙江古籍出版社2014年版。

《田间易学》,[清]清钱澄之撰,吴怀祺校点,吴孟复审订,黄山书社1998年版。

《苕溪渔隐丛话》,[明]胡仔纂集,廖德明校点,周本淳重订,人民文学出版社1993年版。

《(同治)苏州府志》,[清]李铭皖修,[清]冯桂芬纂,清光绪九年刻本。

W

《王廷相集》,[明]王廷相著,王孝鱼点校,中华书局1989年版。

《王学与中晚明士人心态》,左东岭著,人民文学出版社2000年版。

《文化江南札记》,胡晓明著,华东师范大学2007年版。

《文选》,[南朝梁]萧统编,[唐]李善注,上海古籍出版社1986年版。

《吴文正集》,[元]吴澄著,《景印文渊阁四库全书》,台湾商务印书馆1986年版。

《午亭文编》,[清]陈廷敬撰,《景印文渊阁四库全书》,台湾商务印书馆1986年版。

《吾学编》,[明]郑晓撰,《续修四库全书》,上海古籍出版社2002年版。

X

《新编汪中集》,[清]汪中著,田汉云点校,广陵书社2005年版。

《荆川稗编》,[明]唐顺之编,《景印文渊阁四库全书》,台湾商务印书馆1986年版。

《新唐书》,[宋]欧阳修、宋祁撰,中华书局1975年版。

《新五代史》,[宋]欧阳修撰,[宋]徐无党注,中华书局1974年版。

《徐渭集》,[明]徐渭著,中华书局1983年版。

《学易记》,[元]李简撰,《景印文渊阁四库全书》,台湾商务印书馆1986年版。

Y

《伊川易传》,[宋]程颐撰,《景印文渊阁四库全书》,台湾商务印书馆1986年版。

《医闾先生集》,[明]贺钦著,嘉靖九年刻本。

《医闾先生集》,[明]贺钦著,朝鲜本。

《医闾先生集》,[明]贺钦著,武玉梅校注,辽宁人民出版社2011

年版。

《以礼代理——凌廷堪与清中叶儒学思想之转变》,张寿安著,河北教育出版社2001年版。

《易经渊旨》,旧题[明]归有光撰,《四库全书存目丛书》,齐鲁书社1997年版。

《易筌》,[明]焦竑撰,《续修四库全书》经部第11册,上海古籍出版社2002年版。

《易学四同》,[明]季本撰,明嘉靖刻本。

《易纂言》,[元]吴澄撰,《景印文渊阁四库全书》,台湾商务印书馆1986年版。

《有无之境——王阳明哲学的精神》,陈来著,人民出版社1991年版。

《禹贡论》,[宋]程大昌撰,《景印文渊阁四库全书》,台湾商务印书馆1986年版。

《豫章黄先生文集》,[宋]黄庭坚著,《四部丛刊》本。

《袁宏道集笺校》,[明]袁宏道撰,钱伯城笺校,上海古籍出版社2008年版。

《云烟过眼录》,[宋]周密撰,《丛书集成初编》本。

Z

《杂学辨》,[宋]朱熹著,《景印文渊阁四库全书》,台湾商务印书馆1986年版。

《震川先生集》,[明]归有光著,周本淳校点,上海世纪出版股份有限公司、上海古籍出版社2007年版。

《郑端简公年谱》,[明]郑履淳著,《四库全书存目丛书》,齐鲁书社1997年版,史部第八三册。

《中国华严宗通史》,魏道儒著,江苏古籍出版社2001年版。

《中国文学批评通史——明代卷》,袁震宇、刘明今著,上海古籍出版社1996年版。

《中说》,[隋]王通著,《四部丛刊》景宋本。

《周必大集校证》，[宋]周必大撰，王瑞来校证，上海古籍出版社2020年版。

《周敦颐集》，[宋]周敦颐著，谭松林、尹红整理，岳麓书社2002年版。

《周易费氏学》，[民国]马其昶撰，民国七年抱润轩刻本。

《周易集解》，张文智、汪启明整理，巴蜀书社2004年版。

《周易可说》，[明]曹学佺撰，《续修四库全书》，上海古籍出版社2002年版，经部第13册。

《周易孔义集说》，[清]沈起元撰，《景印文渊阁四库全书》，台湾商务印书馆1986年版。

《周易揆》，[明]钱士升撰，明末赐余堂刻本。

《周易玩辞》，[宋]项安世撰，《景印文渊阁四库全书》，台湾商务印书馆1986年版。

《周易玩辞困学记》，[明]张次仲撰，《景印文渊阁四库全书》，台湾商务印书馆1986年版。

《周易象旨决录》，[明]熊过撰，《景印文渊阁四库全书》，台湾商务印书馆1986年版。

《周易郑康成注》，[宋]王应麟辑，《四部丛刊》三编本。

《朱子全书》，朱杰人等编，上海古籍出版社、安徽教育出版社2002年版。

《朱子语类》，[宋]黎靖德编，王星贤点校，中华书局1994年版。

《庄渠遗书》，[明]魏校撰，《景印文渊阁四库全书》，台湾商务印书馆1986年版。

《庄渠遗书》，[明]魏校撰，日本内阁文库所藏嘉靖四十年本。

二、博硕士论文

G

《归有光与嘉定文坛关系研究》，刘蕾，博士论文，上海大学2010年。

J

《焦竑学术研究》，王琅，博士论文，高雄师范大学国文所1998年。

L

《论钱谦益的明代文学批评》，焦中栋，博士论文，浙江大学2005年。

M

《明初经学研究》，甄洪永，博士论文，山东大学2009年。

《明代经学的发展》，郭素红，博士论文，山东大学2008年。

《明末清初的文学与思想——以震川与牧斋为中心》，朴璟兰，博士论文，复旦大学2001年。

O

《欧阳修"文宗"形象的构建与衍变》，程宇静，硕士论文，河北师范大学2010年。

S

《宋金元明"欧曾"合论研究》，叶全妹，硕士论文，福建师范大学2012年。

《宋濂文章观念研究》，陈博涵，硕士论文，首都师范大学2008年。

T

《唐顺之文学思想研究》，王伟，博士论文，北京语言大学2008年。

《唐宋派文学思想研究》，刘尊举，博士论文，首都师范大学2006年。

Y

《元末明初浙东文人群研究》，王魁星，博士论文，复旦大学2011年。

后　记

本书是在本人的教育部青年项目"明代中后期文人经学与文学思想的关系"(项目号:08JC751024)结项稿的基础上修改而成。正是从设计这个课题起,我开始探索以"文人经学"为核心的长时段研究。此次将旧稿整理出版的动力有二:一来,最近我发觉自己在论文写作中过于依赖史料,过多地铺陈史料,遂特意回顾当年掌握史料未多时的写作状态。二来,今年的某一日,好友漠漠鼓励我说:"你已经先后立项了两轮共计六个国家、教育部和省项目。"这使我意识到,对于自己这十几年来围绕"文人经学"所做的研究,有必要作"原始以表末"的反思,于是我决定花一点时间将结项稿整理出版。

今年秋天,我在跟学生分享选题的体会时提到,要么采用稀见或尚未引起关注的文献,要么运用新的研究方法和视角,否则选题很难得到认可。在研究"明代中后期文人经学与文学思想"的过程中,笔者很幸运地在韩国高丽大学发现了唐顺之《医间先生集》朝鲜本,从而对唐顺之的学术经历尤其是与白沙学的关系有了新的认识;很庆幸自己梳理了旧题归有光《易经渊旨》和焦竑《易筌》这两种文献,从知网收录的研究成果来看,迄今为止,关于前者的研究还是只有拙作《论〈易经渊旨〉与归有光思想的一致——兼论〈易经渊旨〉的真伪》(《周易研究》2009年第3期)这一篇;关于焦竑易学,在拙作《焦竑〈易筌〉对吴澄易学的沿革及其学术史意义》(《周易研究》2013年第2期)之后,又有了一篇硕士论文。希望有更多的学者加入文人经学研究的队伍中来。

这一次的结集出版以保留结项稿的原貌为基本原则,仅增加了以下几个理论环节:元代程钜夫等人对《诗经·小雅·蓼莪》"欲报之德,昊天罔极"的新解、唐顺之与归有光的关系新证、归有光对《尚书》"生道"的推崇、张次仲《周易玩辞困学记》对归有光易说的引用、焦竑《易筌》的道器合一论及其对归有光易学的接受。此外,增补了《明代文人经学著述一览》,订正了一些错误。必须说明的是,本书第八章《钱谦益之诗文"茁长于学问"与欧阳修经史之学的关系》和第九章《"根本六经"与"通释教"——钱谦益论"经经纬史"与苏轼文学的取法对象》看上去与此前出版的拙著《明清之际文人经学与佛学征实风尚的互动研究》(安徽教育出版社2023年版)第二、三两篇重合,实际上,由于电脑故障,其中的一些重要理论环节,如宋濂的读书法等问题,在上一本书中未能充分体现,因此本书将这两篇的修订版再次收入。

在从事文人经学研究的孤独旅程中,很感激身边的师友给予的关心和指点;那些来自素昧平生的同行的鼓励,也是我踽踽独行时的莫大慰藉。谨以这本小书寄托对先师周勋初先生的深切哀悼。衷心感谢导师莫砺锋老师一直以来的指点和帮助。感谢南京大学文科"双一流"经费的资助,更感谢南京大学中国思想家研究中心常务副主任夏维中教授的鼎力相助。2013年本课题结项时,感谢张伯伟老师、胡晓明教授、周群教授、刘宁教授和朱刚教授从百忙中拨冗惠赐评审意见。本书第一章《明代文人经学与文学思想变革的关系》有幸发表于《文学评论》2014年第2期,感谢蒋寅老师和李超老师的指点和帮助;本书第五章《唐顺之校录〈医间先生集〉的文学思想史意义》有幸发表于《文学遗产》2013年第5期,感谢已故张晖博士为编辑拙稿付出心力。正因为这篇拙作,我才有幸与张晖博士有过几次电子邮件往来,感受到这位优秀学者之温和而坚定的人格风范。由张晖博士转来的匿名评审专家的意见也令我难忘,其说云:"既有史实的重要发现,又将之作为一个支点巧妙切入所欲论述的问题核心,选题很有学术价值。"本书的第二章《归有光的文学思想与欧阳修经学的关系》、第三章《论〈易经渊旨〉与归有光思想的一致——兼论〈易经渊旨〉的真伪》、第四章《唐顺之的"道器不二"论与欧阳修思想的渊源》和第七章《焦竑〈易筌〉对吴澄易学的沿革及其学术史意义》,分别发表于《南京大学学报(哲学·人文科学·社会科学)》2011年第2期、《周易研究》2009年第3期、《福州大学学报(哲学社会科学版)》2010年第2期和《周易研究》2013年第2期,衷心感谢朱剑主编、李尚信教授和苗健青主编的指点和帮助。在文人经学方面,我先后获得了两个教育部项目和两个国社科基金项目的立项,那些默默为我投赞成票的师友,是我十几年来痴迷于文人经学的重要助力。感谢南京大学出版社李亭主任和李晨远老师为书稿付出的心力。

  需要感谢的师友太多了,恕我不能一一列举他们的名字。我只有更深地沉浸于研究中,才能不辜负师友的雪中送炭和扶危济难。在整理书稿的过程中,我越来越深地体会到,在这样一个阶段将书稿整理出版,对重新夯实学术基础和进一步开拓研究思路都有意义。在"文人经学"的长时段研究中,刘勰《文心雕龙》开创的文学宗经和经史子互摄的传统,在唐宋时期经历了怎样的演变,在清乾嘉之后又具有怎样的文学史和经学史意义等等,都是本人今后将进一步思考的问题。作为长时段的学科交叉研究,本书的错误之处在所难免,敬请方家不吝赐教。是为记。

2024年1月
于南京龙江

图书在版编目(CIP)数据

明代文人经学与文学思想的关系 / 吴正岚著.
南京：南京大学出版社，2024.11. -- ISBN 978-7-305-28475-5

Ⅰ.Ⅰ209.48；Z126.274.8

中国国家版本馆 CIP 数据核字第 2024PG6407 号

出版发行	南京大学出版社
社　　址	南京市汉口路22号　邮　编　210093

书　　名　明代文人经学与文学思想的关系
　　　　　MINGDAI WENREN JINGXUE YU WENXUE SIXIANG DE GUANXI
著　　者　吴正岚
责任编辑　李晨远

照　　排　南京布克文化发展有限公司
印　　刷　南京新世纪联盟印务有限公司
开　　本　718毫米×1000毫米　1/16　印张 14　字数 195 千
版　　次　2024年11月第1版　2024年11月第1次印刷
ISBN 978-7-305-28475-5
定　　价　76.00元

网　　址　http://www.njupco.com
官方微博　http://weibo.com/njupco
官方微信　njupress
销售咨询热线　025－83594756

* 版权所有，侵权必究
* 凡购买南大版图书，如有印装质量问题，请与所购
　图书销售部门联系调换